色彩耐久型彩色沥青路面的研究及应用

张恺 著

中南大学出版社
www.csupress.com.cn
·长沙·

图书在版编目（CIP）数据

色彩耐久型彩色沥青路面的研究及应用 / 张恺著
. -- 长沙：中南大学出版社，2022.10
ISBN 978-7-5487-5156-4

Ⅰ. ①色… Ⅱ. ①张… Ⅲ. ①沥青路面－研究 Ⅳ.
① U416.217

中国版本图书馆 CIP 数据核字 (2022) 第 197659 号

色彩耐久型彩色沥青路面的研究及应用

SECAI NAIJIU XING CAISE LIQING LUMIAN DE YANJIU JI YINGYONG

张恺 著

□出 版 人 吴湘华
□责任编辑 刘锦伟
□封面设计 优盛文化
□责任印制 唐 曦
□出版发行 中南大学出版社
社址：长沙市麓山南路 邮编：410083
发行科电话：0731-88876770 传真：0731-88710482
□印 装 石家庄汇展印刷有限公司

□开 本 710 mm × 1000 mm 1/16 □印张 13.75 □字数 254 千字
□版 次 2022 年 10 月第 1 版 □印次 2022 年 10 月第 1 次印刷
□书 号 ISBN 978-7-5487-5156-4
□定 价 88.00 元

前言

彩色沥青路面是国家发展功能性路面的重要组成部分，亮丽的色彩是彩色沥青路面作为功能性路面的重要且特殊的性能。目前，国内外对彩色沥青路面色彩功能的评价方法以及色彩功能耐久性加强技术的研究十分有限。如何通过有效的方法来评价彩色沥青路面的色彩耐久性并通过合理的技术提高色彩耐久性，是推动彩色沥青路面大面积推广急需解决的关键问题。

本书通过在传统彩色沥青路面喷洒一层热固性丙烯酸树脂乳液，形成色彩耐久型彩色沥青路面，以抵抗轮胎痕迹残留，提高彩色路面的色彩耐久性。在彩色沥青路面色彩功能评价方法研究方面，利用有限元模拟汽车轮胎在彩色沥青路面稳态滚动以及制动两种工况下由于胎面橡胶磨损造成轮胎痕迹残留的过程，对彩色沥青路面抗轮胎痕迹残留性能进行定性研究。研究结果表明：与传统彩色微表处相比，色彩耐久型彩色微表处对应的轮胎磨损量更小，胎面外侧的差异对比尤为明显，能够在一定程度上抵抗汽车轮胎痕迹的残留。另外，通过室内轮胎痕迹残留试验以及轮胎痕迹残留率计算，对彩色沥青路面抗轮胎痕迹残留性能及其色彩耐久性进行定量研究，利用 Photoshop 的 RGB 功能评价彩色沥青路面轮胎痕迹残留程度，通过长期碾压以及长期老化试验对彩色沥青路面的色彩耐久性进行研究。研究结果表明：与传统彩色沥青路面相比，喷洒丙烯酸树脂乳液的色彩耐久型彩色沥青路面能够有效预防并减少路面轮胎痕迹的残留。

在提高彩色沥青路面色彩耐久性方面，对色彩耐久型彩色沥青路面表面丙烯酸树脂乳液的抗痕以及除痕（物理方法和化学方法）机理进行研究，并针对其抗轮胎痕迹残留性能进行树脂乳液的材料优选研究。首先基于表面自由能理论，分别利用插板法和躺滴法测定3种丙烯酸树脂乳液和轮胎胎面橡胶的表面自由能参数，然后在对轮胎痕迹残留进行机理分析的基础上，量化丙烯酸树脂封层表面抗轮胎痕迹残留性能，对轮胎痕迹的清除机理做进一步的分析及研究。研究结果表明：使用L4600型树脂乳液封层可以有效改善彩色沥青路面的色彩耐久性。另外，基于表面自由能理论，量化彩色沥青的黏聚能及其集料之间的黏附能，对不同彩色沥青－集料组合进行匹配性研究，以提高彩色沥青路面的色彩耐久性。研究结果表明：与红色玄武岩相比，彩色沥青－红色花岗岩组合的黏附性以及水稳定性更佳。此结果与沥青润湿性分析结果相一致，表明彩色沥青－红色花岗岩组合具有良好的匹配性，能够有效改善彩色沥青路面的色彩耐久性。

最后，依托工程实践，对色彩耐久型彩色微表处路面进行生产及施工技术研究，提出色彩耐久型彩色微表处的交工验收质量指标。同时，对色彩耐久型彩色微表处路面进行长期性能跟踪评价以及效益分析，证明其具有良好的长期性能和应用前景。

目录

第 1 章　绪论

1.1　课题研究背景及意义

彩色路面的出现是对长期以来黑白两色路面（沥青路面和水泥混凝土路面）的技术革新。近年来，由于国家经济的发展带动人民生活水平的提高，人们逐渐对城市中单调的路面色彩产生了视觉疲劳，单一的路面色彩与周围环境的协调性相对较差，在紧张的工作压力下，人们开始对道路和环境的协调性提出了更高的要求，彩色路面应运而生。彩色路面作为一种新型的路面铺装技术，不仅能舒缓行车疲劳，还能提高道路的舒适性和安全性，在国内外都有所应用，如图 1-1 ～图 1-4 所示。从“十一五”规划开始，国家将交通与环境协调发展定为 21 世纪交通建设的重要目标之一，而彩色路面的应用正是国家发展低碳经济以及交通与环境协调发展的一种良好体现。

图 1-1　山路

图 1-2　园林景观路

图 1-3　警示路段

图 1-4　市政道路

目前，彩色路面已经被广泛应用于发达国家，其丰富的色彩，打破了长久以来的沥青、水泥混凝土路面黑白两色的传统。尤其是彩色路面在城市道路中的应用，不仅能够美化环境，给人良好的视觉感受，还能诱导交通，使城市交通更加人性化。相比于黑白两色路面，彩色路面更具有独特的优势，主要体现在以下几个方面。

（1）作为城市现代化进程的重要标志之一，彩色路面的应用能够有效地改善交通与城市环境的协调性，美化城市道路，体现出城市的与众不同，提升城市的形象和魅力，满足人们对道路环境的要求，增强城市居民出行的幸福感。

（2）丰富的路面色彩能够缓解人们的视觉疲劳，提高行车质量，保证行车安全和舒适，是城市交通环境中一道独特的风景线。

（3）彩色路面在诱导交通方面也起到了良好的作用。针对机动车道、非机动车道以及城市快速公路等交通环境的管理，彩色路面将多样的色彩应用于不同的交通环境，可以促进交通管理的发展，同时它能够通过特殊的颜色提高路面的辨识度，划分不同性质的交通道路，在一定程度上起到警示作用，有效避免驾驶人员因视觉混淆而引起的交通事故。

（4）彩色路面能够通过反射热源有效减少路面热量的产生，从而降低城市的热岛效应，改善城市环境。

目前，常用的彩色路面类型主要有热拌彩色沥青路面、彩色微表处、彩色陶瓷颗粒路面、彩色塑胶路面等。其中，热拌彩色沥青路面以及彩色微表处是现阶段较为典型、常用的彩色沥青路面。对于城市机动车道或非机动车道，相比于其他类型，彩色沥青路面具有更高的路面使用性能以及行车安全性能。以彩色微表处为例，随着道路使用年限的增长，早期修筑的城市公路正逐步进入维修养护时期，城市环境的恶化、车辆的增多以及普遍存在的早期损害现象加速了城市交通道路使用功能的恶化，路面养护工作刻不容缓。微表处技术作为一种即时、有效、经济的路面预防性养护技术，能够有效提高路面抗滑性能，具有防止路表水下渗、提高路面平整度等方面的优点以及广阔的发展空间。同时，彩色微表处技术结合了彩色沥青路面以及微表处技术的各项优点，不仅能够对道路进行预防性养护、轻度修补，还能美化城市，诱导交通，提高行车舒适性。彩色微表处是一种采用改性乳化树脂类沥青或者改性乳化脱色沥青作为胶结料，以一定级配彩色骨料为集料，添加一定量色粉及外掺剂制成相应的颜色，使用专门的施工器械进行路面摊铺的新型铺筑工艺，主要应用于市政道路、公园景区、住宅区、城市景观路、公交车道等。除了具备上述优点外，当其用于机动车道以外的铺装层时，彩色微表处的色彩鲜艳度、耐久性、路用性能以及行车安全性都是相当突出的。

现阶段，国内外正逐渐普及和推广彩色沥青路面的铺装技术，其诸多优点已经得到行业的认可，但是彩色胶结料是一种新型路面铺装材料，彩色胶结料的制备及其路面铺筑技术仍然存在许多有待完善、提高之处，尤其是目前尚不能有效解决路面轮胎残留痕迹问题，容易造成其表面色彩的缺失、掉色，严重影响了彩色路面的色彩耐久性。除此之外，彩色沥青路面在发展过程中还存在其他不足，具体如下。

（1）彩色沥青路面的最主要的功能就是色彩作用，但其自身耐油质污染（或土质污染）能力不足，抗紫外线辐射能力差，以及受使用环境的影响，尤其是机动车轮胎留下的黑色痕迹，使其易受污染，进而很快丧失彩色功能，且日常养护费用较高。

（2）彩色胶结料前期的制备工艺复杂，后续处理难度大，制备时间长、温度高、能耗大；后期彩色沥青路面的色彩难以长时间保持，无法满足实际应用需求，耐久性不足。

（3）目前，彩色沥青路面使用的胶结料主要是经过沥青脱色或树脂和轻质油分合成，其性能与传统沥青有较大的差异，同时色粉的使用也影响了混合料的性能，而国内尚未制定有关彩色沥青混合料设计与施工的国家规范标准，缺乏有效的理论依据和实际指导。

（4）由于彩色沥青路面使用浅色沥青、色粉和与色粉颜色相近的石料，成本远高出普通沥青路面，极大地制约了彩色沥青路面的推广应用，因此开发出性能优越同时价格较低的彩色胶结料是一种发展趋势。

（5）目前，国内彩色沥青路面主要应用于市政道路。日常的市政道路养护需要间隔一定时间就进行洒水，虽然彩色沥青路面由于材料设计以及级配构造，具有较高的水稳定性，但是尚未对其进行定量分析和研究。

在彩色沥青路面发展过程中，色彩耐久性不足一直是彩色沥青路面推广面临的关键问题，黑色轮胎痕迹残留是影响彩色沥青路面色彩耐久性的主要因素。由于轮胎与路面摩擦，轮胎痕迹残留不可避免，通常彩色沥青路面在通车后不久就会出现汽车轮胎痕迹残留影响彩色沥青路面色彩等问题，如路面色彩的磨损、表面颜色被轮胎痕迹取代以及变黑，经常性的养护并不能从根本上解决问题。目前，国内对彩色胶结料性能以及彩色沥青路面抗轮胎痕迹残留的研究尚处于起步阶段，对彩色沥青路面的设计以及施工仍处于经验上的应用阶段。因此，只有对彩色沥青路面轮胎痕迹残留机理以及彩色胶结料与集料之间的微观性质进行系统、深入的研究，才能掌握其影响因素，并对彩色路面性能进行合理预测，从而指导彩色沥青路面的设计与施工，有效提高彩色沥青路面的使用性能和色彩耐久性，降低养护成本。

对于彩色沥青路面的优点，行业内是有目共睹的，而如何改善彩色沥青路面的色彩耐久性，是困扰道路工作者已久的问题，也是将彩色沥青路面推向产业化以及实现安全性、舒适性、使用性等性能一体化的关键问题。为改善彩色沥青路面的色彩耐久性，本书中通过在传统彩色沥青路面喷洒一层热固性丙烯酸树脂乳液，以形成色彩耐久型彩色沥青路面。热固性丙烯酸树脂具有良好的耐磨性、抗冲击性等力学性能以及透明度、耐热性、耐水性等物理性能，被广泛应用于机械、建筑、交通等行业。本书中将热固性丙烯酸树脂作为彩色沥青路面的表面封层，以抵抗路面轮胎痕迹的残留，提高彩色沥青路面的色彩耐久性。

鉴于以上内容，本书将从彩色沥青路面轮胎痕迹的残留机理出发，基于有限元建模分析、表面自由能理论以及轮胎痕迹残留室内试验三个方面，对如何减少轮胎痕迹残留、提高彩色沥青路面色彩耐久性展开研究；通过对彩色沥青与集料之间的黏附性能进行准确的量化，改善彩色沥青路面的色彩耐久性以及水稳定性；依托工程实践，为色彩耐久型彩色沥青路面整体性能的提高以及技术应用的推广提供一定的理论支持和实践指导。

1.2 国内外研究现状分析

1.2.1 彩色路面研究现状

彩色沥青又名彩色胶结料，是通过在浅色胶结料中添加色粉调配而成，然后与石料拌和制成彩色混合料。现阶段，国内外彩色沥青的生产方法可分为两类：一类是脱色沥青，即采用化学方法将化学溶剂融入石油沥青中，将沥青组分中的黑色沥青质脱去，留下颜色较淡的饱和酚、芳香酚和胶质，然后根据设计要求，通过适当添加改性材料以及一定色泽的特殊颜料，将沥青配置成不同颜色的胶结料。但此生产工艺以化学方法为主，较为复杂，且前期造价较高，对环境存在一定的污染，不利于推广及应用。另一类是利用现代石油化工产品，采用物理方法调配出与沥青性能相似的浅色胶结料。用此方法生产的彩色胶结料可按原材料不同比例掺配，其黏结性、弹性和韧性等性能均优于普通沥青。相比之下，脱色沥青由于工艺复杂，目前基本被浅色合成沥青取代。

彩色路面按照施工工艺可分为三种：热拌彩色沥青混凝土、彩色陶瓷颗粒抗滑薄层和彩色微表处。其中，彩色微表处的造价最低，但是浅色合成沥青难以乳化，特别是树脂的选择性很小，且浅色乳化沥青的性能有待提高，因此彩色微表处技术一直难以得到推广。

1. 国外研究现状

彩色路面作为一种路面铺装新技术，始于20世纪50年代欧美各国，并逐渐延伸至其他国家。之后，苏联道路科学研究院联合哈尔科夫公路学院进行相关彩色路面性能研究，于莫斯科、哈尔科夫等地先后铺筑了数万平方米的彩色路面。20世纪70—80年代，苏联维捷布斯克市和布列斯特市开始用树脂聚合物胶结料铺筑彩色路面，但由于材料紧缺和昂贵，并且路面耐久性差，在一段时期后树脂聚合物胶结料就被性能更佳的石油聚合物胶结料和树脂聚合物胶结料代替。1970年，在日本召开的大阪万国博览会上，彩色路面铺筑的广场以及各国会址让世界各国人民赏心悦目，加深了人们对彩色路面的认识。随即在1972年德国慕尼黑奥运会以及1988年韩国汉城（今首尔）奥运会赛场上都成功运用了彩色路面铺装技术。苏联曾采用浅色的苯并呋喃树脂与降黏剂调配成浅色胶结料，为提高其弹性和抗裂性，又加入了少量橡胶，配成针入度为230（0.1 mm）、延度大于100 cm的胶结料，其制备的混合料表面光洁，色彩鲜艳，加里宁格勒、明斯克、威特比克斯等地采用这种胶结料铺筑过黄色、绿色、咖啡色等颜色的彩色路面。

日本也对彩色铺面技术进行了卓有成效的研究，并在道路、广场、公路等场所大面积铺设。例如，北九州市199号国道（街道段）靠边的两侧车道被铺筑成铁红色路面作为专用汽车道；神户市中心的长田楠日尾线将中间车道铺成黄色AC-13彩色沥青路面；水户市50号国道弯道位置铺有黄色路面，专供大型客车行驶。帕克运用人造树脂和不同颜色的颜料研制出彩色结合料，这些结合料和普通沥青性能技术指标类似，并通过紫外线试验、附着力试验、磨耗试验等，证明了其路用性能能够满足相关规范的要求。

综上所述，目前彩色沥青路面被广泛应用于经济发达国家，其中比较典型的有英国、法国、荷兰等。例如，英国伦敦白金汉宫前的林荫大道全部铺成铁红色的路面；法国巴黎东北有一段30 km的蓝色公路，因为蓝色能使驾驶员精神愉快，不易疲劳，给驾驶员良好的心理感受；瑞典哥德堡的里斯伯格的公共游乐场前的红色和黄色地坪与周围绿色草地、树木、花卉相映成趣，使游乐场所五彩缤纷、更加赏心悦目。瑞典哥德堡采用了荷兰皇家壳牌（以下简称壳牌公司）石油公司研究所开发的一种浅色胶结材料，它由几种材料调配而成，具有类似石油沥青的流变性质和力学性质，但是其黏度在同样温度下比沥青低，等黏度温度比普通沥青低 15 ℃左右。此外，还有韩国亚运会、奥运会体育设施的彩色路面；荷兰阿姆斯特丹、海牙等城市在人行道上铺设的 1.0 ～ 1.5 m 宽的铁红色沥青路面自行车道，它不仅给骑车人以导向，还成为城市的一道风景线。

纵观彩色沥青路面的发展史，其应用过程中所使用的黏结料已由初期依靠化学方法的脱色沥青材料逐步发展成现在依靠物理方法的浅色树脂类沥青材料，路面的铺筑方式由初期的涂布方法发展成现在的薄层罩面铺装方法。例如，日本在昭 62—189203 中公布了一种着色铺路黏结剂，通常也称之为彩色沥青，它并不含有沥青成分，而是全部由改性剂和有机高分子聚合物组成，适宜着色，但价格昂贵，原料来源受限，工艺复杂，难以大批量生产。同时，壳牌公司推出了一种合成的双组分彩色道路石油沥青，双组分分别为附加填料、颜料的改性环氧树脂以及固化剂，最后将两种组分混合，制备出一种性能优良的道路沥青材料。

2. 国内研究现状

我国在新中国成立初期经济水平较低，城市建设长期以来遵循“实用、经济、在可能的条件下讲究美观”的原则。随着我国经济迅猛发展，许多大城市对彩色路面铺装给予高度重视，以此来提高城市生活质量，创造良好的投资环境，以期促进、加强国际合作。我国对彩色路面的研究始于 20 世纪 80 年代，但是由于彩色胶结料开发工作欠缺技术支持，收效甚微。我国第一条真正意义上的彩色路面是福建省厦门市环岛路。该路段采用龙岩的红色碎石，并采用壳牌公司生产的合成树脂作为胶结料，添加一定量的无机红色色粉制备混合料。根据配比调试试验得出，添加 5.1% 的树脂胶结料以及 2.5% 的无机色粉，其各性能指标具有良好的路用性能。但是从降低成本的角度考虑，最终建议使用普通碎石和黑色石油沥青加入 3.5% 左右的红色色粉制备混合料。这有利于彩色路面的推广，但是采用此种方法制备混合料铺设路面，路面色彩效果并不明显，能否达到彩色路面真正意义上的使用性能还有待观察。

为适应我国现代化需求，降低生产成本，20 世纪 90 年代初，我国抚顺、西安、上海等地开始自主研发国产彩色沥青胶结料，主要采用聚合物、树脂、外加剂，以不同比例在一定的温度、物理作用等条件下共混而成。相比于国外同类产品，国产彩色沥青胶结料以浅色为主，其性能指标达到了国外同类产品的技术标准，具有良好的路用性能。

2003 年，沈阳市城建沥青混凝土厂在 1997 年铺筑彩色路面失败的基础上，成功地将几种树脂配制成无色沥青，并使其在色泽性、黏结性以及工艺性等方面能满足需求。它在研制过程中发现，将石油树脂与矿物油混熔后，能同时增塑、增韧，胶结料已满足一般道路使用要求，但是其黏弹性区域小，不能同时兼顾高温和低温性能要求，因此在混合物中加入聚烯烃树脂，可以改善其高温稳定性和低温抗裂性。2005 年，高明、肖斌和廖克俭等开展了彩色沥青老化组成及性能的研究，在不同温度下（150 ℃、163 ℃、180 ℃），30 h 的老化时间内，采用沥青 4 组分分析法对自制 90# 彩色道路沥青老化时的性能变化进行研究，研究结果发现。在不同温度下，随着老化时间的延长，饱和组分、芳香组分和胶质各含量均逐渐下降，沥青质含量明显增加。2004 年，Lin 和 Luo 研究了不同颜料掺量的彩色沥青在不同老化时间情况下表面色彩变化的影响因素。在表面色彩的评价方面，他们从 RGB 和 HSI 两个方面对试样进行分析，采用绿色、红色两种颜色和 5 种不同掺配比例制作试件，使用 QUV 测试仪模拟 5 种不同老化时间。分析结果表明，明色沥青和 5% 的色粉掺量具有更好的彩色效果，同时，红色颜料的抗紫外线辐射能力更强。2007 年，唐仪兴、邹桂莲和张肖宁通过马歇尔试验表明某些颜料会使沥青混合料浸水后发生松散，对其水稳定性影响很大，因此在选择颜料时，必须进行筛分以及水稳定性能的测定；通过 CPN 车辙试验表明，在所选的三种颜料中，氧化铁红的高温稳定性能最好；通过紫外线辐射室内模拟试验结果表明，紫外线辐射对沥青混合料色彩的影响在试验的前期较为明显，照射 4 天后，试件颜色逐渐变深、变暗，但是 4 天后，色彩变化不再明显，逐渐趋于稳定；另外，有机颜料在混合料加热时对温度比较敏感，温度较高时色彩会迅速变深、变暗，所以在颜料选择时，需要考虑其热稳定性。2009 年，长安大学刘少文、杜素君和牛琪瑛等采用彩色 SBS 改性乳化沥青作为胶结料，加入一定量的彩色矿料以及外加剂制备彩色微表处，并进行配合比设计、路用性能试验和施工工艺的研究，并利用该技术进行试验路段的铺筑，检测结果表明，其路用性能良好，可满足城市道路要求，并且颜色鲜明、持久，综合性能好，安全性能好，生态环保，施工便捷。2014 年，伍朝晖、陈诚和徐敏对影响彩色路面色彩持久性的因素进行分析，对彩色沥青、石料种类和环境影响进行常规沥青、集料黏附性试验以及老化试验，结果表明，增强彩色胶结料与集料之间的黏附作用有利于改善彩色沥青路面的色彩持久性。

3. 现阶段研究存在的不足

现阶段，彩色路面修筑技术已经达到较高的水平。彩色沥青路面在促进城市交通安全以及美化城市环境方面发挥着重要作用。彩色沥青路面的优点是显而易见的，但是在推广过程中，彩色沥青路面在材料设计以及技术应用方面尚存在以下不足。

（1）色彩作用作为彩色沥青路面最突出的特点，会受到使用环境的影响，如耐油质污染能力、表面抗老化能力、机动车轮胎痕迹残留程度等会对彩色沥青路面造成不同程度的影响，特别是轮胎痕迹的残留将直接导致彩色沥青路面丧失部分彩色功能。因此，如何提高彩色沥青路面色彩耐久性，减少路面轮胎痕迹的残留，快速、简便地消除轮胎痕迹，是目前彩色沥青路面发展面临的关键问题。

（2）在炎热的夏季，彩色沥青路面作为城市道路的重要组成部分，在日常的市政养护降温工作中，时常受到液态水的影响。因此，如何改善彩色沥青路面的水稳定性，减少路面早期损害，是彩色沥青路面设计过程中需要关注的一个重点问题。但是，目前国内外在彩色沥青路面抗水损害方面并未进行定量研究，只是通过水煮法、水浸法等定性方法进行试验，但这些方法主观因素影响较大，存在一定的试验偏差，不能有效地对彩色沥青路面的水稳定性进行实质性的评价。

（3）彩色微表处是采用改性乳化树脂或者改性乳化脱色沥青作为胶结料，加入一定量色粉以及与色粉颜色相近的石料进行路面摊铺的新技术。但是在推广过程中发现，其价格远远高于普通改性乳化沥青，并且其生产工艺相对复杂，合成的无色沥青难以乳化，树脂的选择性很小，彩色乳化沥青性能有待提高，这些都制约了彩色微表处技术的推广和应用。

（4）国内生产的浅色胶结料主要是将沥青脱色或者将树脂和轻质油分合成而来。脱色沥青是把重交沥青加入脱色剂以去除沥青中的黑色素，将沥青中的沥青质去除，加入部分添加剂，其加工工艺复杂，设备昂贵，性能较差。因此，目前国内主要选用树脂与轻质油分合成的方法制备浅色胶结料，但是国内还未建立相关设计以及施工技术标准。另外，我国曾从国外引进过一些彩色沥青产品和技术，但不同国家具有不同的地理和气候条件，这些引进产品的使用效果并不理想。例如，在英国、法国、荷兰等四方国家最炎热的夏季最高温度一般不超过30 ℃，因此这些国家的彩色沥青软化点较低，它们的综合力学性能很难满足我国大部分地区的使用条件。因此，只有大力研制和开发适用于我国气候条件的彩色沥青路面材料，增加彩色沥青路面的寿命，才能满足我国彩色沥青路面高速发展的建设需求。

1.2.2 热固性丙烯酸树脂研究现状

热固性丙烯酸树脂是以丙烯酸酯类单体为基本组分，经过交联反应形成网状结构的不溶、不熔丙烯酸类聚合物。热固性丙烯酸树脂是一种交联型树脂，并带有一定的官能团，其单体中的碳碳不饱和键经过聚合反应生成的丙烯酸树脂具有良好的光、热及化学稳定性。由丙烯酸树脂制备的乳液具有透明度高、色泽浅、保色性好、成膜性好等特点，尤其是乳液固化后的涂膜具有良好的坚韧性、耐候性、耐污性以及附着力强等优点，被广泛应用于建筑、交通、机械等领域。

热固性丙烯酸树脂的改性与其所应用的领域以及范围有关。目前，较为常用的改性方法为DAAM/ADH交联改性、环氧树脂改性、聚氨酯改性、有机硅改性、有机氟改性等。以丙烯酸类单体为主要组分，引入乙烯基类单体与其发生共聚反应，即DAAM/ADH交联改性法，利用外加交联剂或者分子内交联的方法来提高丙烯酸树脂的成膜性能，是较为普遍的一种改性方法。

1. 国外研究现状

20世纪初，德国科学家Rohm对丙烯酸树脂进行了制备工艺研究，并将其成果应用于皮革涂饰剂的成膜物。1950年初，美国Du Pont公司自主研发了一种聚丙烯酸酯类涂料，并成功地将其应用于汽车的涂装。20世纪中后期，美国致力于丙烯酸树脂的研究和应用，丙烯酸树脂涂料进入快速发展阶段，被广泛应用于汽车、卷材、建筑构件、机械等常用领域。目前，世界各国对丙烯酸树脂进行了全面的研究和开发，通过对丙烯酸树脂进行改性，提高丙烯酸树脂的综合性能，并扩大其应用范围。

聚氨酯改性丙烯酸树脂自1937年被首次合成以来，由于它具有良好的弹性、耐磨性、耐腐蚀性、机械性、柔韧性等特点，备受国内外行业的认可。Okamoto、Hasegawa、Yoshino采用物理共混的方法对丙烯酸树脂进行聚氨酯改性，得到的聚氨酯改性丙烯酸树脂具有良好的耐水性、耐腐蚀性以及力学性能。Sebenik和Krainc等采用核/壳种子乳液聚合法，以聚氨酯乳液为种子乳液，以丙烯酸类单体为反应单体，制备得到的聚氨酯改性丙烯酸树脂具有良好的稳定性、力学特性以及黏附性。Cheng、Chen 和 Shi 等采用有机氟对丙烯酸树脂进行改性，采用半连续种子乳液聚合方法，合成了具有良好耐水性、耐溶剂性以及耐热性的丙烯酸酯乳液。Ewa 等对丙烯酸树脂进行环氧树脂改性，并添加了适量的颜料，制备得到具有良好力学性能和防腐性能的彩色改性丙烯酸树脂。Lewis、Critchlow 和 Wilcox 等将纳米 TiO_2 粒子加入水性丙烯酸酯涂料中，通过对不同固含量的研究，得到耐腐性最佳的纳米复合材料改性丙烯酸树脂乳液。

目前，国外对丙烯酸树脂的应用主要集中于建筑、汽车、工业三个领域，不同的改性方法能够提高丙烯酸树脂在各自领域的综合性能。就目前来看，制备聚氨酯改性丙烯酸树脂是主要的热点。

2. 国内研究现状

我国对丙烯酸树脂的应用起步于 20 世纪 60 年代中期，20 世纪 80 年代开始进入工业化进程。目前，丙烯酸树脂的应用已经深入日常生活的各个领域，尤其是在交通车辆方面，2011 年有大约 30 万吨的丙烯酸树脂应用于汽车涂料。在船舶、桥梁、家电、卷材等领域，丙烯酸树脂涂料也逐渐占据市场。

在研究方面，曾文慧等在制备聚氨酯乳液的基础上，引入双丙酮丙烯胺酰胺（DAAM）、丙烯酸（AA）等单体，通过乳液聚合的方法得到聚氨酯改性丙烯酸树脂，并以已二酸二酰肼（ADH）为交联剂，制备得到交联改性聚氨酯丙烯酸树脂，研究发现，双重交联改性得到的丙烯酸树脂具有优异的物理机械性能和耐腐蚀性能，且经过改性后，树脂的黏附性、耐磨性、抗冲击性得到显著的提高。于海深采用乳液聚合法，利用环氧树脂对丙烯酸类单体进行改性，制备得到的环氧树脂改性丙烯酸树脂具有良好的物理性能和耐腐蚀性。王春艳采用溶液接枝共聚法，对丙烯酸树脂类单体进行环氧树脂改性并进行相应的性能研究，制备得到的丙烯酸树脂具有较好的成膜性和物理机械性能。郭能民、安秋凤和黄良仙等对丙烯酸树脂进行有机硅改性，并通过乳液聚合工艺制备出有机硅丙烯酸树脂乳液，显著改善了丙烯酸树脂乳液的凝胶率及其膜的吸水率。

现阶段，丙烯酸树脂及乳液的研究进入全面发展阶段，其应用已覆盖日常生活的各个领域，产品的性能随着丙烯酸类单体与助剂的多样化以及改性、合成方法的完善而逐步提高。随着研究技术的进步，丙烯酸树脂及其乳液在我国得到了全面的发展，已经成为我国涂料行业的主要材料之一。

3. 现阶段研究存在的不足

由于丙烯酸树脂具有良好的保色性、耐候性，通过单体选择、树脂改性等方法能够显著提高丙烯酸树脂的综合性能，其被广泛应用于建筑、汽车、建材、机械等行业。目前，丙烯酸树脂正朝着高性能、低成本、环保的方向发展。通过进行不同材料的改性或改变制备工艺，能够在很大程度上提高丙烯酸树脂在力学方面或物理化学方面的性能。但是，就目前而言，丙烯酸树脂的应用尚未涉及路面工程。作为一种具有耐磨、抗冲击、耐高温、高附着力等性能的高分子材料，丙烯酸树脂若喷洒于彩色沥青路面，能够在一定程度上起到保护彩色路面色彩功能以及提高表层防水性能的作用。

为提高彩色沥青路面的色彩耐久性，本书引入一种由阿克苏诺贝尔公司提供的热固性丙烯酸树脂乳液，喷洒在传统彩色沥青路面以形成色彩耐久型彩色沥青路面。其中，热固性丙烯酸树脂乳液采用 DAAM/ADH 交联改性法制备得到，具有良好的耐磨、抗冲击等物理机械性能以及耐腐蚀、耐光、耐热等物理化学性能。

1.2.3 表面自由能理论研究现状

表面自由能是固体或者液体材料内部分子与表面分子相互作用的结果。材料内部的分子承受周围相似分子的作用力且合力为 0，材料外部分子由于暴露在真空中，不仅受到体相分子的作用力，还受到外部气相分子的作用力。由于气相分子对材料表面分子的作用力非常小，并不能平衡承受其内部带来的作用力，因此，真空中，材料表面存在一定量用于平衡内部分子作用力的能量，可称之为表面自由能。通常，材料将表面的分子尽可能多地摄入其内部来减小表面分子的自由能。另外，表面自由能还可以定义为材料在真空中用以创造新的表面单位区域所做的功，用 γ 表示。但是，值得注意的是，表面自由能的主要来源其实是作用于表面分子的内部引力，并不是平行于表面的某种张力。

目前，van Oss-Chaudhury-Good 理论被广泛应用于解释各种材料的表面自由能组分以及通过测量材料的黏附功来确定这些组分。基于该理论，任何材料的表面自由能都可以分为三个组分，即非极性组分（LW）以及极性中的酸、碱组分（AB）。

$$\gamma^{\text{total}} = \gamma^{\text{LW}} + \gamma^{\text{AB}} = \gamma^{\text{LW}} + 2\sqrt{\gamma^{+}\gamma^{-}} \tag{1-1}$$

式中：γ^{total}——总的表面自由能；

γ^{LW}——非极性组分表面自由能；

γ^{AB}——极性组分表面自由能；

γ^{+}——极性酸分量；

γ^{-}——极性碱分量。

为了量化一种材料取代另一种材料的倾向性，我们用界面能来表征。所谓界面是两种不同材料形成的共同边界的表面。由于材料界面的分子相比于内部分子所受到的力并不平衡，这种力的不平衡造成材料界面之间界面能的产生，用γ_{ij}表示。

在表面自由能理论中，液体与固体界面之间黏附力的大小主要由液体对固体的湿润能力确定，湿润能力越大，液体与固体界面间黏附力越大，黏结强度越高。目前，人们普遍认为黏附力可以由界面间作用力控制，这些界面间作用力的总和就是热力学的功或是界面自由能。表面自由能理论虽然在实际工程应用中取得初步成功，但是在土木工程材料特别是路面材料上尚处于起步阶段。表面自由能在黏附中起着至关重要的作用，即使是微小的改变都会在实际黏附测量中产生巨大的变化。

1. 国外研究现状

早在 19 世纪，Laplace 就指出表面张力取决于两个事实：①分子在一定距离内有相互作用；②气相分子的密度显著小于液相的密度。直至今日，表面张力与表面自由能理论虽有了长足的进步，但这两个论点仍不失其基础意义。随着表面自由能理论的不断发展及其在各个领域的应用，利用表面自由能理论描述物体间黏附作用是非常普遍的手段。1805 年，Yong 指出接触角的问题可当作平面固体上液滴受三个界面张力的作用来处理，并提出了著名的 Yong 氏种类型。湿润方式或过程不同，湿润的难易程度和湿润的条件亦不同。20 世纪八九十年代，美国学者对固体和液体间的界面平衡理论做了较为详细的研究，认为物体表面张力为外部过剩的自由能，并对各相之间界面张力的产生、变化从内在机理上做了比较详细的研究。1997 年，Elphingstone 在表面科学的基础上，通过威廉米平板法以及气体吸附法分别测量沥青和集料的表面自由能，首次尝试描述沥青的内聚能及其与集料之间的黏附能。Li 利用气体吸附法，测量三种不同集料表面自由能参数，根据集料表面自由能参数值判断集料的酸碱性。2002 年，Cheng 采用改进的威廉米平板设备以及磁悬浮重量平衡系统分别测定并完善了沥青和集料的表面自由能测试方法，随后计算出沥青的黏聚能和在干燥及有水情况下沥青与集料的黏附功，并对沥青混合料的水稳定性进行评价。2006年，Amit Bhasin定量分析了集料与沥青在有水和无水条件下对沥青混合料水稳定性的影响，提出了具有更高精度和准度的威廉米平板法以及万能吸附法，同时提出可运用微量热仪法作为快速测试具有显著化学作用的集料表面自由能参数的试验方法。2007年，Howson、Masad和Bharin等以此为基础，对聚合物改性沥青及其混合料的水稳定性进行了定量评价。2011年，Arabani和Hamsdi等对路面水损害问题进行研究，通过表面自由能理论对经过PE处理的集料以及沥青之间的黏附性进行评价，并认为PE处理能够提高沥青对集料的湿润性以及两者之间的黏附能。

2. 国内研究现状

相对国外而言，国内对表面自由能理论应用于路面材料的研究起步较晚，但随着表面自由能理论以及研究方法的不断发展和完善，它逐步获得了道路研究人员的关注和重视。研究人员对此展开了相关的研究工作，在取得一定研究成果的同时，推动了国内路面材料的发展。

2004年，同济大学郑晓光、王粲和杨群根据表面自由能理论，采用威廉米平板法和吸附法测定沥青和集料的表面自由能参数，并用以评价沥青混合料的水稳定性。但是，在试验过程中，所采取的试验方法和试验条件并没有详细说明，因此试验的精准度还有待考量。不过，在当时的理论背景下，第一次将表面自由能理论运用于道路工程材料。2007年，肖庆一、薛航和徐金枝等基于表界面理论，推导出沥青在矿料表面的黏附模型和水损害模型，在室温下，分别利用柱状灯芯技术和插板法测定矿料和沥青的表面自由能参数。研究发现，对于潮湿积水的沥青路面水损害是不可避免的，降雨量大、混合料空隙率大、交通量大均会加速水损害的发生。2008年，魏建明以23种美国公路战略研究计划（Strategic Highway Research Program，SHRP）中的沥青为研究对象，分析沥青的化学组成与其表面自由能之间的关系，运用滴躺法确定沥青表面自由能极性和色散分量，通过加入抗剥落剂提高沥青的表面自由能，加入Sasobit®石蜡降低沥青的表面自由能。2010年，长安大学刘亚敏、韩森和李波分析无水和有水情况下沥青自由的黏聚能以及沥青与矿料之间的黏附、剥落趋势，并提出以有水、无水情况下自由能比值的绝对值作为黏附性的评价指标。2012年，窦晖利用滴躺法和毛细管上升法测定沥青的表面自由能以及矿料的表面自由能参数，利用表面自由能理论评价温拌沥青混合料以及热拌沥青混合料的水稳定性，而重庆交通大学的王元元通过接触角测定仪、挂线法和挂片法等测定了沥青与石料的表面自由能参数，他们都采用黏附能计算模型评价混合料的水稳定性。2013年，国内学者对沥青混合料的研究仍然集中于沥青与石料之间的黏附性能的研究，并以此评价沥青混合料的水稳定性，通过表面自由能理论测定低温沥青与集料的表面自由能，分析不同外加剂以及掺量对沥青表面自由能的影响。2014年，东南大学陈燕娟、高建明和陈华鑫采用接触角法测定2种沥青和4种集料的表面自由能参数，分别计算沥青混合料的黏附功和剥落功，并提出沥青与集料体系的剥落功更能直观定量评价沥青混合料体系的黏附性能。

3. 现阶段研究存在的不足

对国内外表面自由能理论及试验的研究现状进行分析和调查时发现，材料表面自由能测定通常在常温、常湿的条件下进行，这与实际路面环境并不相同。沥青的主要力学性能为黏弹性，会随着环境条件的不同，如温度、湿度的变化，发生明显的变化，这会影响沥青混合料的力学性能，继而影响混合料路用性能。因此，在进行相关表面自由能试验时，应严格控制并选取具有代表性的环境条件，从而提高测试数据的可靠度以及精准度。

在对普通沥青混合料进行微观分析时发现，沥青混合料内部集料与沥青的黏附性断裂以及沥青本身的黏聚性断裂是产生路面病害的源头以及微观表现，如疲劳裂缝、车辙以及水损害。1968年，Marek和Herrin研究发现沥青混合料内部发生黏附性断裂的位置往往出现在沥青膜很薄的地方，但是如果沥青膜太厚，往往会发生沥青的黏聚性断裂。由于沥青混合料是一种黏弹性材料，通常伴随混合料这两种破坏形式的结果是沥青混合料内部微裂缝的产生，而微裂缝的产生是由沥青混合料内部的黏聚性以及黏附性断裂引起的，因此黏弹性材料必须符合断裂力学基本定律，即黏弹性材料中随着裂缝的增长而释放出的应变能力等于储存在新裂缝表面的能量。

从国外内研究现状可以发现，目前国内对于表面自由能理论在道路工程上的应用的研究主要局限于传统路面材料，即通过表面自由能理论评价沥青与集料之间的匹配性、结合能量法预测及评价路面水稳定性等，对彩色沥青路面微观性能及其表面轮胎痕迹残留机理的研究十分有限。对传统沥青路面而言，黑色橡胶颗粒在沥青路面上的残留并不明显，但是对于新型彩色沥青路面而言，轮胎痕迹的残留会严重影响路面的美观以及色彩耐久性，减少轮胎痕迹的残留以及快速清除痕迹对彩色沥青路面的色彩功能而言显得尤为重要。通常，轮胎在路面上的痕迹残留是经过轮胎与路面的摩擦，以橡胶颗粒的形式黏附于路面，微观状态下，胎面橡胶与路面材料分子间作用力是导致轮胎与路面摩擦的一部分。在行车过程中，胎面橡胶紧贴路面作用，两者间距离非常小，分子间作用力是相当可观的。无论是固体还是液体材料，由于非对称的环境影响，其表面分子排列与内部分子排列是不同的。在材料内部，分子受力是均匀的，而表面分子受到外界环境的影响，造成分子作用力不平衡，产生表面张力。两种材料通过界面紧密接触相互影响，主要受到界面类型的影响，产生界面自由能或者界面张力，其中一部分是范德华力。因此，如何利用表面自由能理论提高彩色沥青路面色彩耐久性是国内外道路工程材料性质研究中又一个重要课题。

1.3 研究目标

综上所述，本书将针对彩色沥青路面发展过程中存在的易受轮胎痕迹污染、色彩耐久性不足以及评价方法有限等问题，从以下几个方面出发，开展适用于我国气候环境特点的彩色沥青路面色彩耐久性研究。

（1）通过减少轮胎的磨损，减少路面轮胎痕迹残留。结合国内外研究现状，由于轮胎磨损的影响因素复杂，难以对真实的轮胎磨损进行定量的试验。通过有限元软件进行模拟分析，根据不同彩色路面结构参数建立有限元模型，分析轮胎在不同路面上的磨损（包括不同工况、不同路面结构、不同行驶里程），并根据磨损轮廓评价不同彩色沥青路面的抗轮胎痕迹残留性能。另外，利用负荷车轮试验机以及车辙试验仪模拟轮胎对彩色沥青路面的实际碾压过程来评价彩色沥青路面轮胎痕迹残留程度，利用 Photoshop 软件的 RGB 功能提取标记点表面颜色的组合像素，对轮胎在彩色试件上的黑色轮胎痕迹的残留程度进行分析，评价不同彩色沥青路面的轮胎痕迹残留情况，并对此进行量化。

（2）提高彩色沥青路面的耐污性。这一方面主要考虑轮胎痕迹的残留对彩色沥青路面色彩的影响。对轮胎痕迹在色彩耐久型彩色沥青路面上残留机理以及痕迹清洗机理进行分析，量化两种材料之间（轮胎橡胶颗粒 - 树脂乳液）的物理化学作用，对色彩耐久型彩色沥青路面抗轮胎痕迹树脂乳液材料进行优选。

（3）提高彩色沥青与集料体系黏附性。在与外界环境接触过程中，良好的黏聚性能够防止彩色沥青过早发生催裂和脱落。另外，提高彩色沥青与集料间的黏附性能够防止彩色沥青在外界环境作用下从集料表面剥落，影响彩色沥青路面的使用寿命。通过量化彩色沥青自身黏聚能及其与材料之间的黏附能，能够对不同类型沥青以及石料进行优选，从而提高彩色沥青路面的色彩耐久性。

（4）通过室内试验及室外试验段铺筑，确定色彩耐久型彩色沥青路面技术评价指标，形成我国彩色沥青路面成套色彩功能技术体系，逐步建立和完善彩色沥青产品标准和性能评价指标，在提高路面路用性能的同时，降低彩色沥青路面的工程造价，从根本上消除城市路面普遍存在的轮胎痕迹残留问题，提升城市道路的整体美观度。

1.4 本书的主要内容及研究方法

1.4.1 本书的主要内容

本书对彩色沥青路面轮胎痕迹的残留机理进行分析，针对彩色沥青路面色彩耐久性不足、评价方法有限等问题展开试验研究，以减少彩色沥青路面轮胎痕迹残留、改善彩色沥青路面抗轮胎痕迹残留性能以及提高沥青－集料体系黏附性为出发点和落脚点。首先，以提高彩色沥青路面抗轮胎痕迹残留性能为出发点，对不同结构类型的彩色沥青路面（传统型彩色沥青路面与色彩耐久型彩色沥青路面）分别进行 ABAQUS 有限元分析以及室内轮胎痕迹残留试验，对彩色沥青路面抗轮胎痕迹残留性能进行定性和定量研究；其次，从彩色沥青路面的材料设计方面出发，针对彩色沥青路面色彩耐久性能，对不同种类的复合树脂乳液封层材料以及彩色沥青路面的原材料进行匹配性研究；最后，结合试验段摊铺，提出彩色沥青路面的最佳施工工艺。本书试图找到科学、有效的方法来提高彩色沥青路面的色彩耐久性，从而推动国内色彩耐久型彩色沥青路面的发展。

通过查阅大量的文献以及分析国内外相关研究发现，黑色的轮胎痕迹会在很大程度上破坏彩色沥青路面的彩色功能，从而诱发彩色路面的“早期损害”，其中所提出的“早期损害”有别于传统沥青路面的“早期损害”，它可以被定义为由于彩色沥青路面作为一种功能性路面，其色彩功能是彩色沥青路面的关键性能，轮胎黑色痕迹的残留往往在开放交通后不久会逐渐取代原有路面色彩，从而发展为彩色沥青路面的常见早期损害，即功能性路面的

"早期损害"。目前，国内外对路面轮胎痕迹残留的研究相对匮乏，单纯从轮胎痕迹残留出发对其进行机理研究相当有限，轮胎痕迹残留主要是由轮胎磨损造成的，因此本书从轮胎磨损的角度出发，对彩色路面轮胎磨损进行研究，进而评价轮胎痕迹残留程度，即轮胎磨损越大，则轮胎痕迹残留越深。基于目前国内外现有研究方法，本书通过对轮胎磨损进行有限元模拟，开展室内轮胎痕迹残留试验，利用表面自由能理论对色彩耐久型彩色沥青路面技术进行研究和评价，并结合实际工程，提出色彩耐久型彩色沥青路面的施工工艺。本书的研究内容具体分为以下几点。

（1）在路面轮胎痕迹残留机理分析的基础上，对不同类型彩色沥青路面的轮胎磨损进行有限元分析。通过对轮胎以及不同彩色沥青路面类型的有限元建模，并设计相应轮胎磨损子程序，对轮胎的磨损过程进行有限元模拟，研究不同类型彩色沥青路面的轮胎磨损量，以评价彩色沥青路面抗轮胎痕迹残留性能。

（2）对彩色沥青路面进行相关的性能指标试验，利用负荷车轮试验仪以及车辙试验机对彩色沥青路面的轮胎痕迹残留进行室内试验，定量分析两种彩色沥青路面的抗轮胎痕迹残留性能。然后，对试件进行长期老化以及长期碾压，并结合轮胎痕迹残留试验评价不同类型彩色沥青路面的色彩耐久性。

（3）基于表面自由能理论，量化复合树脂乳液封层材料的黏聚能及其与胎面橡胶颗粒之间的黏附能，根据轮胎痕迹的残留机理，通过降低复合树脂封层材料与橡胶颗粒间的黏附能，减少橡胶颗粒在路面的剥落黏附，并对轮胎痕迹清洗机理进行分析和研究。

（4）通过表面自由能理论，对彩色沥青的黏聚性及其与不同集料之间的黏附性进行定量研究，量化彩色沥青与不同集料在有水、无水状态下的黏附能，进而评价彩色沥青－集料组合之间的黏附性，并对其进行性能验证。

（5）针对色彩耐久型彩色沥青路面的特点，对色彩耐久型彩色微表处路面进行生产及施工技术研究，确定色彩耐久型彩色微表处最佳施工工艺，并对其进行长期性能跟踪评价。

1.4.2 本书采用的研究方法

（1）对路面轮胎痕迹残留机理以及轮胎与路面间的受力进行分析，利用ABAQUS软件对轮胎磨损过程进行有限元模拟以及磨损轮廓分析，通过对比胎面橡胶在不同彩色沥青路面的磨损程度来评价彩色沥青路面抗轮胎痕迹残留性能。

（2）对不同类型彩色沥青路面进行室内轮胎痕迹残留试验，对比分析普通彩色沥青路面与色彩耐久型彩色沥青路面的轮胎痕迹残留程度，并对色彩耐久型彩色沥青路面进行长期老化以及长期碾压试验，以评价其色彩耐久性能。

（3）基于表面自由能理论，利用插板法测定热固性丙烯酸树脂乳液的表面自由能参数，利用躺滴法测定胎面橡胶颗粒的表面自由能参数，进而量化两种材料之间的黏附能；通过对轮胎痕迹残留机理以及清除机理的分析，对轮胎痕迹在树脂封层表面的残留程度以及清洗的难易程度进行研究，对不同树脂乳液材料进行优选。

（4）利用插板法以及磁悬浮重量平衡系统分别测定彩色沥青以及集料各自的表面自由能参数，量化彩色沥青在有水以及无水条件下的黏聚功及其与集料之间的黏附功，以评价彩色沥青路面中沥青－集料体系的黏附性能，并通过马歇尔试验进行性能验证。

（5）通过室内研究，结合试验路段摊铺，提出色彩耐久型彩色微表处的施工工艺，包括对彩色微表处摊铺设备的要求、色彩耐久型彩色微表处的生产及施工工艺优化、交工验收检测要求等。

1.4.3　本书的主要创新点

（1）本书设计了一种轮胎痕迹残留试验方法，结合 Photoshop 的 RGB 功能发展一种简单、有效的方法，用以评价彩色沥青路面的色彩耐久性。

（2）本书分别量化彩色沥青路面表面复合树脂乳液与橡胶轮胎的表面自由能参数，定量评价彩色微表处路面抗轮胎痕迹残留性能，提出一种基于表面自由能理论的彩色沥青路面树脂乳液的优选方法。

（3）本书基于表面自由能理论，量化彩色沥青与集料的表面自由能参数，定量评价彩色沥青－集料体系之间的黏附性能，提出一种基于彩色沥青混合料耐久性的优选方法。

1.4.4　本书的技术路线图

图 1-5 所示是本书的技术路线图。

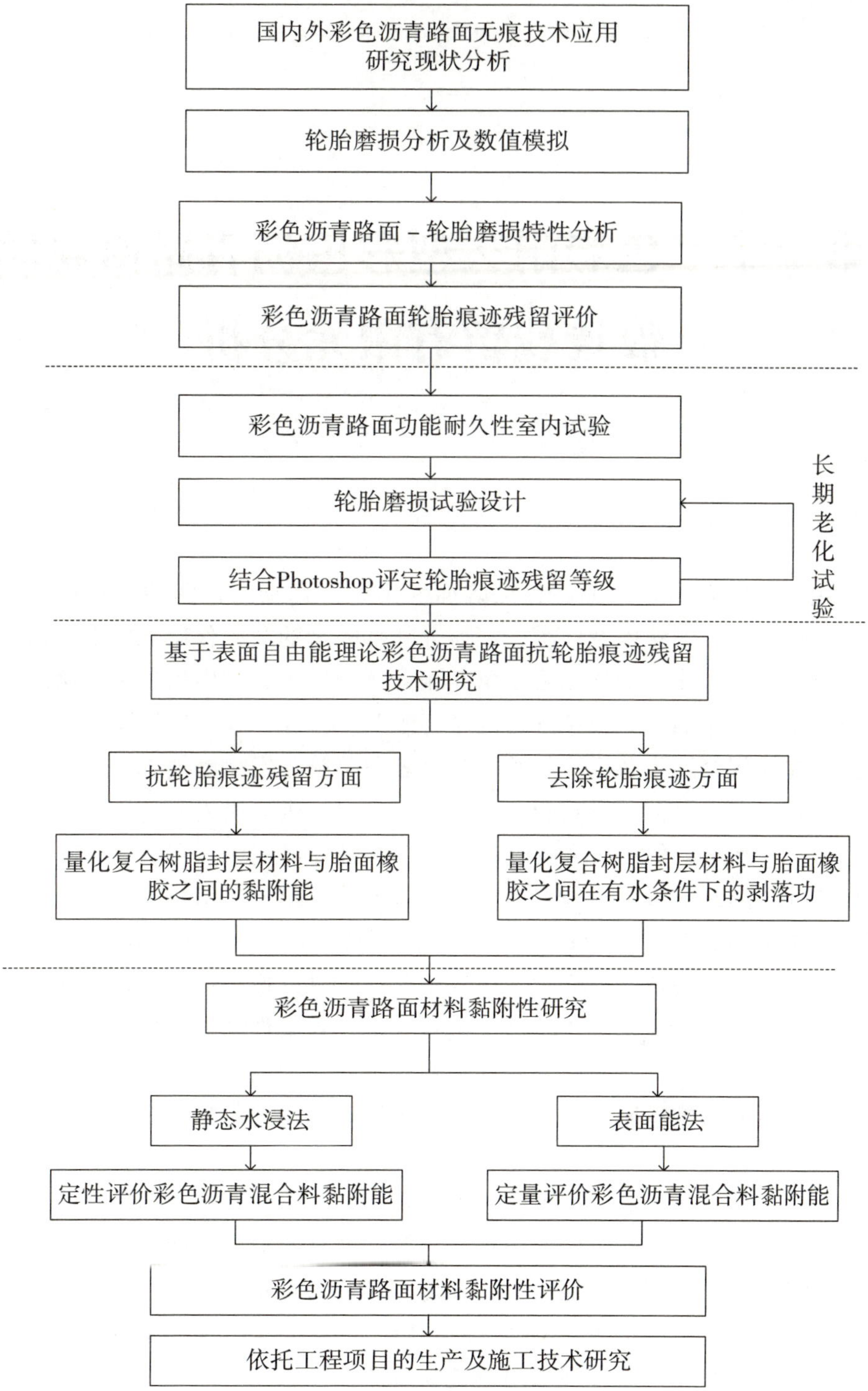

图 1-5　本书的技术路线图

第 2 章　色彩耐久型彩色沥青路面轮胎痕迹残留有限元分析

2.1　引　言

轮胎痕迹残留是轮胎在道路表面发生相对运动时，两种材料在不同性质、纹理等内部因素以及环境、载荷等外部因素的共同作用下发生磨损，进而在表面物理和化学的作用下发生互相黏结的现象，其中汽车轮胎胎面橡胶的磨损是造成路面黑色痕迹残留的主要源头。作为一种功能性路面，彩色沥青路面在开放交通不久后，轮胎在与其表面接触中发生磨损，黑色轮胎痕迹会逐渐残留以及沉淀，导致彩色路面色彩丧失，进而诱发彩色沥青路面“早期损害”。因此，在彩色路面色彩耐久性的研究过程中，有必要对其表面轮胎痕迹残留的影响因素进行深入分析。例如，从痕迹残留机理出发，对彩色路面结构或者材料进行设计，从而改善彩色沥青路面的色彩耐久性。然而，目前对轮胎痕迹残留的研究主要应用于交通肇事逃逸等交通事故处理，通过对轮胎痕迹形态特征、结构特征等进行分析，为案件高效处理提供依据。而在道路工程领域，特别是在彩色沥青路面方向，国内对彩色沥青路面轮胎痕迹残留的研究非常有限，难以通过有效的试验以及理论方法对其进行准确的评价。

轮胎痕迹的残留与轮胎的磨损程度密切相关，轮胎在与彩色路面的接触过程中磨损越严重，彩色路面黑色轮胎痕迹就越明显。因此，本书从提高彩色路面抗轮胎痕迹残留性能出发，在传统彩色沥青路面喷洒一层热固性丙烯酸树脂乳液材料，形成色彩耐久型彩色沥青路面结构，通过减少轮胎在其表面的磨损，减小轮胎痕迹残留对彩色沥青路面的影响。由于热固性丙烯酸树脂乳液固化后具有良好的保光保色性、耐水耐热性以及抗冲击性能，因此本书中将其应用于彩色沥青路面，通过对两种类型彩色沥青路面（传统彩色沥青路面以及色彩耐久型彩色沥青路面）进行轮胎磨损分析，评价两种彩色沥青路面抗轮胎痕迹残留性能。

目前，对胎面磨损的研究主要可以分为两种：一是试验研究；二是有限元分析。其中，最能够真实地反映轮胎在实际工况下磨损情况的是室外大型环道试验，但是其试验耗时长、费用高，难以被大多数研究者接受。而有限元分析虽然无法完全复制所有工况进行分析，但是由于其耗时短、费用低，通过简化所有工况为几种代表性工况也可有效地反映轮胎在路面的磨损情况，所以被广泛应用。本书中在对路面轮胎痕迹残留进行分析的基础上，利用有限元方法对两种彩色沥青路面的胎面磨损进行研究，通过胎面橡胶的磨损轮廓分析，计算不同彩色路面对应胎面橡胶的磨损量，进而评价彩色沥青路面抗轮胎痕迹残留性能。

2.2　路面轮胎痕迹残留分析

2.2.1　路面轮胎痕迹的形成

轮胎作为车辆的主要承重部分，在行驶过程中能支撑车身，缓冲外界冲击，实现与路面的接触并保证车辆的行驶性能。在复杂和苛刻的使用条件下，轮胎须承受各种变形、负荷、高低温作用以及与路面的摩擦力。车辆轮胎与路面之间存在不可避免的摩擦力，产生摩擦功。当摩擦功产生的热能未达到橡胶轮胎的熔化温度时，只会造成轮胎胎面的磨损，以橡胶颗粒的形式剥落并黏附在路面，形成不太明显的轮胎痕迹。另外，由于胎面橡胶混合料和沥青路面材料的熔化温度相对较低，当摩擦功产生的热能较大，且路面材料不能及时散热时，即路面材料散热速率低于产热速率时，会使胎面材料软化、变黑而黏附于路面，形成黑色、明显的轮胎痕迹。因此，为了减少路面轮胎痕迹的残留，一方面，应在保证路面具有足够抗滑性能的同时，尽可能降低路面与汽车轮胎胎面间的摩擦功；另一方面，在常温下，降低路面材料与胎面材料的黏附能，从而减少橡胶颗粒的残留黏附，在高温状态下，降低路面材料与胎面材料的黏附能，从而减少胎面材料的熔融黏附，如图 2-1 所示。

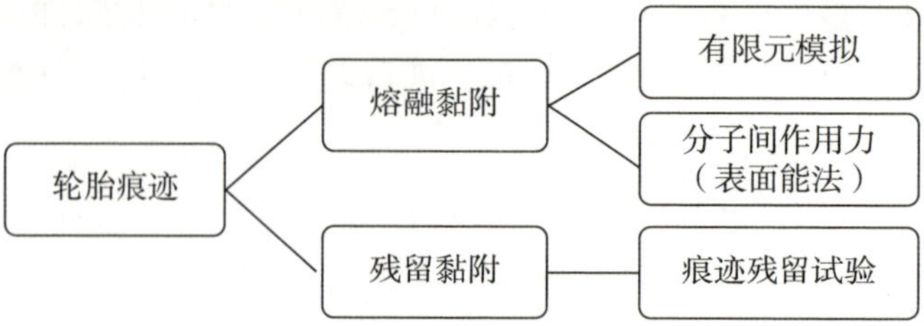

图 2-1　轮胎痕迹形成及评价方法

1992 年，周子俊、刘旭升根据摩擦学理论，从力学角度研究了汽车轮胎胎面磨损机理，并建立了相应的轮胎磨损数学模型，如下所示：

$$W=C_0+\alpha\frac{S_0}{S}\left(\frac{P}{P_0}\right)^n\left[\left(\int_0^S F_x\cdot\lambda\cdot b_x\cdot \mathrm{d}s\right)^2+\left(\int_0^S F_y\cdot\alpha\cdot b_y\cdot \mathrm{d}s\right)^2\right] \tag{2-1}$$

式中：C_0——轮胎的疲劳磨损；

S_0——标准距离；

S——实际距离；

α——磨损指标；

P——轮胎垂直载荷；

P_0——轮胎额定载荷；

n——垂直载荷指数（带束轮胎 n=1.76、斜线轮胎 n=1.88）；

b_x——纵向力相对磨损系数；

b_y——侧向力相对磨损系数；

λ——滑转率。

从上述公式可以看出，轮胎的磨损主要是与轮胎的材料、结构、胎面花纹等因素有关，其中α反映的是道路的影响。结合国内外研究现状，发现轮胎磨损的影响因素较为复杂，目前难以对轮胎磨损进行真实、准确的评价。

2.2.2　路面轮胎痕迹影响因素

通常情况下，受到路面平整度以及路面材料纹理、构造深度等因素的影响，轮胎磨损在行车过程中无法避免。1999 年，王野平对国内外相关试验进行研究分析，总结了轮胎与路面间摩擦的产生机理。

1. 轮胎与路面分子间的作用力

从微观角度分析，在轮胎行驶过程中，路面材料与轮胎胎面两种材料间的分子引力作用相当可观，由于存在引力的作用而形成一定的摩擦阻力，构成轮胎与路面摩擦力的一部分。通常，分子间的作用力包括色散力、诱导力以及取向力，并且极性与非极性的分子间产生的作用力不同，因此影响路面与轮胎摩擦力的因素与路面材料以及轮胎材料密切相关。

2. 轮胎与路面的黏附作用

所谓轮胎与路面间的黏附作用，指的是轮胎在路面正常滚动过程中，由于轮胎胎面橡胶属于高弹性材料，在与路面接触时会沿着其边缘切线方向产生变形，并且轮胎离接地区域越远，变形越大，切向力越大。当切向力小于轮胎与路面产生的摩擦力时，轮胎与路面之间不发生相对滑动、相互黏附，此时切向力作用可认为是黏附作用，其作用的大小主要取决于路面与轮胎材料的性质以及接触区域的大小等。

3. 胎面橡胶的变形

当车辆在路面上行驶时，轮胎主要产生径向弯曲变形，轮胎橡胶的黏弹性导致其在加载以及卸载过程中应力和应变不同步，出现滞后现象，形成滞后角。同时，可将应力或者应变图简化为正弦波形，其动态应变可以记为

$$\sigma(t)=\sigma_0\cdot\sin\omega t \tag{2-2}$$

式中：σ_0——正弦波振幅；

ω——角频率。

由于胎面橡胶的黏弹性，应变通常滞后于应力，用滞后角 φ 表征，此时动态应力可以描述为

$$\varepsilon(t)=\varepsilon_0\cdot\sin(\omega t-\varphi) \tag{2-3}$$

滞后的交变作用下应力 - 应变响应如图 2-2 所示。

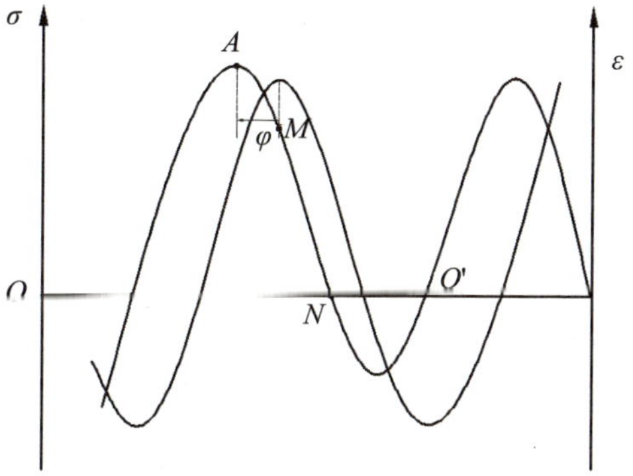

图 2-2　交变作用下应力 - 应变滞后响应

另外，可应用以下公式计算得到与材料动态黏弹性相关的各项参数值。

$$\left|E^*\right| = \frac{\sigma_0}{\varepsilon_0} \tag{2-4}$$

$$E' = \left|E^*\right| \cdot \cos\varphi \tag{2-5}$$

$$E'' = \left|E^*\right| \cdot \sin\varphi \tag{2-6}$$

$$\eta'' = \frac{E''}{\omega} \tag{2-7}$$

$$\eta' = \frac{E'}{\omega} \tag{2-8}$$

$$\eta^* = \eta' - \mathrm{i}\eta'' \tag{2-9}$$

式中： $\left|E^*\right|$为动态复数模量的大小；E'和E''为黏弹性材料的动态模量参数，E'为储存模量，表示材料内部在形变时储存的能量，在撤销应变时即可释放，代表材料的弹性成分，E''为损耗模量，表示形变时以热的形式损耗的能量，代表材料的黏性部分。材料内耗能的大小可以用材料变形过程中动态黏弹性的相对能量损耗来度量，这个损耗取决于应变和应力之间的相位角差 φ，可以用 $\tan\varphi$ 表示其内耗，即用材料损耗模量与储存模量的比值表示：

$$\tan\varphi = \frac{E''}{E'} \tag{2-10}$$

与单向加载不同的是，在循环交变应力情况下，轮胎受力时应力－应变关系呈滞回曲线关系，如图 2-3 所示。

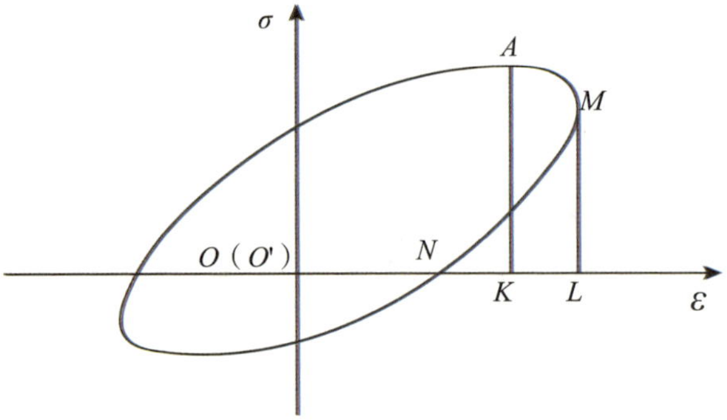

图 2-3　单循环应力－应变滞回曲线

轮胎滚动一个周期可以分为加载和卸载过程，从滞回曲线图可以看出，从 O 点到 M 点时，材料在逐步储存能量，这一阶段其储存能量的大小为

OML 所包围的面积大小，从 *M* 点到 *N* 点时，材料在逐步恢复能量，其恢复能大小为 *MLN* 所包围的面积，因此，材料在拉伸阶段，用于抵抗表面摩擦而产生的热能大小为储存能面积 *OML* 减去恢复能面积 *MLN* 的大小，即耗散能大小为 *OAMN* 所包围的面积大小，单位体积材料耗散能密度计算公式为

$$\Delta W=\int_{t_1}^{t_2}\sigma(t)\frac{\mathrm{d}\varepsilon(t)}{\mathrm{d}t}\mathrm{d}t \tag{2-11}$$

将式（2-2）及式（2-3）代入（2-11），得

$$\Delta W=\sigma_0\varepsilon_0\pi\sin\varphi \tag{2-12}$$

因此，一个循环周期内轮胎总的滚动损耗能为

$$W=\sum_{i=1}^{n}(\Delta W_i\cdot V_i) \tag{2-13}$$

式中：V_i——橡胶单位体积。

最后，得到轮胎的滚动阻力的大小为

$$P_{\mathrm{f}}=\frac{W}{C}=\frac{\sum_{i=1}^{n}(\Delta W_i\cdot V_i)}{2\pi R_{\mathrm{d}}} \tag{2-14}$$

滚动阻力系数为

$$f=\frac{P_{\mathrm{f}}}{F_Z} \tag{2-15}$$

从式（2-14）可以看出，轮胎在一个循环周期内总的滚动损耗能大小的影响因素包括轮胎有效半径 R_{d} 以及单位体积轮胎材料耗散能。其中，单位体积耗散能的大小有诸多内在和外在影响因素：就轮胎本身而言，其胎压、结构、材料以及刚度等因素都能影响其受力情况，从而影响其在外部载荷作用下应力以及应变的大小；就外部因素而言，路表材料模量、路表纹理、路面状况等同样会对其应力－应变关系产生影响。从路面材料的角度出发，减少轮胎在路面上的变形是减少轮胎痕迹残留的关键点。

4. 路面小尺寸微凸体的微切削作用

通常，轮胎与路面的黏着力是由于轮胎与路面微观构造微凸体之间产生的黏着作用。轮胎行驶过程中，当作用于微凸体上时，黏着点剪断所需要的抗剪阻力会在水平方向形成黏着摩擦力，发生黏着磨损。实际上，黏着磨损主要指的是轮胎与路面形成的黏着点在随后的轮胎滚动过程中被剪断、拉开，然后脱落下来形成磨屑，之后又在其他地方形成新的黏着点，反复“黏着、

剪断、脱落、再黏着”的过程。黏着磨损主要与轮胎和路面的材料性能、接触面间压力以及路面情况等因素有关。在胎压以及轮胎性质不变的情况下，路面凸起物形成的角度越小，说明凸起物形状越尖锐，如式（2-16）所示。

$$F_A=S\sum_{i=1}^{n}A_{ai} \tag{2-16}$$

式中：F_A——轮胎与路面黏着摩擦力的总和；

A_{ai}——单个路面颗粒与橡胶界面的实际接触面积；

S——剪切强度比。

另外，当路面存在坚硬的微凸体或者在接触面间存在硬质粒子时，产生的摩擦而造成的磨损为磨粒磨损。磨粒对路面作用的力分为法向力和切向力。其中，法向力在表面形成压痕，切向力推动磨粒向前进。大多数情况下，摩擦表面受剪切、犁皱或者切削综合作用，磨粒磨损可用式（2-17）表示。

$$F_e=A\cdot\sigma_s \tag{2-17}$$

式中：F_e——磨粒磨损力；

A——轮胎与微凸体接触面积；

σ_s——轮胎屈服极限。

轮胎磨粒磨损的大小主要取决于路面较小尺寸微凸体的大小、分布情况以及尖锐程度等。

从以上分析可知，轮胎与路面摩擦磨耗的影响因素主要取决于摩擦产生的机理，具体可以分为外部因素（环境因素、路面结构、路面材料等）和内部因素（轮胎载荷、胎面材料、胎体结构等）。由于轮胎影响因素较多，在行驶过程中受力工况繁杂，目前国内外能够模拟其真实磨损的试验手段较为有限，室外大型环道试验需要花费的时间和成本很多，所以本书通过有限元方法对两种类型的彩色沥青路面（传统彩色微表处和色彩耐久型彩色微表处）上的轮胎磨损进行研究，利用 ABAQUS 有限元软件，建立轮胎胎面磨损模型，分析轮胎在不同彩色路面的磨损轮廓，并根据磨损量评价两种彩色沥青路面抗轮胎痕迹残留性能。

2.3 轮胎材料力学性质

轮胎内部结构复杂，主要包含不同类型的橡胶、钢丝骨架以及钢丝圈等材料。轮胎的性能通常取决于材料的性能，不同材料在不同的工况下发挥各自的功能，保持轮胎良好运转，使整体协调变形。例如，轮胎中的橡胶材料（rubber）属于超弹性材料，模量低，伸长率高，能够在提高轮胎耐磨性的同时增强其与路面的黏结力；环带层（belt）介于胎面与胎体之间，具有高张力，其作用是补强胎面的强度，并缓和路面的冲击力；胎体（carcass）是轮胎的骨架，主要承受轮胎的荷重压力、内部空气压力及横向剪切力等。因此，在对轮胎进行分析时，应首先考虑轮胎中各部分材料的性质，才能更好地把握轮胎的性能特点。

2.3.1　橡胶材料的本构模型

轮胎中的橡胶材料通常表现出超弹性以及高度非线性，在行驶过程中实体橡胶材料能够在承受典型的大变形的同时仍保持其固有的弹性。ABAQUS 对实体橡胶做了以下假设：

（1）材料行为是弹性的。

（2）应力 – 应变关系为高度非线性。

（3）材料为各向同性。

（4）材料近似不可压缩。

（5）所有的变形瞬时发生。

（6）通过一个独立的黏弹性或者滞后作用的模型来模拟黏弹性效应。

橡胶材料（超弹性）的力学行为以应变能的形式表达，应变能经常写为应变不变量的形式，如 Neo-Hookean（1 阶）模型，其应变能函数如式（2–18）所示，具体参数值如表 2–1 所示。

$$U = C_{10}(I_1 - 3) + \frac{1}{D}(J - 1)^2 \tag{2–18}$$

式中：C_{10}，D——材料的参数；

I_1——应变不变量；

J——弹性体积率。

表 2–1　橡胶材料参数值

材料名称	C_{10}	D	密度 /（kg · m^{-3}）
胎面橡胶	0.5	0.040	1100

2.3.2　帘线与橡胶复合材料模型

在轮胎结构中，帘线与橡胶复合材料组成的环带层、胎体以及胎圈等均为轮胎的骨架结构，两种材料力学性质差异较大，并且两种材料均具有明显的各向异性。因此，本书中采用目前较为常用的加强筋模型来模拟帘线－橡胶复合材料。ABAQUS 中的钢筋层可以用来加强实体或者结构单元的母体，如壳、膜，本书使用内埋单元约束来模拟实体单元中的加强层，即用钢筋层加强的面内埋在实体单元构成的母体中。在模拟过程中，使用钢筋单元特征线表征轮胎中胎体和带束层的特性，如图 2–4 中浅色线条所示。

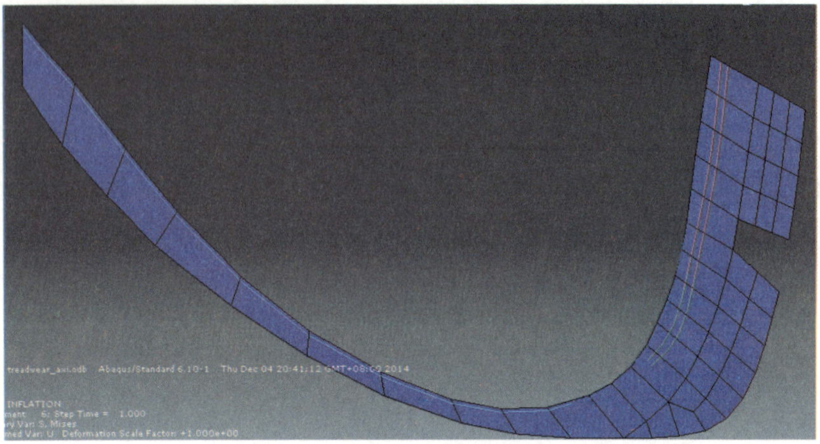

图 2–4 帘线－橡胶复合结构

轮胎帘线包括 3 个部分，分别是胎体层以及 2 个带束层。其中，胎体层的帘线按子午线方向排列，2 个带束层的帘线按其与轮胎间周向较小的夹角排列，并以轮胎的中分面对称分布，其材料参数如表 2–2 所示。

表 2–2 轮胎帘线材料参数

材料名称	密度 /（$kg \cdot m^{-3}$）	杨氏模量 /MPa	泊松比
胎体层	1350	4199	0.29
带束层 1	7800	105886	0.29
带束层 2	7800	105886	0.29

2.3.3 黏弹性行为

模拟轮胎在滚动仿真中的黏弹性行为是非常重要的，ABAQUS 中能够提供介于弹性固体和黏性流体之间的行为，在时域和频域内分别模拟黏弹性行为。黏弹性材料在载荷下的响应可以典型地分为瞬态弹性响应和黏弹性响应。对于预先指定的应力值，黏弹性材料可以表现出蠕变；对于预先指定的应变值，黏弹性材料也可以表现出应力松弛。对于没有填充的橡胶，松弛率与施加应力成正比，ABAQUS 可以用黏弹性模型模拟这样的行为。在填充橡胶中，松弛率与施加压力并不成正比，不能用 ABAQUS 中的一般线性黏弹性理论来模拟这种类型的一般非线性有限应变，以及与时间相关的行为。因此，一般使用黏弹性材料的自定义拟合。对于不同频域的循环载荷，分别用瞬态材料属性以及长期的材料属性来表征非常高频以及非常低频的响应。

在 ABAQUS 中，可以用不同选项（Elastic、Hyperelastic、Hyperfoam）来定义材料的长期或者瞬态的弹性响应，使用 MODULI 参数来定义长期或瞬态行为。本书选用 Elastic 选项定义轮胎胎面材料长期弹性响应，并通过 Prony 序列来定义，其参数直接定义为 Viscoelastic，Time=Prony。

2.4　有限元模型建立

2.4.1　轮胎有限元模型建立

本章的主要目的是比较轮胎在不同彩色沥青路面上的磨损情况。为提高建模和计算效率，本书简化了胎面结构类型的影响，重点对光面轮胎进行有限元仿真分析。整体轮胎建模及分析过程如图 2–5 所示。

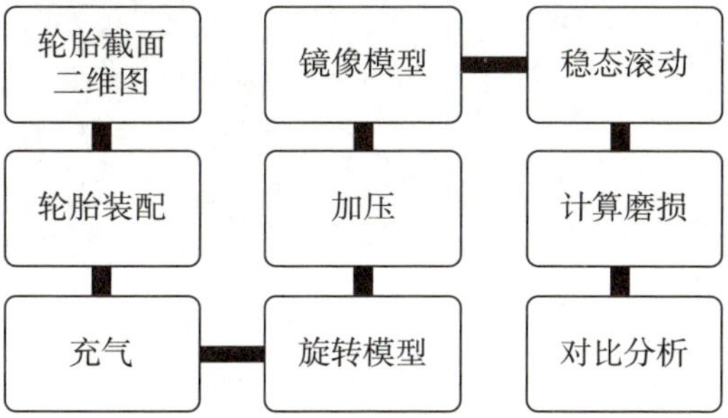

图 2–5　轮胎建模与分析流程图

（1）根据轮胎实际结构，利用 AutoCAD 建立轮胎半截面的二维轮廓图。

（2）在 ABAQUS 中对轮胎二维模型进行轮辋装配以及充气模拟。在对轮胎进行充气模拟之前，基于轮胎的几何非线性、橡胶材料的本构模型以及黏弹性行为等固有性质，根据轮胎半截面的二维轮廓图，借助 ABAQUS 软件中的接触单元、层单元以及体单元建立轮胎的有限元模型，并施加

0.3 MPa 的充气压力，方向垂直于轮胎的内表面，得到有限元模拟结果，如图 2–6 及图 2–7 所示，应力单位为 MPa。

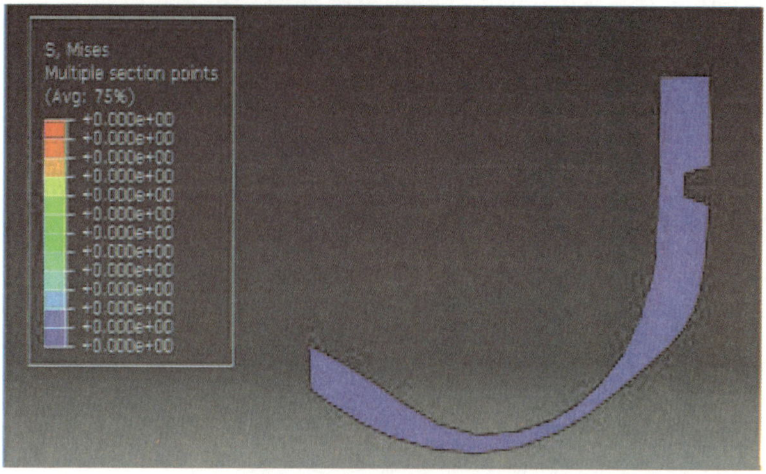

图 2–6　轮胎充气前应力图

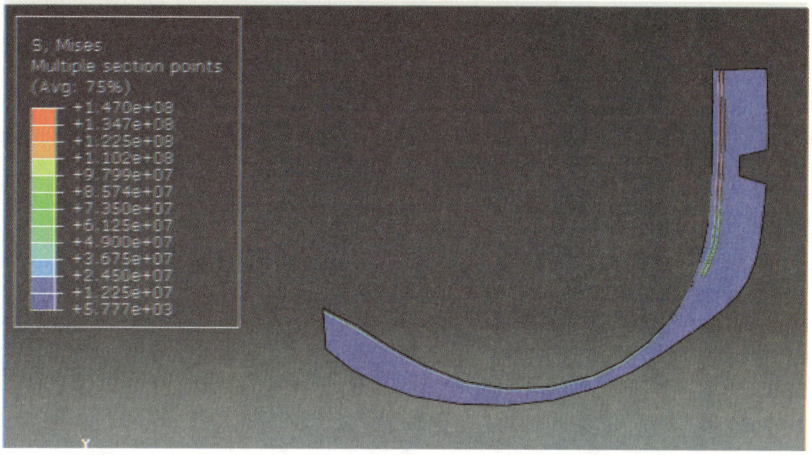

图 2–7　轮胎充气后应力图

如图 2–7 所示，轮胎充气后，其胎面、胎体以及带束层的整体应力都有不同程度的增大。在静态充气工况下，轮胎中的带束层反映出强度明显的应力，达到 147 MPa，且为正值，说明处于受拉状态，而胎面和胎体的橡胶材料的应力相对较小，只有 0.0057 MPa，为正值，同样处于受拉状态。

（3）利用 *SYMMETRIC MODEL GENERATION，REVOLVE 命令绕对称轴从参考面旋转二维充气模型，并对其进行加压。轮胎作为车辆与路面接触的一部分，不仅承受车辆自身质量的载荷，还受到胎内压力的作用，在行驶过程中这个竖向载荷的作用对路面的接触应力应变会产生重要的影响，因此在对轮胎与路面进行磨损分析之前，须进行轮胎竖向加载状态的分析。在上述轮胎加压的基础上，对轮胎施加 3.3 kN 的竖向作用力，方向垂直于路面，作用于轮胎中心点上，其计算结果如图 2-8 所示。

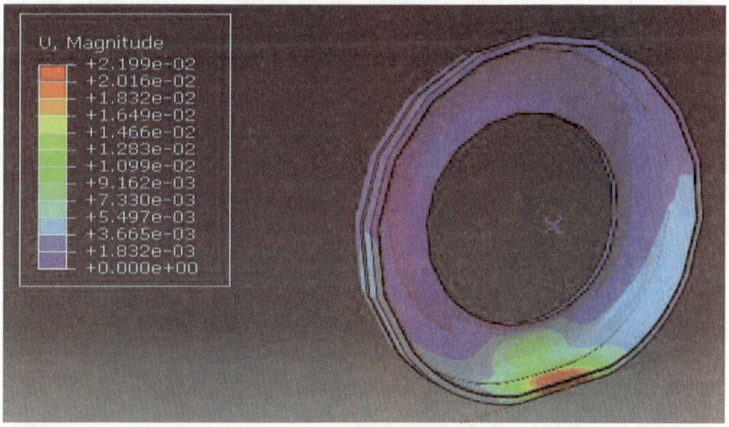

图 2-8　轮胎加压后位移图

从图 2-8 可以看出，在轮胎竖向加载情况下，轮胎的变形主要发生在与路面的接触区域，其中接触区的中心变形最大，变形由中心向四周逐步减小，此时，中心点达到最大纵向位置，为 2.2 mm。

（4）通过 *SYMMETRIC MODEL GENERATION，REFLECT 命令镜像原模型部分，结合原有部分以及反射部分组成一个轮胎三维模型，如图 2-9 所示。

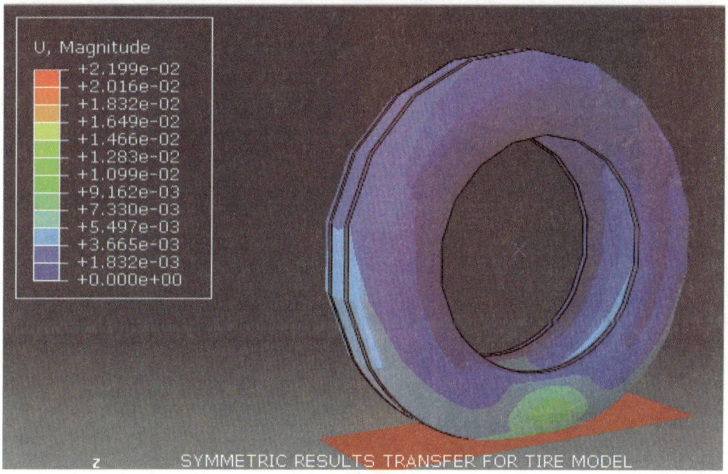

图 2-9　三维轮胎位移图

（5）进入稳态分析过程。稳态滚动下轮胎的有限元分析是轮胎在施加了一定的静载状况下再施加某一恒定的滚动速度，使得轮胎以一定的角速度进行转动，即在网格固定的情况下，材料以某个恒定的角速度进行转动，实现稳态滚动。首先，对轮胎进行自由滚动分析，即轮胎在滚动过程中的侧偏角以及侧倾角均为 0，在一定竖直载荷下纵向摩擦力为 0 的滚动状态，计算结果如图 2-10 及图 2-11 所示。

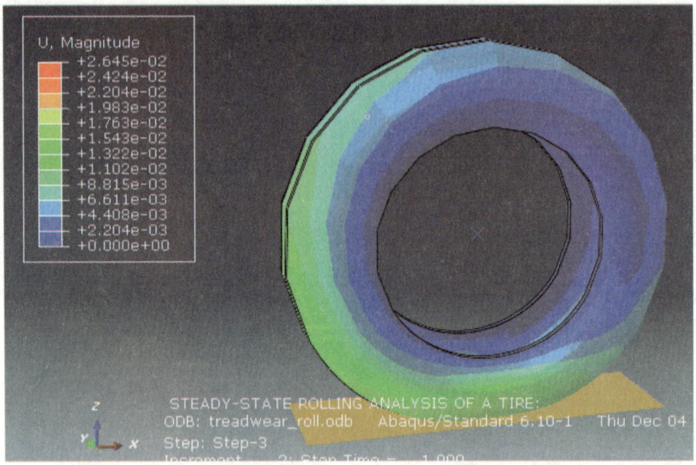

图 2-10　轮胎稳态滚动位移图

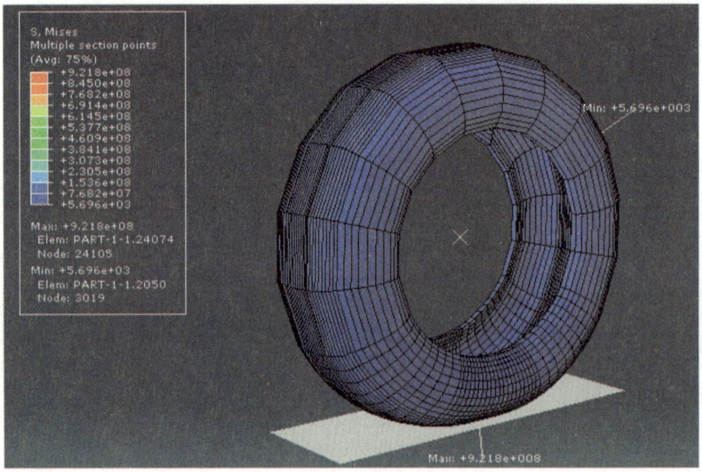

图 2-11　轮胎稳态滚动应力图

从图 2-10 可以发现，轮胎在稳态滚动情况下，竖向位置的最大改变量发生在轮胎与地面接触区域中心，并沿着车轮滚动方向逐渐变小。从图 2-11 可以看出，轮胎的最大应变为 922 MPa，发生在轮胎下沉最大处，而最小值为 0.0057 MPa，发生在轮胎前进方向相反的胎面，标记为 min 值。

2.4.2　彩色沥青路面有限元模型建立

本小节主要介绍的是彩色沥青路面的有限元模型建立，以具有代表性的彩色微表处为例。一般情况下，彩色微表处路面具有良好的抗滑性能，但在与轮胎接触过程中容易在表面留下轮胎磨损痕迹。因此，本书中在传统彩色微表处结构的基础上，在其表面喷洒一层热固性丙烯酸树脂乳液材料作为抗轮胎痕迹树脂封层，通过树脂封层的作用减少轮胎磨损痕迹的残留，这就是色彩耐久型彩色微表处路面。两种彩色微表处路面的具体材料、性质以及参数如表 2-3 及表 2-4 所示，两种彩色沥青路面结构如图 2-12 及图 2-13 所示。

表 2-3　传统彩色微表处路面材料参数

结构层	材料名称	厚度 /mm	弹性模量 /MPa	泊松比
表面层	彩色微表处	10	2500	0.30
上面层	改性沥青混凝土 AC-13	40	1400	0.35
下面层	改性沥青混凝土 AC-20	60	1200	0.30
上基层	5% 水泥稳定层	200	1400	0.25
下基层	4% 水泥稳定层	200	1500	0.25
土基	压实土	—	40	0.40

表 2-4　色彩耐久型彩色微表处路面材料参数

结构层	材料名称	厚度 /mm	弹性模量 /MPa	泊松比
树脂封层	丙烯酸树脂封层	3	1000	0.25
表面层	彩色微表处	10	2500	0.30
上面层	改性沥青混凝土 AC-13	40	1400	0.35
下面层	改性沥青混凝土 AC-20	60	1200	0.30
上基层	5% 水泥稳定层	200	1400	0.25
下基层	4% 水泥稳定层	200	1500	0.25
土基	压实土	—	40	0.40

图 2-12　传统彩色微表处路面结构图

图 2-13　色彩耐久型彩色微表处路面结构图

在利用 ABAQUS 软件对彩色微表处路面进行有限元建模过程中，当轮胎对路面的接触压力较高并且两者接触面积较大时，可考虑路面结构层间的联结是完全连续的。另外，考虑到彩色微表处材料为黏弹性材料，其材料力学性质会不同程度地受到温度、时间以及加载速率影响，因此为提高计算效率，缩短模拟计算工时，本书将彩色沥青路面各层材料假定为均质、连续以及各向同性的弹性材料，并不考虑路面自身重量、各层无限远处以及最低处边界条件的影响。

在单元网格划分过程中，其疏密程度对有限元分析过程中的收敛影响颇大，网格划分应该结合自身工作量以及计算精度等因素综合考虑。本书在对路面结构模型进行网格划分过程中，为减少工作量并保证计算结果具有一定的精度，选择在路面面层加密网格，而在基层以及土基部分采用较疏的网格划分。这样的选择主要是考虑路面面层主要与轮胎接触，并且贴近路面载荷区域，如此才能在得到较高的计算精度的同时满足分析要求。彩色沥青路面结构的网格划分如图 2-14 所示。

图 2-14　彩色沥青路面结构网格划分

2.4.3　路面与轮胎的接触模型

在路面与轮胎的接触模型中，通常将接触问题分为两种：一是刚性体与变形体的接触；二是变形体与变形体的接触。第一种情况下，刚性体较变形体有更大的刚度，在互相接触时考虑刚性体不变形，变形体具有一定的变形；第二种情况下，两者都具有一定的刚度，并且在相互接触时都有一定的变形。当路面与轮胎接触时，接触应力通过公共面进行传递，包括法向应力以及剪切应力。在本书中，使用“硬接触 /Hard Contact”作为两者在法向应力上的约束方式，即不限制路面与轮胎之间的法向应力传递，把接触压力为 0 或者负值作为两个接触面分离的标准；对于剪切应力，通常使用摩擦模型中较为常用的库仑模型。库仑模型为 ABAQUS 中标准的摩擦模型，有两种方式，由 $\tau_{eq}=\sqrt{\tau_1^2+\tau_2^2}$ 进行控制：当 $\tau_{eq}<\tau_{crit}$ 时，无相对滑动，此时黏结；当 $\tau_{eq}=\tau_{crit}$ 时，滑动产生，此时滑移。

当设定轮胎在路面行驶过程中属于刚性体 - 变形体状态时，路面在大变形状态下存在胎面与路面的接触非线性。另外，在 ABAQUS 的接触类型中，最常见的接触类型为变形体与刚体之间的有限滑移，一般可使用拉格朗日乘子法以及罚函数法来处理这样的接触问题。虽然拉格朗日乘子法操作简单，在 ABAQUS 中可以加强准确的黏结条件的使用，但是附加的拉格朗日乘子会增加计算的费用；刚体约束往往会减缓或者阻止牛顿法的收敛。因此，在本书中，采用罚函数法来施加剪切作用的约束，同时剪切方向的摩擦为各向同性。

在 ABAQUS 中，刚体被认为是一系列的节点和单元的运动由一个节点控制，并能够承受任意大的刚体运动。刚体的几何形状：拖动或者旋转一个二维几何剖面作为解析刚体表面；用节点和单元对一个体进行划分，大部分实体或者结构单元类型以及刚体单元类型可以在刚体定义中被包括。在接触对中，刚体表面一般为主面，并且应该足够光滑以避免收敛性问题。

考虑到本章的研究重点是对比轮胎胎面橡胶在不同彩色沥青路面（传统彩色微表处和色彩耐久型彩色微表处）的磨损情况。如果考虑轮胎为变形体、路面为刚体的情况，会忽略不同彩色路面结构、不同材料性质对轮胎磨损程度的影响，且基于光面轮胎的假设无法有效评价路面结构的不同对汽车轮胎磨损产生的影响，因此，在接触模型建立过程中将设定汽车轮胎为刚性体，彩色沥青路面为变形体。它的优点在于能够准确地判断及评价不同彩色路面结构性质和材料对汽车轮胎磨损的影响，与本书的研究目的更加贴切。其具体接触模型如图 2-15 所示。

图 2-15　轮胎与路面接触模型

2.5 胎面橡胶磨损过程

由 2.2 节中对路面轮胎痕迹残留的分析可知，胎面橡胶磨损性质涉及诸多因素，如接触应力、相对滑移、温度、路面宏观以及微观构造等，因此在建立轮胎磨损模型时，必须进行一定条件的简化。目前，较为常用的方法有两种：一是认为汽车轮胎胎面橡胶的磨损大小主要取决于胎面与路面的接地压力以及相对滑动的大小，从而实现磨损模型算法；二是对轮胎胎面与路面的磨损进行分析，并认为胎面的磨损主要取决于磨损损耗的能量，以实现摩擦功的计算来表征其磨损模型。本节考虑采用第一种方法实现轮胎磨损模型算法，并通过 ABAQUS 软件提供的 UMESHMOTION 接口，使用 Fortran 语言编制实现相关轮胎磨损模型的 UMAT 用户子程序。

2.5.1 轮胎磨损子程序

为解决绝大多数模型的有限元分析问题，ABAQUS 为用户提供了大量的单元选择以及求解模型。但是，目前 ABAQUS 仍然无法处理所有可能出现的问题。因此，ABAQUS 为用户提供了大量的用户子程序，允许用户在找不到合适模型的情况下，通过子程序选择，自定义符合自身要求的模型。用户子程序包含两种类型的子程序接口，即 ABAQUS/Standard 以及 ABAQUS/Explicit。其中，前者包括 CREEP、DFLOW、DISP、FLOW、UMESHMOTION 等 46 个用户子程序接口，后者包括 VFRIC、VUEL、VUMAT 等 5 个用户子程序接口，在满足用户需要的同时，不断自我更新、完善。

本章采用了 UMAT 用户子程序中 Standard 的 UMESHMOTION 接口对轮胎的磨损实现磨损模型算法。所谓 UMESHMOTION，指的是在适应的网格划分中，制订网格运动约束。在计算轮胎磨损过程中自适应网格有以下局限性。

（1）圆柱网格不支持自适应网格。

（2）自适应网格使用超弹性材料时表现很差，因此胎面橡胶应用弹性材料来定义。

（3）在自适应网格的范围内不能用包含刚性层的嵌入网格。

（4）自适应网格通过网格几何特征来决定自适应网格在自由面光滑的方

向，网格几何特征通常不容易与描述的磨损方向一致，因此通常需要进行额外的工作来明确描述磨损方向。

在 ABAQUS 软件中，两种子程序接口都是由 Fortran 语言汇编而成。因此，在选择了用户子程序之后，可通过 Fortran 语言自行编制模型，作为主程序的求解器调用。

2.5.2 磨损模型

一般来说，在不考虑环境因素的前提下，轮胎的磨损量与轮胎接触压力、接触面积以及接触滑移率有关。通过 ABAQUS 帮助文档参考轮胎磨损例子，可建立如下磨损模型：

$$\dot{q}=\frac{k}{H}PA\dot{\gamma} \tag{2-19}$$

式中：$\dot{q}$——轮胎胎面橡胶磨损量；

k——磨损系数；

H——材料硬度；

P——轮胎与路面的接触压力；

A——轮胎与路面的接触面积；

$\dot{\gamma}$——接触滑移率。

通常，可将 $PA\dot{\gamma}$ 认为是摩擦损耗率。在进行磨损计算的过程中，可假设磨损率是局部接触压力与滑移率的线性函数，另外，由于在稳态滚动下使用欧拉方程，可用胎面流线来模拟轮胎周长磨损。

本小节的主要目标是将胎面材料的磨损表达式应用于磨损分析的胎面节点上。因此，首先考虑用一条带状物围绕着轮胎，带状物的中心用包含胎面的有序节点来定义。这条中心线以和每个节点联系的辅助面的任意一边作为边界，这样的带状物包括轮胎和路面接触的所有面，并且认为发生在带状物上的磨损是均匀的，通过下式来表达整个带状物的磨损率：

$$\dot{q}(t)=\frac{k}{H}\int_{\text{ribbon}}P(x,t)\dot{\gamma}(x,t)\mathrm{d}A \tag{2-20}$$

式中：t——时间；

x——当前配制位置。

由于使用欧拉稳态传输处理，表达式可以表示为只依赖时间的方程，如式（2-21）所示。

$$\dot{q} = \frac{k}{H}\int_{\text{ribbon}} P(s)\dot{\gamma}(s)T(s)\mathrm{d}s \tag{2-21}$$

式中：s——沿着流线的位置；

$T(s)$——带状物在 s 位置的宽度。

2.5.3 磨损过程实现

用曲面消融速度的磨损量方程来计算轮胎胎面橡胶的磨损量。通过用户子程序 UMESHMOTION 指定轮胎外表面节点的磨损速度向量，并定义网格约束速度以及连接自适应网格；在每个收敛的增量步之后使用网格光滑技术，通过子程序指定网格节点的消融速度，用自适应网格技术调整橡胶层内部的节点来保持良好的网格形状。

用户材料子程序能够为 ABAQUS 用户提供材料属性的 Fortran 程序窗口，让用户通过子程序的编写，通过 ABAQUS 主求解程序接口重新建立与 ABAQUS 内部资料的交流。在 UMAT 中，主程序与 UMAT 之间会发生数据传输，并且共享一些内部变量，如 URFF、ULOCAL、TIME、KSTEP、KMESHSWEEP 等。另外，某些自定义的变量需要在外部公共模块中自行定义，具体如下。

（1）nStreamlines: 轮胎磨损分析中整个参考界面的节点数。

（2）nGeElem: 在模型中沿着带状物网格划分的数目。

（3）nCylElem: 在模型中沿着圆柱体网格划分的数目。

（4）nRevOffset: 通过 *SYMMETRIC MODEL GENERATION，REVOLE 指定节点偏移。

（5）nReflOffset: 通过 *SYMMETRIC MODEL GENERATION，REFLECT 指定节点偏移（如果模型不用镜像，这个参考设置为 0）。

（6）jslnodes: 在参考界面下所有可能发生磨损的节点的节点信息数组，这个组数的大小为（2, nStreamlines），每个流线的第一个分量是节点编号，第二个分量是提供磨损方向的节点，如果磨损不发生在拐角处，将第二个分量设置为 0。

磨损表达式的变量通过函数 GETVRN 和 GETVRMAVGATNODE 从分析数据库中获得。P 从变量 CSTRESS 中获得；γ 从变量 CDISP 中获得；ΔS_i 由带状物的节点坐标决定，从变量 COORD 中获得。

2.5.4 磨损运动的方向

磨损速率 h 是网格约束矢量变量 ULOCAL 的分量，这个变量通过在局部坐标系 ALOCAL 中定义的默认网格光滑运动传递到用户子程序中，由这个局部坐标系测量出当前节点在曲面的法向。ULCOCAL（3）的方向根据在节点附近网格表面法向的平均值定义为外法向的方向。然而，当处于胎面拐角处时，这个平均的法向方向不能准确地描述磨损方向，应通过整体坐标系的磨损方向转化为局部坐标系磨损方向。

2.6 胎面橡胶磨损分析

2.6.1 胎面接地压力分析

本章主要对两种彩色微表处（传统彩色微表处及色彩耐久型彩色微表处）表面的轮胎磨损进行有限元分析，根据上述步骤分别得到轮胎在稳态滚动（roll）以及制动（wear）两种情况下的胎面接地压力分布图，如图 2-16 ～图 2-19 所示。

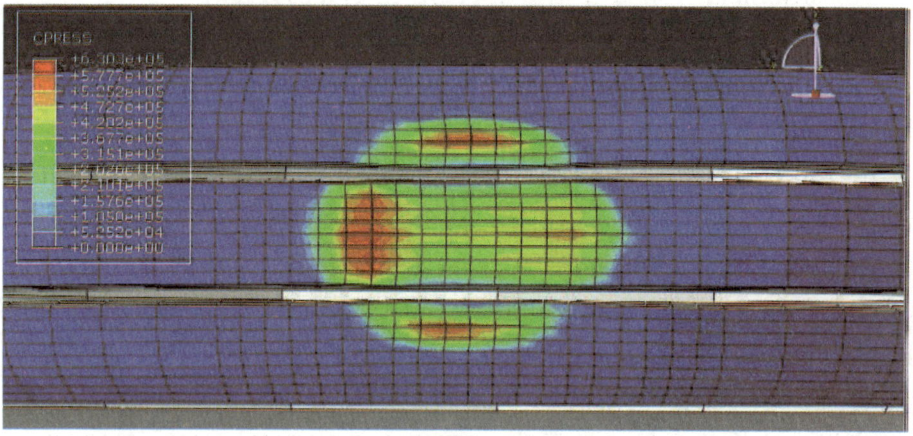

图 2-16　色彩耐久型彩色微表处对应轮胎在稳态滚动时的接地压力

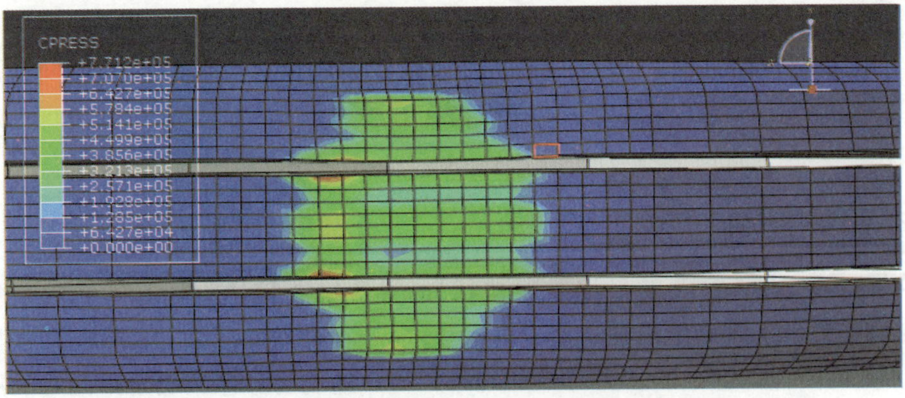

图 2-17　色彩耐久型彩色微表处对应轮胎在制动时的接地压力

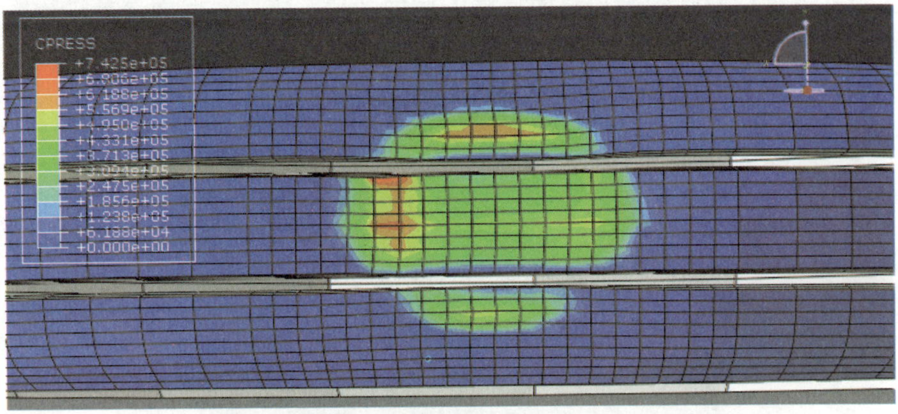

图 2-18　传统彩色微表处对应轮胎在稳态滚动时的接地压力

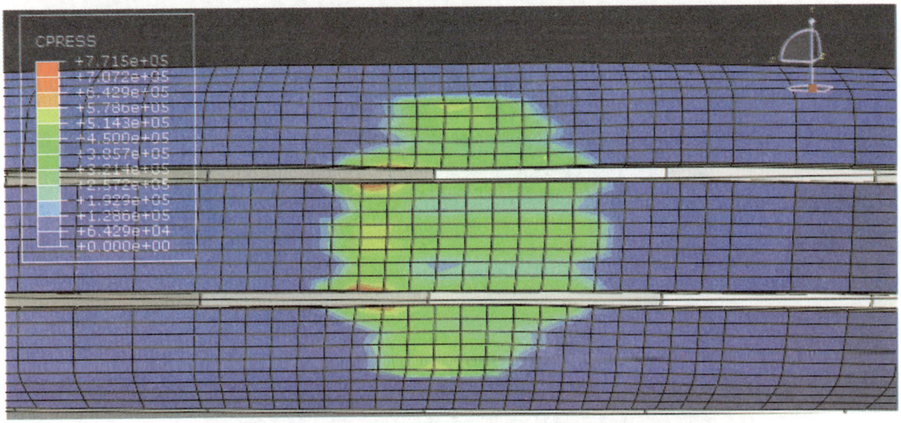

图 2-19　传统彩色微表处对应轮胎在制动时的接地压力

从上述路面对应轮胎的接地压力分布图可以看出：相比轮胎的制动状

态，轮胎在彩色微表处路面处于稳定滚动状态时，胎面接地压力分布主要集中于胎面沿滑动方向的胎面中间部分，且较为均匀；轮胎彩色微表处路面处于制动状态时，胎面接地压力主要集中在带束层部分，分布轮廓呈现不规则性。

2.6.2 磨损轮廓的建立

目前，ABAQUS 的目标模型包括 Session 视图模块、Mdb 模型数据模块以及 Odb 数据输出模块三种。本章通过对 ABAQUS 的 Odb 模块进行操作，获取所需的数据后，进行外部处理，得到轮胎与彩色微表处路面间的胎面磨损量，然后通过 Fortran 指令，将其写入 ABAQUS 的 Odb 模块中，在视图模式下可以看到轮胎与路面接触的胎面变形，之后对胎面部分进行磨损分析，如图 2-20 及图 2-21 所示。

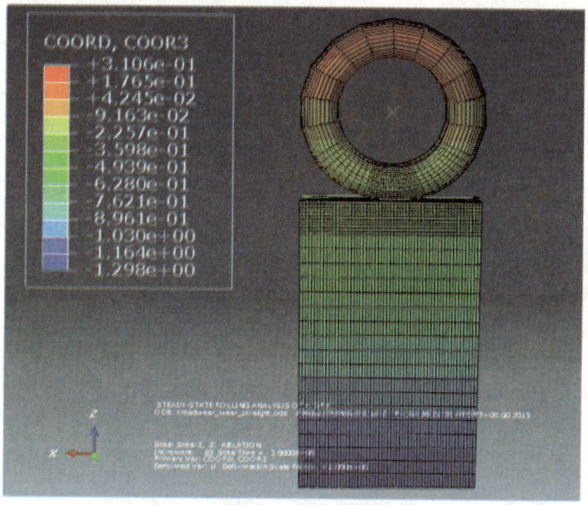

图 2-20　*Z* 方向坐标

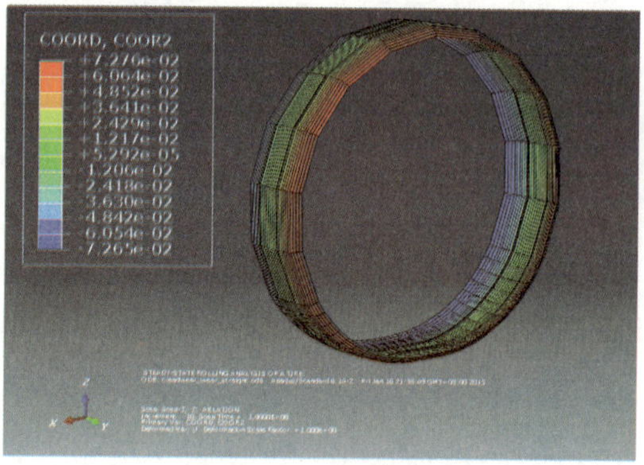

图 2-21　胎面部分

之后，通过路径 path 设置，对轮胎与路面的接触区域的节点进行分析，如图 2-22 所示。在路面的选择方面，分别对传统彩色微表处以及色彩耐久型彩色微表处对应的轮胎模型进行分析，通过磨损前后轮胎胎面对应坐标系的位置变化来评价轮胎的磨损量。首先，提取所选路径的节点，对节点的坐标数据建立局部坐标系下 COOR 2 方向以及 COOR 3 方向的轮胎轮廓。之后，分别提取两种彩色微表处路面对应轮胎在 COOR 2 以及 COOR 3 方向的滚动状态（roll 状态）和制动状态（wear 状态）胎面橡胶各节点对应的坐标位置，如图 2-23 ～图 2-26 所示。

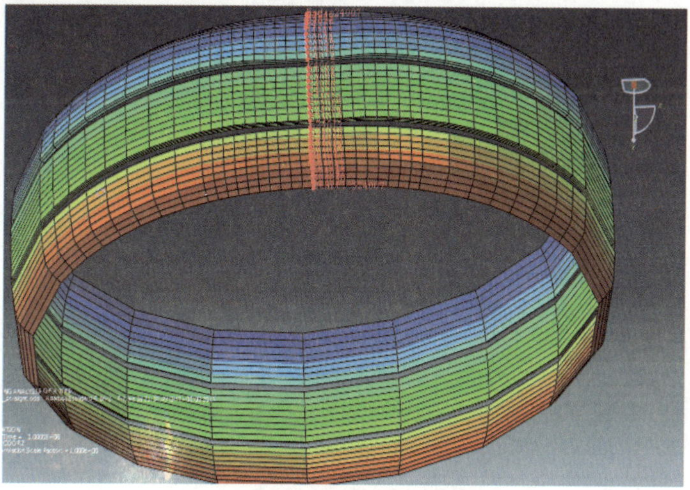

图 2-22　建立节点路径

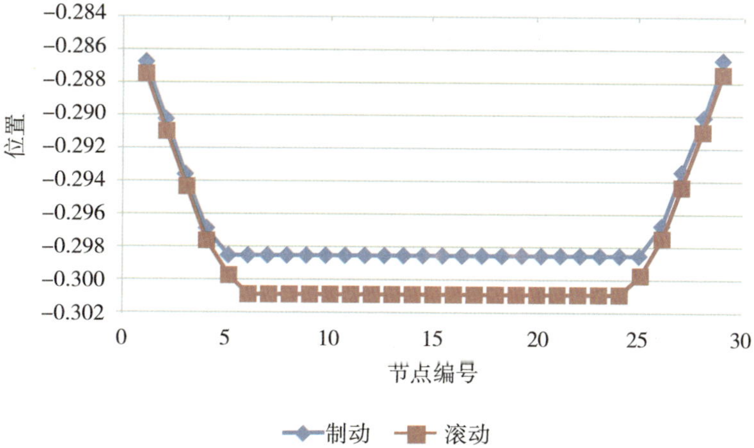

图 2-23　色彩耐久型彩色微表处对应轮胎在 COOR 3 方向的位置

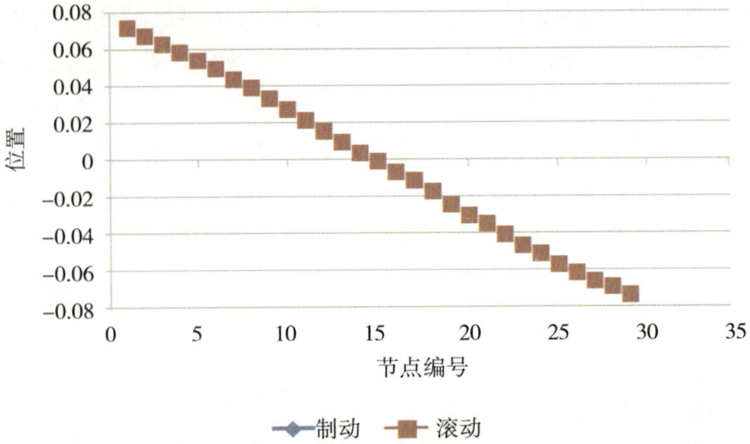

图 2-24　色彩耐久型彩色微表处对应轮胎在 COOR 2 方向的位置

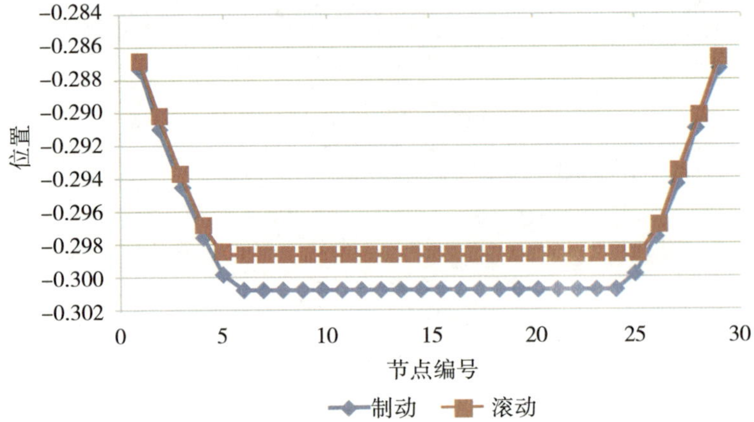

图 2-25　普通彩色微表处对应轮胎在 COOR 3 方向的位置

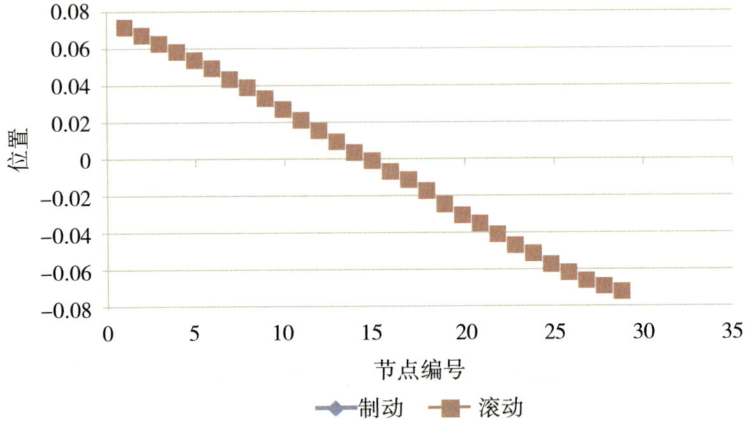

图 2-26　普通彩色微表处对应轮胎在 COOR 2 方向的位置

最后，根据轮胎胎面所取节点的坐标数据，结合节点在 COOR 2 以及 COOR 3 的坐标位置，建立两种彩色微表处对应轮胎的磨损轮廓，如图 2-27 及图 2-28 所示。

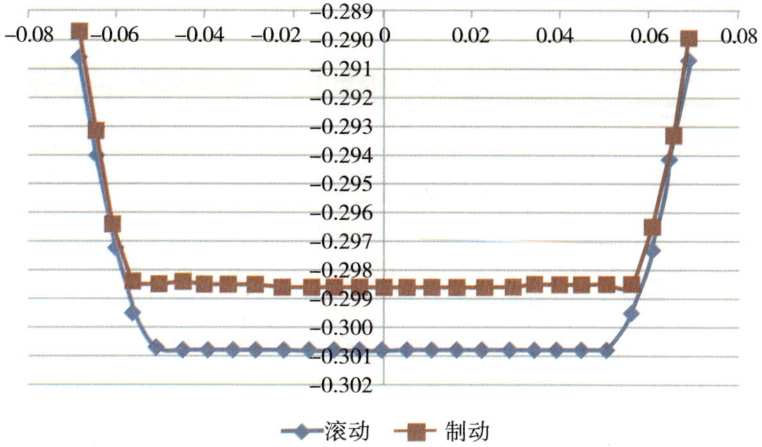

图 2-27　传统彩色微表处对应轮胎磨损轮廓

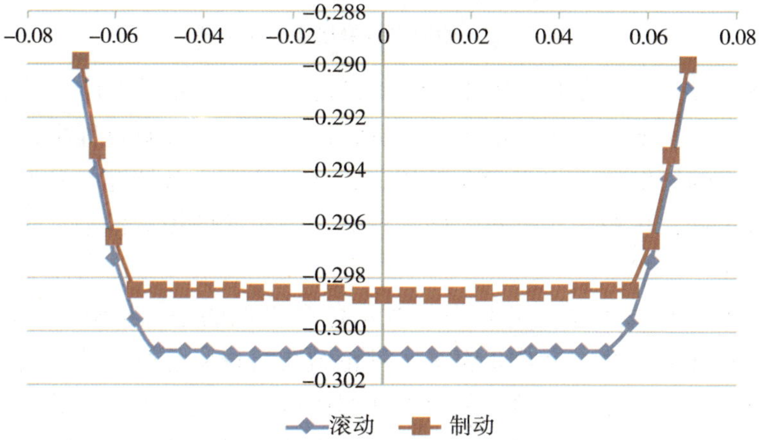

图 2-28　色彩耐久型彩色微表处对应轮胎磨损轮廓

由图 2-27 及图 2-28 可以看出，就轮胎的磨损轮廓而言，两种彩色微表处对应的轮胎胎面外侧靠近胎侧部位的变形较大，大于轮胎胎面的变形，并且呈对称分布。相比初始滚动状态，制动状态下的轮胎变形明显更大。

2.6.3　胎面橡胶磨损量分析

本书在对轮胎磨损量进行计算的过程中，主要根据不同工况下胎面橡胶的磨损轮廓变化来评价两种彩色微表处路面对应轮胎的磨损量计算，即将轮胎磨损前（roll 状态下）减去磨损后（wear 状态下）得到的值的大小作为评判轮胎磨损量的标准，由此得到两种彩色微表处路面对应胎面橡胶的磨损量，如图 2–29 所示。

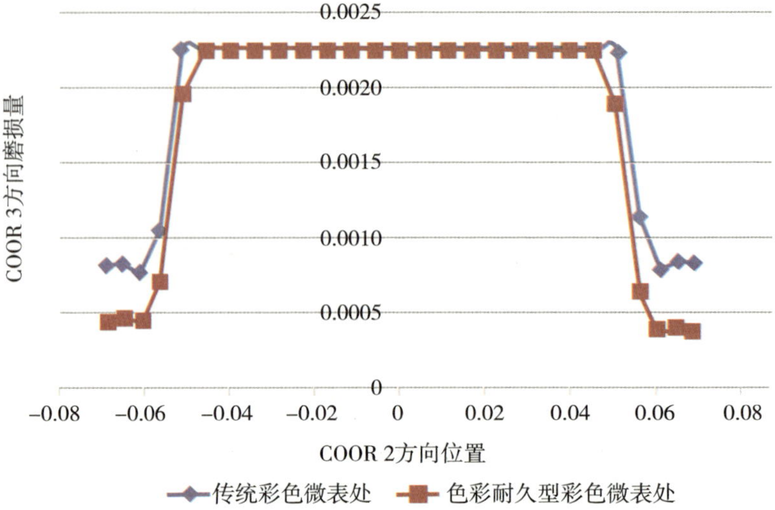

图 2–29　胎面橡胶磨损量对比分析

从图 2–29 可以看出，两种彩色微表处路面对应轮胎的胎面外侧靠近胎侧部位的磨损量明显小于胎面中心位置，即在与路面接触过程中，胎面中心位置与路面的接触压力大于胎面外侧，此结果符合正常情况。另外，相比传统彩色微表处，色彩耐久型彩色微表处对应的轮胎磨损量偏小，而胎面外侧则较为明显。

色彩耐久型彩色微表处是在传统彩色微表处的基础上喷洒一层热固性丙烯酸树脂乳液。经过有限元模拟，对轮胎在两种彩色微表处路面上的磨损进行分析，得出色彩耐久型彩色微表处相比传统彩色微表处能够在一定程度上减少轮胎在其表面的磨损。另外，由于轮胎磨损量越小，轮胎在路面的痕迹残留程度越低，因此可以判断相比传统彩色沥青路面，色彩耐久型彩色沥青路面能够有效预防由胎面橡胶磨损造成的黑色轮胎痕迹在彩色沥青路面的残留。

2.7　本章小结

本章主要对两种彩色微表处路面（色彩耐久型彩色微表处及传统彩色微表处）对应的轮胎磨损量进行有限元分析，通过 ABAQUS 软件对轮胎以及路面建立有限元模型，并根据轮胎磨损子程序的外部编写，实现两种彩色微表处路面轮胎胎面轮廓的计算，从而得到各自轮胎的磨损量，得到以下结论。

（1）利用 UMAT 用户子程序中 Standard 的 UMESHMOTION 接口对轮胎的磨损实现磨损模型算法，并给出适用于本书的轮胎对彩色微表处路面的磨损模型。

（2）通过胎面节点路径的坐标，获取在稳态滚动以及制动状态下轮胎胎面橡胶的磨损轮廓，并以此分析两种不同彩色微表处对应胎面橡胶的磨损量，研究结果发现两种彩色微表处路面对应轮胎的胎面外侧靠近胎侧部位的磨损量明显小于胎面中心位置，即在与路面接触过程中，胎面中心位置与路面的接触压力大于胎面外侧，此结果符合正常情况。另外，相比传统彩色微表处，色彩耐久型彩色微表处对应的轮胎磨损量偏小，而胎面外侧较为明显。

（3）利用有限元模拟，对轮胎在两种彩色微表处路面上的磨损进行分析，得出色彩耐久型彩色微表处相比传统彩色微表处能够在一定程度上减少轮胎在彩色微表处路面的磨损，同时能够有效预防黑色轮胎痕迹在彩色沥青路面的残留。

第 3 章　彩色沥青路面色彩耐久性试验研究

3.1　引　言

彩色沥青路面是国家发展功能性路面的重要组成部分，被广泛运用于市政道路、园林景观、停车场、收费站等地带，不仅能够美化城市，缓解驾驶疲劳，还能诱导交通，降低热岛效应。然而，汽车轮胎与路面之间存在无法避免的摩擦作用，久而久之，黑色轮胎痕迹会逐渐积累并覆盖于彩色沥青路面，对路面的色彩功能造成严重的影响，最终导致路面变黑而过早地丧失使用性能，这也逐渐成为彩色沥青路面最严重的病害之一。

日本的 Ando R 等运用统计分析方法针对彩色沥青路面的警示作用进行评价，研究发现彩色路面能够增强汽车司机及行人的安全意识。Synnefa、Karlessi 和 Gaitani 等对彩色路面改善城市热岛效应进行计算流体力学模拟，分析发现相比传统黑色沥青路面，使用薄层彩色路面能够有效降低路表以及环境温度。Lee 运用合成树脂作为黏结剂，通过与颜料混合制备出彩色黏结料，并进行了彩色沥青混合料路用性能试验。王良艳、韩道均和陈仕周对彩色路面种类、混合料设计方法及施工工艺进行研究，重点分析了集料与颜料的技术要求以及施工的关键技术。

彩色路面是功能性路面，良好的抗污性以及色彩耐久性是保证彩色路面色彩功能的关键。但是，当前国内外对彩色沥青路面的研究主要集中在混合料的设计、性能试验以及施工技术研究等方面，并未对其最基本、最重要的色彩耐久性进行深入、系统的研究，容易导致彩色沥青路面因轮胎痕迹残留而诱发“早期损害”。彩色沥青路面的色彩作用是其最重要的功能之一，其耐久性的优劣直接影响彩色沥青路面的使用性能。从目前的研究来看，彩色沥青路面的色彩耐久性主要与轮胎在路面上的残留痕迹有关。因此，针对彩色沥青路面轮胎痕迹残留问题，本书提出一种简单、有效的方法对彩色沥青路面的色彩耐久性进行评价。

在此之前，本书已在第2章介绍了有限元分析方法，即通过数值模拟来计算轮胎在不同彩色沥青路面的磨损量，进而评价不同类型彩色沥青路面的轮胎痕迹残留程度。为深入研究轮胎由于在彩色沥青路面的磨损而产生轮胎痕迹的过程，本章通过进行室内轮胎痕迹残留试验来评价彩色沥青路面的色彩耐久性，通过观察胎面橡胶在不同彩色沥青路面的痕迹残留程度，结合Photoshop软件中的RGB强度值对比，分析彩色沥青路面上轮胎痕迹残留的颜色变化，从而评价不同彩色沥青路面的抗轮胎痕迹残留性能。另外，本章还通过长期碾压和长期老化试验对彩色沥青路面的色彩耐久性进行研究。

3.2 轮胎痕迹残留评价方法

无论是彩色沥青路面还是传统黑色沥青路面，其表面沥青或者集料都容易被轮胎以及环境中的粉尘污染。尤其是彩色沥青路面，一旦其表面颜色被污染，就会完全丧失其关键的色彩功能。因此，本书中提出使用一种热固性丙烯酸树脂乳液材料作为抗轮胎痕迹树脂封层，一是能够保护彩色沥青路面，减少轮胎痕迹残留，提高其色彩耐久性，二是能够对路面结构起到密水性作用，如图3-1所示。

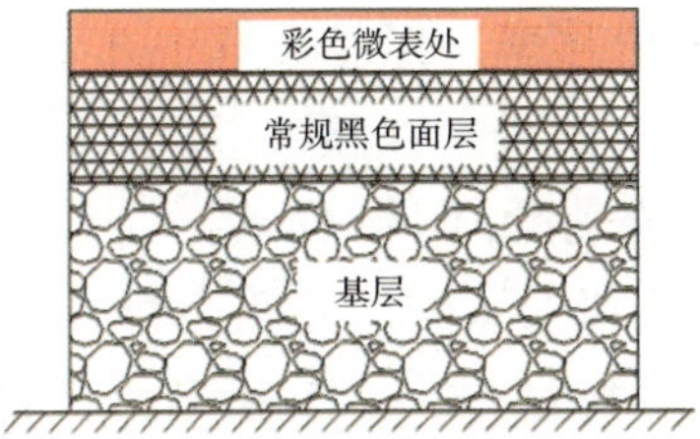

（a）传统彩色微表处

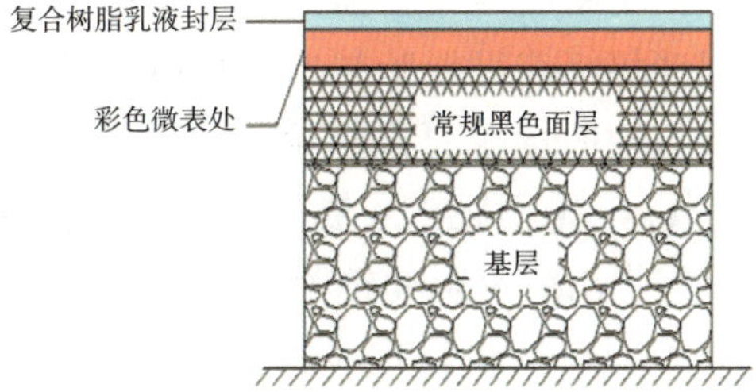

（b）色彩耐久型彩色微表处

图3-1 传统彩色微表处与色彩耐久型彩色路面比较

另外，由于本章主要对两种彩色沥青路面（传统彩色沥青路面以及色彩耐久型彩色沥青路面）进行对比分析试验，所以在试验条件方面做了以下简化。

（1）选用轮胎胎面橡胶材料取代实体轮胎进行试验。

（2）采用单一工况（恒定滚动）速率。

（3）忽略了轮胎结构对轮胎磨耗的影响。

（4）对于环境因素，只考虑温度对轮胎痕迹残留的影响。

在上述基础上，本章通过借鉴车辙试验以及负荷车轮试验模拟轮胎在彩色沥青路面的痕迹残留过程，对不同彩色沥青路面（彩色微表处及热拌彩色沥青路面）分别进行长期老化试验以及长期碾压试验，以评价彩色沥青路面的色彩耐久性。另外，由于试验条件有限，即利用负荷车轮试验机对彩色沥青路面进行碾压过程中，无法对温度进行有效的控制，只能在室温情况下进行试验，所以本章只研究室温下长期老化及长期碾压对彩色沥青路面色彩耐久性的影响。

彩色沥青路面色彩耐久性指的是其表面色彩的持久性，而表面色彩的持久性与轮胎在路面上的痕迹残留程度密切相关。由于轮胎的变形以及路面的表面纹理，轮胎在路面上滚动容易造成胎面橡胶材料磨损，从而在路面上产生轮胎痕迹，而轮胎一般使用黑色橡胶材料，黑色痕迹的残留会降低彩色沥青路面的色彩效应。因此，研究彩色沥青路面的色彩耐久性，主要是对路面抗轮胎痕迹残留性能进行研究。现阶段，国内外对路面轮胎痕迹残留的研究方法较为局限，主要是通过轮胎磨损量进行评价。但是，轮胎胎面磨损是一个时常伴有轮胎变形、黏附、微切削等作用的复杂过程。国内外研究者通过大量的试验研究，取得了一定的成果，如 R. L. Zapp 以及 F. Bottasso 分别于 1956 年和 1987 年利用旋转式滑移型 Lambourn 轮胎磨耗机进行轮胎磨耗试验，用胎面内在磨损率表征轮胎在行驶过程中的磨耗，并通过垂直载荷以及制动扭矩获得轮胎与地面接触区域的压力和滑移率，但是文章中并未说明轮胎与地面接触面积对轮胎内在磨耗率的影响。另外，A. Schallamach 和 K. A. Grosch 采用旋转式侧偏型磨耗试验机测试了轮胎在不同路面情况下的磨损量，并指出严重影响轮胎磨耗程度的是轮胎温度以及不同的轮胎类型。之后，Grosch 对轮胎进行滑动磨损试验，研究表明磨耗量是一个幂函数的耗散能量，能量耗散的非线性导致轮胎滑移产生磨损，接触面积和温度条件是影响磨耗量的重要因素。采用侧偏型磨耗试验机对轮胎磨损进行检测在国际范围内得到广泛的运用。在国内，由于技术方面的限制，对轮胎的磨损试验主要采用转鼓试验机磨耗试验方法，即在金属转鼓试验机上将金属转鼓改装为轮胎，通过轮胎的旋转对其磨耗量进行测定。在室外试验方面，轮胎磨损的测定主要采用大型环道试验，此方法能够比较准确地模拟轮胎在行驶中的磨耗，但是试验费用较高，而且试验复杂，环境条件难以控制，试验难度较大。

影响彩色沥青路面轮胎痕迹残留的因素有很多，如行车速度、轮胎类型、路面结构、行车环境等，因此，目前对彩色沥青路面轮胎痕迹残留的研究非常有限，虽然大型室外环道能对其进行有效评价，但是试验费用高，耗时长，数据提取过程较为复杂。因此，本书提出一种经济、合理、有效的方法对彩色沥青路面轮胎痕迹残留进行定量分析，同时对彩色沥青路面的色彩耐久性进行评价，以改善彩色沥青路面的色彩耐久性。它主要通过以下步骤完成：

首先，提出轮胎痕迹残留试验以及制备相应的试件。

其次，利用 Photoshop 中的 RGB 功能对试件进行色彩分析，通过建立痕迹残留率公式来量化试件表面轮胎痕迹残留程度。

最后，对彩色沥青路面抗轮胎痕迹残留性能进行分析，并通过长期碾压试验和长期老化试验对彩色沥青路面的色彩耐久性进行研究。

彩色沥青路面在使用过程中，一方面受到车辆长期碾压、轮胎磨损等方面对路面颜色造成的影响，另一方面受到材料自身在不同环境条件下老化对路面颜色造成的影响。因此，对于车辆长期碾压、轮胎磨损方面的影响，首先，本书通过采用不同碾压次数（1000 次、2000 次、5000 次、10000 次、20000 次）分析彩色沥青路面轮胎痕迹残留程度与碾压次数之间的关系；然后，采用长期老化试验中的烘箱加热法对彩色沥青路面进行长期老化试验，再对老化后的试件重新进行轮胎痕迹残留试验，以研究长期老化对彩色沥青路面色彩功能的影响；最后，结合长期老化以及长期碾压两种试验结果对彩色沥青路面进行色彩耐久性评价。

3.3 彩色沥青路面性能试验

3.3.1 原材料制备及材料基本指标试验

1. 彩色沥青

本书选用的彩色沥青并非真正意义上的石油沥青或者煤沥青，而是经过树脂以及高分子聚合物合成的浅色树脂类沥青。有别于传统脱色沥青的是，浅色树脂类沥青是通过聚合物共混的方法进行制备，制备工艺简单，耐久性好，生产成本低，生产出来的沥青具有良好的性能，甚至能达到改性沥青的性能要求，并且在颜色持久性方面也优于脱色沥青。此外，由于色粉与沥青在常规下难以混合，为防止融混不均、颜色不匀，在彩色沥青的制备过程中减少了色粉的添加。

本书采用的彩色沥青是将抽出油、N2316 型树脂、8017 型降黏剂以及 SBS 改性剂按一定条件、一定质量比例依次放入电动搅拌机中，边加热边搅拌，在 6 h 内，使其发生充分熔融反应，得到一种性质类似石油沥青的新型胶结料。在制备过程中，各种原材料都发挥着相应的作用，相互之间发生着复杂的物理、化学变化。

（1）抽出油。它属于芳烃类副产品，如图 3-2 所示，约占彩色沥青含量的 60%，是彩色沥青的重要组成成分，含有大量的环烷芳香化合物，在彩色沥青中起到软化以及分散树脂胶质的作用。它在常温下流动性较差，制备时须提前加热到一定温度，其相溶性好，高温挥发性小，无污染，且易操作。

图 3-2　抽出油

（2）N2316 型树脂。它属于松香类酸性树脂，如图 3-3 所示，呈固态，是黄色至褐色的块状或粒状增黏剂，约占彩色沥青质量的 30%，类似沥青中的胶质，具有较强的黏结力、抗老化性以及耐腐蚀性等。

图 3-3　N2316 型树脂

（3）8017 型降黏剂。顾名思义，它能够降低彩色沥青的黏性，平衡其力学性能，占彩色沥青质量的 1% ～ 3%。其在常温下属于固态物体，如图 3-4 所示，其相溶性好，能够提高树脂的交联度以及分散程度，并提高彩色沥青的低温性能。

图 3-4　8017 型降黏剂

（4）SBS 改性剂。SBS 改性剂是一种高分子材料、热塑性弹性体，如图 3-5 所示，约占彩色沥青质量的 8%。添加 SBS 改性剂能够使彩色沥青高温下不软化、低温下不催化，提高彩色沥青的软化点、弹性、韧性，使彩色沥青的高、低温性能得到很大的改善。

图 3-5　SBS 改性剂

彩色沥青合成试验包括如下内容。

（1）试验仪器及工具。

① JJ-120 型数显恒速电动搅拌机。

② ZNHW 型智能恒温电热套。

③电子秤。

④ 1 L 铁质容器。

⑤手套。

（2）试验步骤。

①将抽出油预热至 80 ℃左右，形成一定的流动性后，按照彩色沥青合成配比（调配彩色沥青质量的 60%）称取，并倒入铁质容器中。

②将容器置于事先准备好的电热套内，固定容器，并将电热套的温度探针浸入抽出油内，之后安装旋转搅拌器。

③为使抽出油均匀分散，将电热套温度上调至 160 ℃，在一定转速下开启搅拌，并防止抽出油在搅拌过程中飞溅。

④待温度达到 160 ℃后，将事先称取的 N2316 型树脂（调配彩色沥青质量的 30%）掺入容器内，持续加热 2 h。

⑤调节加热温度至 170 ℃，将一定比例的 8017 型降黏剂（调配彩色沥青质量的 1% ～ 3%）以及 SBS 改性剂（调配彩色沥青质量的 8%）依次加入容器内，持续搅拌 4 ～ 5 h。

如图 3-6 所示，在整个制备过程中，应严格控制加热温度。首先，将抽出油加热至 80 ℃左右，使其形成液态，具备较好的流动性且方便称量。在加热过程中，如果温度过高，容易造成过早削弱其软化作用，不利于后期树脂在融合过程中的分散。其次，在 160 ℃时掺入树脂是为了使其更好地熔融于抽出油中，提高两者的混溶性，形成结构稳定的共混物。最后，将温度上升至 170 ℃，能够提高 SBS 改性剂以及 8017 型降黏剂的熔融膨胀效果。由于 8017 型降黏剂熔点较高（通常在 125 ℃左右），如果加热温度不足，就容易造成沥青黏度增大，反而起不了降低黏性的作用。同时，在外力搅拌过程中，较高的温度能够使各组分充分相融，并发生一定的交联作用，增强共混物的稳定性。因此，在彩色沥青制备过程中，应注重温度的控制以及工序的要求。

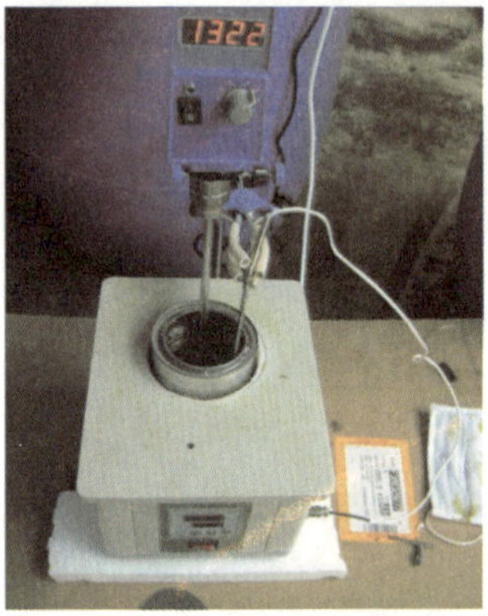

图 3-6　彩色沥青合成

由于彩色沥青合成的特殊性，其各组分组成与普通沥青并不相同。本书选用的彩色沥青是由抽出油、N2316 型树脂、8017 型降黏剂以及 SBS 改性剂合成的，尚无沥青质的存在。抽出油相当于普通沥青中的芳香酚成分，是分散胶质的介质，在彩色沥青中含量较大；N2316 型树脂相当于胶质成分，具有很强的极性，能够提高胶质的黏性，对沥青的延性以及黏结力有很大的影响；由于 8017 型降黏剂具有石蜡的性质，在常温下能降低沥青的黏度，而在接近或者超过其熔化温度 125 ℃ 时，会增强沥青的塑性，降低沥青的针入度，所以在高温下掺入 8017 型降黏剂能够增强彩色沥青的塑性以及韧性，起到平衡彩色沥青力学性质的作用。

另外，为进一步证明这种树脂合成沥青同常用沥青具有相似的性质，本书对 3 种沥青（彩色沥青、国创高新 70# 重交沥青以及国创高新 SBS 改性沥青）按照《公路工程沥青及沥青混合料试验规程》（JTG E20—2011）进行基本指标试验，如表 3-1 所示。

表 3-1　彩色沥青指标试验

指标	彩色沥青	70# 重交沥青	SBS 改性沥青
针入度（100 g，5 s，25 ℃）/0.1 mm	74	70	78
软化点 /℃	57	48	58
延度（5 ℃，5 cm/min）/cm	30	—	30
延度（10 ℃，5 cm/min）/cm	—	25	—
弹性恢复（25 ℃）/%	72	—	76
闪点 /℃	255	265	273
相对密度（15 ℃）/（g · cm^{-3}）	0.98	1.03	1.05

根据表 3-1，对比沥青的三大指标，彩色沥青的针入度大于 70# 重交沥青，小于 SBS 改性沥青；在软化点方面，相比 70# 重交沥青，彩色沥青显著更高，但略低于 SBS 改性沥青；彩色沥青与 SBS 改性沥青在延度方面大致相同。这主要是因为彩色沥青中添加了 SBS 改性剂，使得沥青的针入度减小，软化点以及延度都有所提高，沥青的温度敏感性以及黏韧性也明显改善。由此可以判断，由树脂合成的彩色沥青具有同常规石油沥青相似的基本性能。

2. 浅色改性乳化沥青

本书所选的浅色改性乳化沥青是将彩色沥青、乳化剂水溶液按照一定比例在胶体磨中经过高速循环剪切制成，如图 3-7 所示。其中，乳化剂水溶液是将乳化剂、水、稳定剂以及盐酸按照一定的比例配制而成，其 pH 控制在 2.0 ～ 2.5 范围内。

图 3-7　胶体磨

（1）乳化剂。为满足彩色微表处慢裂快凝型的技术要求，本书选用了含有正烷基（C16 ～ C18）酰胺基多胺 / 咪唑的 Redicote C500 型阳离子乳化剂。之所以选用慢裂快凝型，是为了保证彩色微表处混合料有良好的可拌和时间，并且能够快速开放交通。其技术指标如表 3-2 所示。

表 3-2　C500 型阳离子乳化剂技术指标

技术指标	测试结果
表观（25 ℃）	棕色液体
有效含量	＞ 60%
pH	2.0 ～ 3.0
闪点	＞ 200 ℃
密度（20 ℃）	＞ 800 kg/m^3

（2）稳定剂。为提高乳化沥青的存储稳定性，本书选用复合稳定剂对乳液进行配制，包括无机稳定剂 $CaCl_2$ 和有机稳定剂纤维素醚（HEC）。

浅色改性乳化沥青的具体配制过程如下所示。

（1）乳化剂水溶液的配制。分别按内掺 0.1% 和 0.03% 的比例，将 $CaCl_2$ 和纤维素醚依次加入 50 ℃ 的热水中，直至完全溶解；随后，加入内掺 1.8% 的 C500 型阳离子乳化剂并持续搅拌，直至其完全混溶；用 pH 试纸实时查看乳化剂水溶液的 pH，加入一定量的盐酸，将乳化剂水溶液的 pH 控制在 2.0 ～ 2.5，从而完成乳化剂水溶液的配制。

（2）彩色沥青的乳化。考虑到彩色沥青的黏度对胶体磨损性能的影响，首先将彩色沥青加热至 160 ～ 170 ℃，随后将 50 ℃ 的乳化剂水溶液缓慢注入彩色沥青中，然后使两者沿着已预热的管线一同导入胶体磨中，通过胶体磨中的定子和转子进行高速剪切、研磨，最终得到浅色改性乳化沥青。其中，作为分散相的彩色沥青以细小微粒状（3×10^{-6} ～ 8×10^{-6} m）均匀地分散于乳化剂水溶液中。其主要性能指标如表 3-3 所示。

表 3-3　浅色改性乳化沥青技术指标

<table>
<tr><th colspan="2">检测项目</th><th>检测结果</th><th>技术要求</th><th>试验方法</th></tr>
<tr><td colspan="2">破乳速度</td><td>慢裂</td><td>慢裂</td><td>T0658</td></tr>
<tr><td colspan="2">粒子电荷</td><td>阳离子</td><td>阳离子</td><td>T0653</td></tr>
<tr><td colspan="2">恩格拉黏度</td><td>8.2</td><td>3 ～ 30</td><td>T0623</td></tr>
<tr><td colspan="2">筛上剩余量（1.18 mm）/%</td><td>0.02</td><td>≤ 0.1</td><td>T0652</td></tr>
<tr><td colspan="2">蒸发残留物含量 /%</td><td>65.2</td><td>≥ 60</td><td>T0651</td></tr>
<tr><td rowspan="2">储存稳定性 /%</td><td>1 d</td><td>0.4</td><td>≤ 1.0</td><td rowspan="2">T0655</td></tr>
<tr><td>5 d</td><td>2.9</td><td>≤ 5.0</td></tr>
<tr><td rowspan="3">蒸发残留物性质</td><td>25 ℃ 针入度 /0.1 mm</td><td>78</td><td>40 ～ 100</td><td>T0604</td></tr>
<tr><td>软化点 /℃</td><td>67</td><td>≥ 53</td><td>T0606</td></tr>
<tr><td>5 ℃ 延度 /cm</td><td>41.3</td><td>≥ 20</td><td>T0605</td></tr>
</table>

3. 彩色石料

彩色沥青路面铺筑了路面的表面层，承受着车辆的载荷以及外界环境的作用，因此集料须具备一定的强度以及耐磨性。另外，在彩色沥青路面设计过程中，选择与路面色彩相近的集料能够提高彩色沥青路面的色彩耐久性，减小其与路面色彩的反差，因此本书选用了来自湖北省鄂州市采石场的红色玄武岩，如图 3-8 所示。红色玄武岩的技术指标如表 3-4 所示。

图 3-8 红色玄武岩

表 3-4 红色玄武岩主要技术指标

材料名称	检测项目	检测结果	技术要求	试验方法
粗集料	石料压碎值	17.7%	≤ 26%	T0316
	洛杉矶磨耗值	16.8%	≤ 28%	T0317
	坚固性	2.3%	≤ 12%	T0314
	表观相对密度（2.36 ～ 4.75 mm）	2.51%	≥ 2.5%	T0304
	吸水率（2.36 ～ 4.75 mm）	2.98%	≤ 3.0%	T0304
细集料	坚固性	3.4%	≤ 12%	T0340
	砂当量	91.6%	≥ 60%	T0334

4. 色粉

在彩色沥青路面材料设计中，色粉可以分为无机颜料和有机颜料。由于无机颜料种类较多，而且性能更稳定，所以本书采用无机颜料作为添加剂。另外，由于目前国内通常采用红色作为彩色沥青路面的主要选择，所以本书主要对红色沥青路面进行材料设计。在色粉的选择上，选用性能更优的镁铝色粉，其价格稍贵于铁红，但具有良好的热稳定性，且不易褪色，掺量为混合料总质量的 2% ～ 4%，如图 3-9 所示。

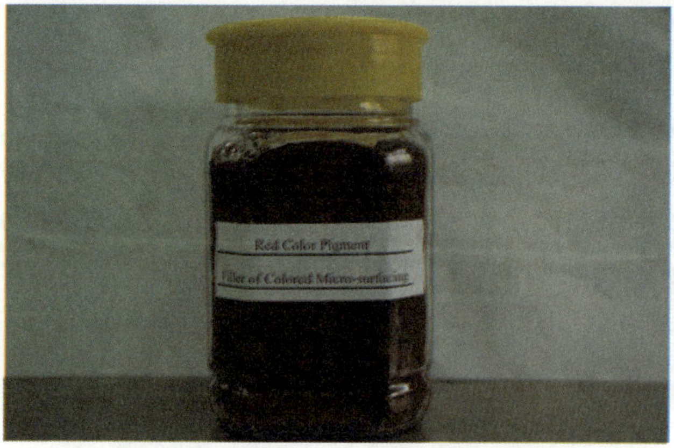

图 3-9　色粉

5. 矿粉

为了减小矿料间的自由沥青含量，增大矿料间隙率，本书采用外表呈灰白色的碱性石灰石矿粉。其基本指标如表 3-5 所示。

表 3-5　矿粉基本指标

检测项目		检测结果	技术要求
表观密度 /（$t \cdot m^{-3}$）		2.688	≥ 2.5
含水量 /%		0.1	≤ 1
亲水系数		0.5	≤ 1
塑性指数 /%		3.1	< 4
粒度范围 /%	< 0.6 mm	100	100
	< 0.15 mm	97.3	90 ～ 100
	< 0.075 mm	82.6	75 ～ 100

6. 外掺剂

为调节彩色微表处的可拌和时间以及破乳速度，保证彩色微表处混合料适宜的稠度并及时开放交通，可在混合料中添加适量的外掺剂——其能在一定程度上改善彩色微表处的力学及路用性能。对于彩色微表处来说，常用的外掺剂包括无机盐类、表面活性剂类以及高分子聚合物等。本书中通过添加外掺 1% 的水泥来调整彩色微表处的拌和时间以及混合料的早期强度。

7. 丙烯酸树脂乳液

由于轮胎痕迹会不可避免地残留在彩色沥青路面上，造成路面受到黑色污染而迅速丧失彩色功能。因此，本书采用在传统彩色微表处表层加铺丙烯酸树脂封层的彩色路面结构，即在传统彩色沥青路面人工喷洒一层热固性丙烯酸树脂乳液，喷洒量为 0.75 ～ 1.25 kg/m^2，如图 3−10 所示。它一方面能够减少路面轮胎痕迹的残留，另一方面能改善彩色沥青路面表层的密水性。

图 3−10　热固性丙烯酸树脂乳液

3.3.2　彩色沥青路面设计及性能验证

一般情况下，彩色沥青路面作为市政、景观道路的表面层使用时，须具备一定的强度以及密水性。现阶段，彩色沥青路面类型主要为热拌彩色沥青路面以及彩色微表处路面。因此，本书主要侧重于对彩色热拌沥青路面和彩色微表处路面轮胎痕迹残留以及路面色彩耐久性的研究，通过轮胎痕迹残留试验对比分析不同彩色沥青路面的轮胎痕迹残留情况，在试验过程中简化了混合料的配合比设计过程，采用最佳级配曲线及沥青用量来制备轮胎痕迹残留试验试件，并在此之前根据规范要求对两种彩色沥青路面的物理及路用性能进行试验分析。

1. 热拌彩色沥青混合料配合比设计

（1）级配确定：本书结合现行《公路沥青路面施工技术规范》（JTG F 40—2004），对大量实际工程配合比进行相应分析之后确定热拌彩色沥青路面 AC−13 矿料级配组成并绘制级配曲线，如表 3−6 和图 3−11 所示。

表 3-6 热拌彩色沥青混合料 AC-13 级配组成

筛孔尺寸 /mm		16	13.2	9.5	4.75	2.36	1.18	0.6	0.3	0.15	0.075
通过率 /%	级配上限	100	100	85	68	50	38	28	20	15	8
	级配中值	100	95	76.5	53	37	26.5	19	1.5	10	6
	级配下限	100	90	68	38	24	15	10	7	5	4
	级配1	100	96	77.5	42.5	25.5	21	15	12.5	8	4.5

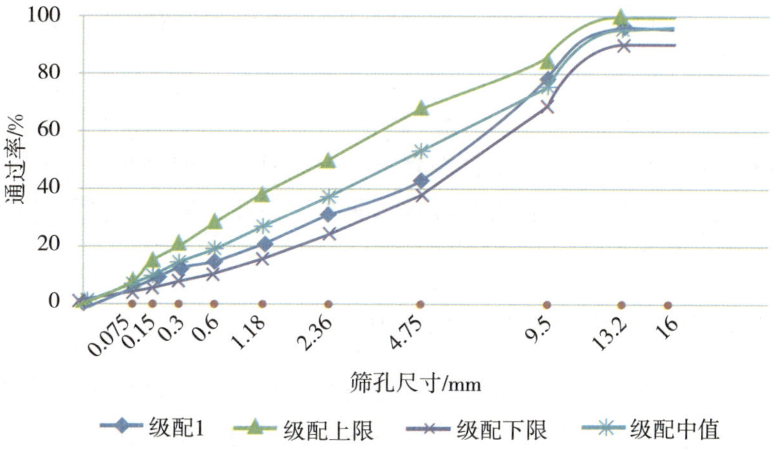

图 3-11 热拌彩色沥青混合料 AC-13 级配曲线

（2）最佳沥青用量：在沥青混合料中，沥青用量对路面力学性能以及路用性能存在巨大的影响。当沥青用量过少时，容易导致集料表面沥青膜过薄，内聚抗拉强度大于黏附抗拉强度，从而导致混合料内部发生黏附性开裂；当沥青用量过大、沥青膜过厚时，黏附抗拉强度大于内聚抗拉强度，导致混合料发生内聚断裂，并且容易出现车辙。在研究彩色沥青路面色彩耐久性过程中，通常认为集料表面的彩色沥青膜容易发生磨损并且黏附黑色轮胎痕迹，而沥青膜越厚越能够经受轮胎对其造成的磨损，因此逐渐产生了彩色沥青用量越多，沥青膜越厚，越能提高其色彩耐久性的观念。但是，色彩效果毕竟只是彩色沥青路面的功能特性，我们在研究过程中不能本末倒置，应该在保证彩色沥青路面具有良好物理性能、路用性能的前提下，改善彩色沥青路面的色彩耐久性。因此，本书首先对热拌彩色沥青进行物理性能以及路用性能试验，在已知混合料级配曲线的基础上，分别采用5种经验油石比（5.15%±0.30%以及5.15%±0.60%）制备马歇尔试件，并通过相关试验参数确定热拌彩色沥青混合料的最佳油石比，具体试验结果如3-7表所示。

表3-7 热拌彩色沥青混合料马歇尔试验结果

试件编号	油石比/%	毛体积密度/（$g\cdot cm^{-3}$）	理论最大密度/（$g\cdot cm^{-3}$）	空隙率/%	矿料间隙率/%	沥青饱和度/%	稳定度/kN	流值/mm
1	4.55	2.371	2.632	9.9	16.8	41.9	13.9	32.0
2	4.85	2.399	2.624	8.6	16.1	46.6	16.9	28.3
3	5.15	2.435	2.603	6.4	16.3	57.2	15.3	28.6
4	5.45	2.465	2.587	4.7	15.9	68.9	15.0	29.1
5	5.75	2.471	2.564	3.6	15.2	75.4	14.4	33.6

根据表3-7所示的热拌彩色沥青混合料马歇尔试验结果，通过绘制不同油石比与体积参数及马歇尔试验指标的曲线关系图，确定热拌彩色沥青混合料的最佳油石比为5.30%。

2. 热拌彩色沥青混合料性能验证

（1）高温稳定性：无论是普通沥青路面还是彩色沥青路面，其高温稳定性的好坏是衡量路面性能优劣的重要标准之一。高温稳定性指的是沥青路面在高温条件以及外部载荷作用下抵抗永久变形的能力。在我国现行规范《公路工程沥青及沥青混合料试验规程》（JTG E20—2011）中，车辙试验是判断高温稳定性的主要方法，其主要通过动稳定度以及车辙深度评价沥青混合料高温稳定性。

本书严格参照国家规范对车辙试验的相关要求，以设计级配以及最佳油石比制备彩色沥青混合料车辙试件并进行高温车辙试验，其结果如表3-8所示。

表3-8 彩色沥青混合料动稳定度试验结果

类型	油石比/%	45 min变形/mm	60 min变形/mm	动稳定度/（次·mm^{-1}）
彩色混合料	5.3	2.652	2.761	5779.8

由于彩色沥青是经过树脂、抽出油、SBS 改性剂等物质合成所得，实际上属于改性沥青范围。根据我国现行沥青混合料动稳定度技术要求，彩色沥青混合料的动稳定度完全满足并超过我国对各种气候分区的技术要求，如表 3-9 所示，所以本书制备的彩色沥青混合料具有良好的高温稳定性。

表 3-9　沥青混合料车辙试验动稳定度技术要求

单位：次 /mm

<table>
<tr><td colspan="2" rowspan="2">沥青混合料类型</td><td colspan="3">各气候分区所要求的相应动稳定度</td><td rowspan="2">试验方法</td></tr>
<tr><td>夏炎热区
（七月平均最高气温 >30 ℃）</td><td>夏热区
（七月平均最高气温 20 ～ 30 ℃）</td><td>夏凉区
（七月平均最高气温 <20 ℃）</td></tr>
<tr><td colspan="2">普通沥青混合料</td><td>800 ～ 1000</td><td>600 ～ 800</td><td>≥ 600</td><td rowspan="5">T0719</td></tr>
<tr><td colspan="2">改性沥青混合料</td><td>2400 ～ 2800</td><td>2000 ～ 2400</td><td>≥ 1800</td></tr>
<tr><td rowspan="2">SMA 混合料</td><td>非改性</td><td colspan="3">≥ 1500</td></tr>
<tr><td>改性</td><td colspan="3">≥ 3000</td></tr>
<tr><td colspan="2">OGFC 混合料</td><td colspan="3">1500（一般交通路段）、3000（重交通路段）</td></tr>
</table>

（2）水稳定性：我国现行规范用于沥青混合料水稳定性的评价方法主要有浸水马歇尔试验、冻融劈裂试验等，本书采用这两种方法对彩色沥青混合料进行水稳定性试验。根据《公路工程沥青及沥青混合料试验规程》（JTG E20—2011），按照不同要求采用马歇尔击实法成型试件，经过一定条件养生之后，进行相应的评价试验，其结果如表 3-10 所示。

表 3-10　彩色沥青混合料水稳定性

单位：%

类型	残留稳定度	劈裂强度比
彩色沥青混合料	86.3	83.9

结合表 3-10 以及表 3-11，从水稳定性试验结果以及沥青混合料水稳定性技术指标可以看出，彩色沥青混合料的浸水残留稳定度 MS_0 以及冻融劈裂强度比 *TSR* 均满足规范中不同气候下改性沥青混合料的技术要求，说明彩色沥青混合料具有良好的水稳定性。

表 3-11　沥青混合料水稳定性技术要求

单位：%

<table>
<tr><th colspan="2" rowspan="2">沥青混合料水稳定性技术指标</th><th colspan="4">各气候分区的相应技术要求</th><th rowspan="2">试验方法</th></tr>
<tr><th>潮湿区（年降水量 >1000 mm）</th><th>湿润区（年降水量 500 ～ 1000 mm）</th><th>半干旱区（年降水量 250 ～ 500 mm）</th><th>干旱区（年降水量 <250 mm）</th></tr>
<tr><td rowspan="2">残留稳定度 MS_0</td><td>普通沥青混合料</td><td colspan="2">≥ 80</td><td colspan="2">≥ 75</td><td rowspan="2">T0709</td></tr>
<tr><td>改性沥青混合料</td><td colspan="2">≥ 80</td><td colspan="2">≥ 80</td></tr>
<tr><td rowspan="2">冻融劈裂强度比 TSR</td><td>普通沥青混合料</td><td colspan="2">≥ 75</td><td colspan="2">≥ 70</td><td rowspan="2">T0729</td></tr>
<tr><td>改性沥青混合料</td><td colspan="2">≥ 80</td><td colspan="2">≥ 75</td></tr>
</table>

3. 彩色微表处配合比设计

彩色微表处作为我国一项新型路面铺装技术，尚未建立系统的国家级技术标准。在普通微表处技术的基础上，我们将彩色微表处定义为利用专用技术设备将浅色改性乳化沥青、彩色集料、填料、色粉、水以及外加剂按照一定配比拌和并摊铺在原路面，并能迅速开放交通的薄层罩面。在一般情况下，即气温在 24 ℃、湿度低于 50% 时，12.7 mm 厚的微表处要求在施工后 1 h 即可开放交通。

（1）级配确定：良好的矿料级配能够提高彩色微表处的使用性能。目前，国内对微表处级配范围的选择主要源于国际稀浆封层协会（International Slurry Surfacing Association，ISSA）使用的微表处级配范围，如表 3-12 所示。本书在已有彩色微表处试验基础上，充分考虑气候以及交通特点，并与过往成功经验相结合，确定 MS-3 型彩色微表处的级配组成并绘制级配曲线，如表 3-13 及图 3-12 所示。

表 3-12　微表处的矿料级配

筛孔尺寸 /mm	不同类型通过各筛孔的百分率 /%	
	MS-2 型	MS-3 型
9.5	100	100
4.75	95 ～ 100	70 ～ 90
2.36	65 ～ 90	45 ～ 70
1.18	45 ～ 70	28 ～ 50
0.6	30 ～ 50	19 ～ 34
0.3	18 ～ 30	12 ～ 25
0.15	10 ～ 21	7 ～ 18
0.075	5 ～ 15	5 ～ 15
一层的适宜厚度 /mm	4 ～ 7	8 ～ 10

表 3-13　MS-3 型彩色微表处混合料级配组成

筛孔尺寸 /mm	9.5	4.75	2.36	1.18	0.6	0.3	0.15	0.075
通过率 /%	100	70 ～ 90	45 ～ 70	28 ～ 50	19 ～ 34	12 ～ 25	7 ～ 18	5 ～ 15
合成级配 /%	100	84.5	56.2	41.4	27.2	18.1	13	9.7

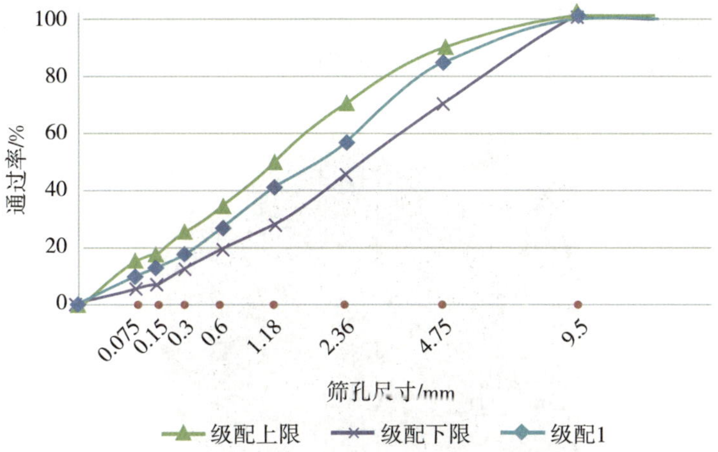

图 3-12　彩色微表处 MS-3 型级配曲线

另外，本书采用的是 MS-3 型级配，为保证彩色微表处具有良好的抗滑性能，选择粗型级配。其材料具体用量如表 3-14 所示。

表 3-14　MS-3 型彩色微表处材料质量比

材料		质量比 /%
集料用量公称粒径 /mm	5 ～ 10	25
	3 ～ 5	15
	0 ～ 3	52.5
填料	矿粉	2.5
	色粉	5

（2）最佳沥青用量：在已知矿料级配范围的基础上，根据过往经验初选浅色乳化沥青、色粉、填料、水和外加剂掺量进行拌和试验以及黏聚力试验。根据试验结果以及微表处的外观状态，选择 1 ～ 3 个最佳的混合料配方进行下一步试验，即确定最佳沥青用量。针对上述几种彩色微表处配方分别进行湿轮磨耗试验以及负荷车轮黏砂试验，根据试验得到的磨耗值与黏附砂量之间的关系曲线来确定彩色微表处的乳化沥青用量范围 Pb_{min} ～ Pb_{max}。另外，在最佳沥青用量的确定过程中，应充分考虑气候以及交通特点，与过往的成功经验相结合，确定混合料配方。其中，彩色微表处的最佳沥青用量为 10.5%、水用量为 7%，外掺 1% 的水泥作为外掺剂。

具体拌和步骤如下。

①按照配合比要求，事先对各档集料（0 ～ 3 mm、3 ～ 5 mm、5 ～ 10 mm）、色粉、矿粉、水泥、乳化沥青和水进行称量，并用相应的容器盛样。

②在金属容器中依次加入集料、色粉、矿粉、水泥，进行充分拌和约 40 s，使其混合均匀，且保持彩色集料表面充分着色，如图 3-13 所示。

图 3-13　彩色微表处初拌

③将水掺入金属容器中，并与各种矿料继续拌和至均匀，拌和时间约 40 s，如图 3–14 所示。

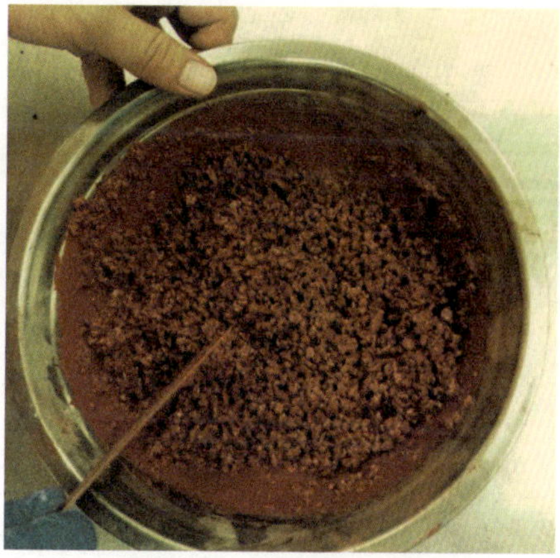

图 3–14　彩色微表处中拌

④将浅色改性乳化沥青掺入，并持续搅拌，在搅拌过程中应尽量使矿料与乳化沥青充分接触，前 20 s 采用搅拌方式，后 10 s 采用剪切加搅拌方式，拌和时间不超过（30 ± 2）s，如图 3–15 所示。

图 3–15　彩色微表处终拌

4. 彩色微表处性能试验

本书根据《公路工程沥青及沥青混合料试验规程》（JTG E20—2011），在已有彩色微表处配合比的基础上，分别进行负荷车轮黏砂试验（LWT）、湿轮磨耗试验（WTAT）以及黏聚力试验，以保证彩色微表处的各项性能均能满足《公路沥青路面施工技术规范》（JTG F 40—2004）。其结果如表 3-15 所示。

表 3-15　彩色微表处性能试验

项目			试验值	要求值	方法
性能试验		指标			
黏聚力试验	30 min（初凝时间）	黏聚力 /（N·m）	1.6	≥ 1.2	T0754
	60 min（开放交通时间）		2.5	≥ 2.0	
湿轮磨耗试验	浸水 1 h	磨耗值 /（g·m^{-2}）	127.9	<540	T0752
	浸水 6 d		401.1	<800	
负荷车轮黏砂试验		黏附砂量 /（g·m^{-2}）	147.3	<450	T0755
		轮迹宽度变化率 /%	4.2	<5	
可拌和时间			>180	>120	T0757

3.3.3　轮胎痕迹残留试验

在《公路工程沥青及沥青混合料试验规程》（JTG E20—2011）中，负荷车轮试验以及车辙试验都是模拟车辆轮胎压实沥青路面的过程，前者主要用于控制微表处混合料或者稀浆封层混合料的最大沥青用量，后者主要测定热拌沥青混合料的高温稳定性。在此基础上，本书分别采用负荷车轮试验机对传统彩色微表处以及色彩耐久型彩色微表处进行一定次数的碾压，采用车辙试验机对传统彩色沥青混合料以及色彩耐久型彩色沥青混合料进行一定次数的碾压。之后，通过量化各类型彩色试件表面经过碾压之后的轮胎痕迹残留程度，比较分析不同类型彩色沥青路面的抗轮胎痕迹残留性能，同时，对两种类型彩色试件进行长期老化以及长期碾压试验，评价彩色沥青路面的色彩耐久性。

（1）负荷车轮试验机（图 3-16）具体试验步骤如下。

①根据压强公式 $P=F/S$，换算 0.7 MPa 的轮胎载荷。将复写纸平铺于轮道表面，将车轮放置于复写纸上，观察轮胎实际作用于轮道的面积，计算小车平置载荷质量。

②制备不同类型的负荷车轮试件。由于试验条件受限，本书中主要考

虑常温状态下两种类型彩色微表处路面的抗轮胎痕迹残留性能，根据彩色微表处材料的配合比制备 MS-3 型彩色微表处试件，经过一定条件养护后（60 ℃，16 h），安装于试验机的承板上。

③将负荷车轮轻置于彩色微表处试件上，调整碾压频率后，按照一定速率（42 次 /min）以及碾压次数进行碾压，观察彩色微表处表面轮胎痕迹残留情况。

图 3-16　负荷车轮试验机

（2）车辙试验机（图 3-17）具体试验步骤如下所示。

①由于车辙试验机轮胎对试件的静压压强为 0.7 MPa，所以可直接制备试件，即根据车辙试件大小 300 mm × 300 mm × 50 mm 以及混合料配比，制备过程可根据 3.2 中的配合比进行设计。

②将试件常温放置不少于 48 h，之后将试件移至车辙试验机上，保持试验温度为 25 ℃，开动车辙仪，经过一定的滚动次数，观察试件表面轮胎痕迹残留情况。

图 3-17　车辙试验机

3.4 轮胎痕迹残留结果及分析

如何对彩色沥青路面轮胎痕迹残留进行有效评价是本书的一个重点。通常，彩色沥青路面轮胎痕迹的残留可以分为三个阶段：一是轮胎黑色痕迹在彩色沥青路面的残留导致彩色沥青路面颜色逐渐被黑色替代，即路面由原来的颜色逐渐变黑；二是经过长期磨损之后，彩色沥青路面表面混合料的沥青被轮胎彻底磨损，直至露出集料；三是集料表面颜色重新被黑色轮胎痕迹取代，颜色逐渐变黑。由于后两个阶段是一个长期轮胎磨耗的过程，在实际试验操作过程中容易导致设备损坏，所以本节主要考虑轮胎痕迹残留的第一阶段，即路面颜色逐渐变黑的过程。

轮胎痕迹残留于彩色沥青路面的过程是轮胎黑色胶体与路面摩擦时发生磨损而造成黑色颗粒剥落，并逐渐黏附及取代原有路面颜色的过程。车辆与路面的接触越多，路面的色彩越容易逐渐变黑，因此轮胎痕迹的残留可以用路面色彩的变化来评价，即轮胎痕迹残留越深，路面颜色变化越明显，越趋于黑色。本书采用 Photoshop 图像处理技术，基于彩色沥青路面痕迹残留试验前后路面轮胎痕迹残留对彩色沥青路面 RGB 颜色空间的三种像素组合所造成的影响，来量化路面轮胎痕迹残留程度。

首先，在 Photoshop CC 2014 软件中，RGB 模式涉及红、绿、蓝三种原色，任何彩色都是基于三种原色的组合。RGB 模式使用 RGB 模型为图像中每一个像素的 RGB 分量分配一个 0 ～ 255 范围的强度值，常见颜色的 RGB 值如表 3-16 所示。另外，在 RGB 功能中只需要三种颜色通道就可以将它们按照不同的比例进行混合，在屏幕上或者在实际生活中能够重组 16777216 种颜色，因此其适用非常广泛，并且简单、有效。

表 3-16　常见颜色的 RGB 值

常见的颜色	RGB 值		
	R（red）	G（green）	B（blue）
白色	255	255	255
黑色	0	0	0
红色	255	0	0
绿色	0	255	0
蓝色	0	0	255
紫色	255	0	255

由表 3-16 可以发现，黑色的 RGB 值为（0，0，0），红色的 RGB 值为（255，0，0），但在正常情况下，很难实现 R 值为 255 的红色，实际生活中红色路面更是如此。因此，假设红色路面在轮胎痕迹残留试验前的 RGB 值为（r，g，b），其中 $r>g>0$，$r>b>0$。经过轮胎痕迹残留试验后，黑色轮胎痕迹的残留使红色路面 RGB 值有所下降，最终得到碾压后红色路面的 RGB 值为（r_1，g_1，b_1），其中 $r_1<r$，$g_1<g$，$b_1<b$。而定义红色路面最直观的痕迹残留率 i 值，可用碾压前后 R、G、B 值的变化程度之和表示，即

$$i=\frac{r-r_1}{r+g+b}+\frac{g-g_1}{r+g+b}+\frac{b-b_1}{r+g+b} \tag{3-1}$$

式中：r、g、b 分别为磨损前红色路面的 R、G、B 值，r_1、g_1、b_1 分别为磨损后红色路面的 R、G、B 值。

本书采用高精度数码相机采集碾压前红色路面预磨损点照片，经过 Photoshop 图像处理收集事先标记好的预磨损点的 RGB 值，在进行痕迹残留试验之后，采集碾压后标记点的照片并采集标记点的 RGB 值，根据上述公式计算出碾压前后的路面的痕迹残留率大小。通常情况下，痕迹残留率 i 值为大于 0、小于 1 的常数，且 i 值越大，路面的黑色轮胎痕迹残留越严重。

在实际生活中，红色的色彩波长为 610 ～ 750 nm，在可见光谱中光波最长，通常给人的视觉冲击以及色彩效应最为强烈。因此，在道路工程中，红色路面的使用往往能够起到很好的警示、诱导、减压作用，但是如果受到行驶车辆轮胎痕迹以及外部粉尘的影响，路面的红色会被其他色彩（如轮胎的黑色、粉尘的灰白色）代替，由此造成的色差会在很大程度上影响人们的视觉感观。所以，在对彩色沥青路面进行色彩耐久性设计时，还应注意减少路面因外部条件引起的色差，如红色沥青路面被碾压前后的色差 D（x_i，x_j）可由下述公式计算

$$D\left(x_i,x_j\right)=\sqrt{w_r\left(r-r_1\right)+w_g\left(g-g_1\right)+w_b\left(b-b_1\right)} \tag{3-2}$$

式中：w_r，w_g，w_b 为加权系数，本书按照彩色沥青路面中 RGB 各分量强度值的比例进行分配。另外，碾压前后路面的色彩差异值越小，越能够改善人们对视觉感官和美感变化的视觉舒适性。

本书以彩色微表处为例，简述 RGB 值分析步骤，如下所示。

（1）首先，开启 Adobe Photoshop CC 2014，导入彩色微表处标记点照片，并在界面右上角的颜色选项中选择 RGB 滑块以及 RGB 色谱，此时在界面右上角出现 R、G、B 三个分量强度值，如图 3-18 所示。

图 3-18　开启 RGB 功能

（2）在界面上方的菜单栏中选择“视图”，并在其下拉菜单中开启标尺功能及对标记点建立横向以及纵向智能参考线，如图 3-19 所示。

图 3-19　建立智能参考线

（3）在界面左侧功能栏中，将鼠标改为吸管工具并移动至标记点处，右上角 RGB 滑块中将显示标记点的 RGB 值。按照上述步骤依次对所选标记点进行 RGB 分析，并记录各标记点的 RGB 值。

3.4.1　彩色微表处

常温下，彩色微表处的室内轮胎痕迹残留试验可在负荷车轮试验机上进行，即将制备好的负荷车轮试验试件固定在试验机上，调整碾压车轮的质量为 56.7 kg，进行加载并设定轮碾次数为 1000 次后启动轮碾。

首先，将养生完成的彩色微表处试件移出并冷却至室温。随后，在彩色微表处试件左侧均匀地喷洒抗轮胎痕迹树脂乳液（0 ～ 18 cm 处），右侧不做任何处理（19 ～ 38 cm 处），如图 3-20 所示。约 15 min 后，抗轮胎痕迹树脂乳液会逐渐固化并显现出透明状，如图 3-21 所示。

图 3-20　树脂乳液固化前状态

图 3-21　树脂乳液固化后状态

其次，进行轮胎痕迹残留试验之前，分别在试件的两侧标记试验点，从试件左侧（喷洒树脂乳液侧）从 3 cm 处开始每隔 4 cm 在试件中轴线处取点，各点依次为 3 cm、7 cm、11 cm、15 cm、19 cm、23 cm、27 cm、31 cm。其中，3 cm、7 cm、11 cm、15 cm 为喷洒树脂乳液的色彩耐久型彩色微表处，19 cm、23 cm、27 cm、31 cm 为未喷洒树脂乳液的普通彩色微表处，如图 3-22 所示。

（a）

（b）

（c）

（d）

图 3-22　碾压前标记点

再次，使用 1800 万像素、图像分辨率为 5184 像素 ×3456 像素的高清数码相机对各标记点进行捕捉拍照，并将照片导入 Photoshop 中做 RGB 分析，获取各标记点的 RGB 值，如表 3-17 所示。值得注意的是，为防止曝光对图像 RGB 值的影响，在拍摄时应尽量选择背光。

表 3-17　碾压前各标记点 RGB 值

类型	标记点位置	RGB 各值		
		R（red）	G（green）	B（blue）
色彩耐久型彩色微表处	3 cm	183	100	105
	7 cm	183	97	96
	11 cm	186	91	75
	15 cm	190	122	126
普通彩色微表处	19 cm	189	131	132
	23 cm	202	118	110
	27 cm	180	132	155
	31 cm	170	89	81

最后，开启负荷车轮试验机，设定碾压速率为 44 次 /min，碾压次数为 1000 次，模拟轮胎痕迹残留过程，如图 3-23 所示。试验结束后，观察试件左右两侧痕迹残留情况。同时，利用高清数码相机再次对各标记点进行捕捉拍照，并将各照片导入 Photoshop 中做 RGB 分析，获取各标记点在试验后的RGB值，如表3-18所示，并绘制各标记点对应的R值变化图，如图3-24所示。

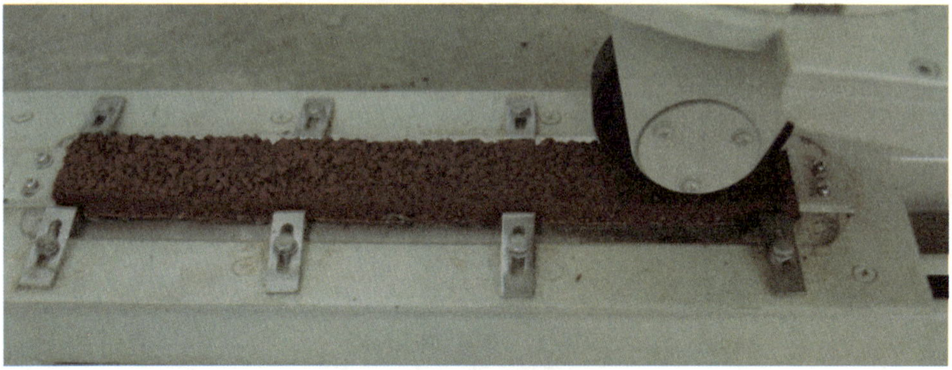

图 3-23　轮胎痕迹残留试验

表 3-18 碾压后各标记点 RGB 值

类型	标记点位置	RGB 值			R 值下降	R 值下降均值
		R（red）	G（green）	B（blue）		
色彩耐久型彩色微表处	3 cm	162	90	93	21	24
	7 cm	156	84	80	27	
	11 cm	160	76	60	26	
	15 cm	168	110	108	22	
普通彩色微表处	19 cm	117	87	87	72	67
	23 cm	123	72	70	79	
	27 cm	118	88	87	62	
	31 cm	116	53	48	54	

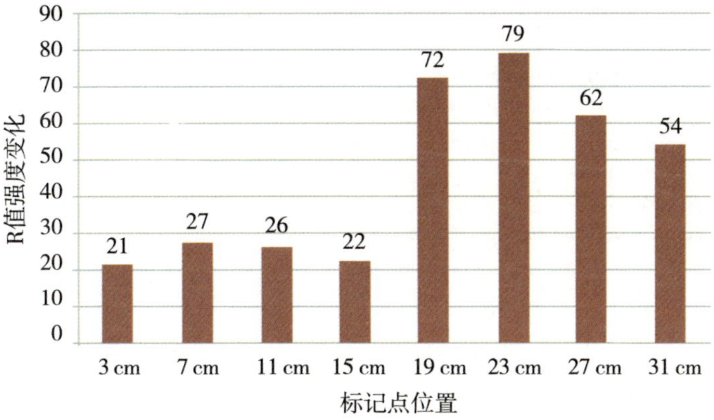

图 3-24 R 值强度变化图

从图 3-24 可以看出，在经过负荷车轮碾压之后，彩色微表处表面的 R 值均出现一定程度的下降，其中普通彩色微表处 R 值下降最为明显，下降平均值明显高于色彩耐久型彩色微表处。

从表 3-18 可以看出，在经过负荷车轮一定次数的碾压之后，彩色微表处路面各 R、G、B 值都出现一定程度的下降，这是由黑色轮胎痕迹的残留造成的，属于正常现象。之后，根据彩色微表处轮胎痕迹残留率计算公式计算出各标记点的轮胎痕迹残留率并绘制轮胎痕迹残留率柱状图，如表 3-19

及图 3-25 所示。对比各标记点的轮胎痕迹残留率可以发现，彩色微表处的轮胎痕迹残留情况是参差不齐的，这主要是因为路面具有一定的构造深度，造成轮胎在碾压过程中与路面各标记点的接触面大小及受力情况均不同。但是相比普通彩色微表处，色彩耐久型彩色微表处各标记点的整体轮胎痕迹残留率明显更低，在一定条件下色彩耐久型彩色微表处在抗轮胎痕迹残留性能方面较普通彩色微表处能够提高 63.4%。由此可以判定，相比普通彩色微表处，色彩耐久型彩色微表处能够有效预防或减少车辆黑色轮胎痕迹的残留。

表 3-19　各标记点轮胎痕迹残留率

类型	标记点位置	R 值变化	G 值变化	B 值变化	痕迹残留率 /%	痕迹残留率平均值 /%
色彩耐久型彩色微表处	3 cm	21	10	12	11.4	13.5
	7 cm	27	13	16	14.9	
	11 cm	26	15	15	15.9	
	15 cm	22	12	18	11.9	
普通彩色微表处	19 cm	72	44	45	35.6	36.9
	23 cm	79	46	40	38.4	
	27 cm	62	44	68	37.3	
	31 cm	54	36	33	36.2	

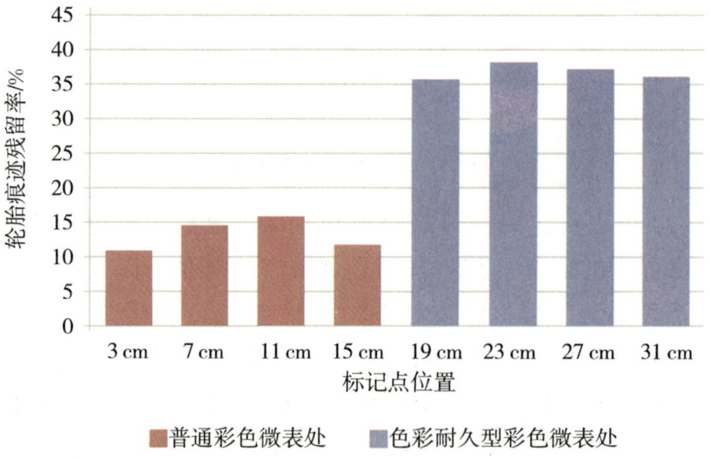

图 3-25　各标记点轮胎痕迹残留率

根据式 3-2 计算出各标记点碾压前后的色差并绘制相应柱状图，如表 3-20 及图 3-26 所示。两种类型彩色微表处经过一定次数车轮碾压之后，色彩耐久型彩色微表处一侧色差明显较小，为 32.53 ～ 46.63，而普通彩色微表处的色差为 92.91 ～ 123.82。因此，可以判断色彩耐久型彩色微表处路面在经过轮胎碾压之后，能够在一定程度上减小色差给人们带来的视觉影响。

表 3-20　各标记点碾压前后的色差

类型	标记点位置	R、G、B 加权系数	色差
色彩耐久型彩色微表处	3 cm	1.83 ∶ 1 ∶ 1.05	32.53
	7 cm	1.91 ∶ 1.01 ∶ 1	42.62
	11 cm	2.48 ∶ 1.21 ∶ 1	46.63
	15 cm	1.56 ∶ 1 ∶ 1.03	35.11
普通彩色微表处	19 cm	1.44 ∶ 1 ∶ 1.07	107.03
	23 cm	1.84 ∶ 1.07 ∶ 1	123.82
	27 cm	1.36 ∶ 1 ∶ 1.17	112.28
	31 cm	2.10 ∶ 1.10 ∶ 1	92.91

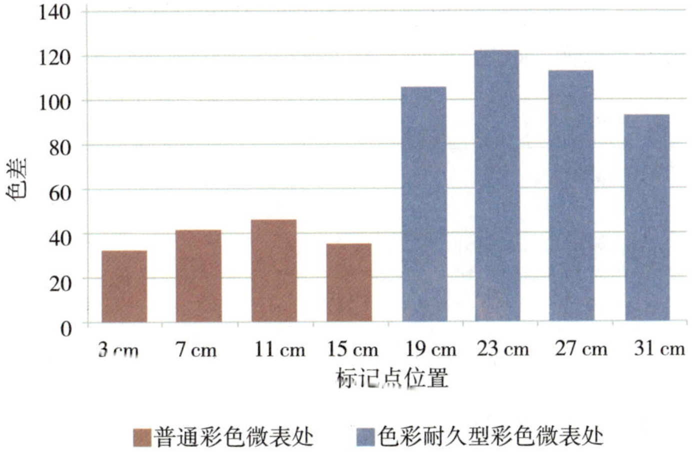

图 3-26　各标记点碾压前后的色差

另外，彩色微表处路面抗轮胎痕迹残留性能不仅表现为减少痕迹的残留，还应体现出彩色微表处表面快速去污的能力。为研究两种类型彩色微表处表面去污能力，对经过轮胎碾压后的彩色微表处进行表面冲洗，使用洁净的水对微表处表面进行均匀冲洗并将试件自然风干，使用高清数码相机对清洗后的试件进行标记点捕捉，同样利用 Photoshop 获取 RGB 值并计算标记点的轮胎痕迹残留率，对比两种类型彩色微表处的去污能力，如表 3-21、表 3-22 以及图 3-27 所示。

表 3-21　水洗后各标记点 RGB 值

类型	标记点位置	RGB 值		
		R（red）	G（green）	B（blue）
色彩耐久型彩色微表处	3 cm	173	98	99
	7 cm	169	86	92
	11 cm	168	76	71
	15 cm	168	101	111
普通彩色微表处	19 cm	120	89	88
	23 cm	124	76	71
	27 cm	119	89	120
	31 cm	121	57	53

表 3-22　水洗后各标记点轮胎痕迹残留率

类型	标记点位置	R 值变化	G 值变化	B 值变化	水洗后	碾压后
色彩耐久型彩色微表处	3 cm	10	2	6	4.6	11.1
	7 cm	14	11	4	7.7	14.9
	11 cm	18	15	4	10.5	15.9
	15 cm	22	21	15	13.2	11.9
普通彩色微表处	19 cm	69	42	44	34.3	35.6
	23 cm	78	42	39	37.0	38.4
	27 cm	61	43	35	30.0	37.3
	31 cm	49	32	28	32.1	36.2

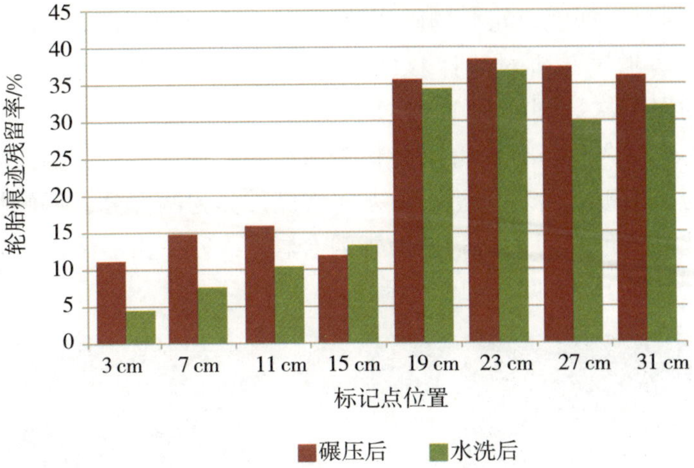

图 3-27　轮胎痕迹残留率比较

从图 3-27 可以看出，色彩耐久型彩色微表处表面在两种作用后（碾压及水洗）的轮胎痕迹残留率均明显小于普通彩色微表处；经过水洗并自然风干后，两种彩色微表处表面轮胎痕迹残留率相比碾压后都有一定程度的降低。其中，色彩耐久型彩色微表处的降低幅度较大，说明经过水洗之后，色彩耐久型彩色微表处表面色彩的恢复程度大于普通彩色微表处，即前者的色彩恢复更为明显，表面更易于清洗。

根据以上分析研究可得：

（1）通过两种类型彩色微表处的轮胎痕迹残留率可以发现，色彩耐久型彩色微表处表面各标记点的轮胎痕迹残留率明显低于普通彩色微表处，在性能抗轮胎痕迹残留方面，色彩耐久型彩色微表处较普通彩色微表处提高了 63.4%，在一定程度上能够预防或减少黑色轮胎痕迹的残留。

（2）两种类型彩色微表处经过一定次数车轮碾压之后，色彩耐久型彩色微表处一侧的色差更小，能够在保护路面色彩的同时，减小色差给人们的视觉造成负面影响。

（3）经过水洗之后，两种彩色微表处路面轮胎痕迹残留程度均有所降低，色彩耐久型彩色微表处表面轮胎痕迹残留率相比普通彩色微表处降低幅度更为明显，因此可以判断前者的色彩恢复更为明显，表面更易于清洗。

3.4.2　热拌彩色沥青路面

热拌沥青混合料的轮胎痕迹残留试验可利用车辙试验机，并在调节试验温度为 25 ℃ 下进行。车辙试验测试沥青混合料的动稳定度是测量试件经过轮碾 1 h 后的变形深度，轮胎的碾压速率是 42 次 /min，即 2520 次 /h。因此，本书拟通过车辙试验机对热拌彩色沥青混合料进行轮胎痕迹残留试验。其中，试件的碾压次数同样为 1000 次。另外，为比较分析普通热拌彩色沥青混合料与色彩耐久型彩色沥青混合料表面轮胎痕迹残留程度的差异，本书在事先做好的车辙板上沿着轮胎滚动方向将试件分为两部分，一侧喷洒抗轮胎痕迹树脂乳液（色彩耐久型彩色沥青混合料），另一侧不做任何处理（普通彩色沥青混合料），如图 3-28 所示。

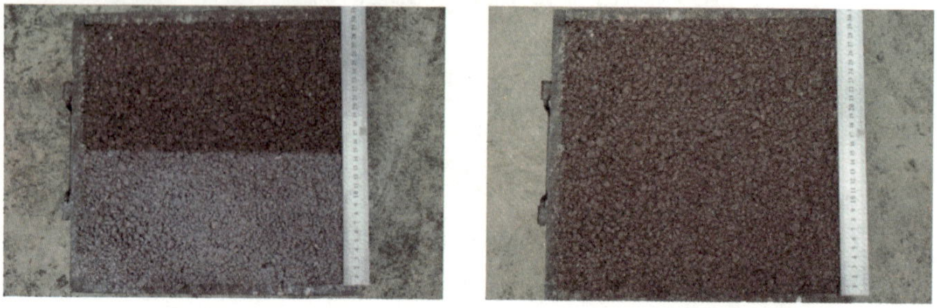

（a）树脂乳液固化前　　（b）树脂乳液固化后

图 3-28　树脂乳液的喷洒

为更好地识别色彩耐久型彩色沥青混合料与普通彩色沥青混合料之间的色彩变化差异，可沿车辙试验的轮胎碾压方向平均获取 8 个标记点，分别为 2 cm、6 cm、10 cm、14 cm、17 cm、21 cm、25 cm、29 cm，其中前 4 个点在色彩耐久型彩色沥青混合料一侧，后 4 个点在普通彩色沥青混合料一侧，如图 3-29 所示。利用高清数码相机（1800 万像素）对标记点进行近距离捕捉，之后导入 Photoshop 软件中进行 RGB 模式分析，得出各标记点的 RGB 值，如表 3-23 所示。

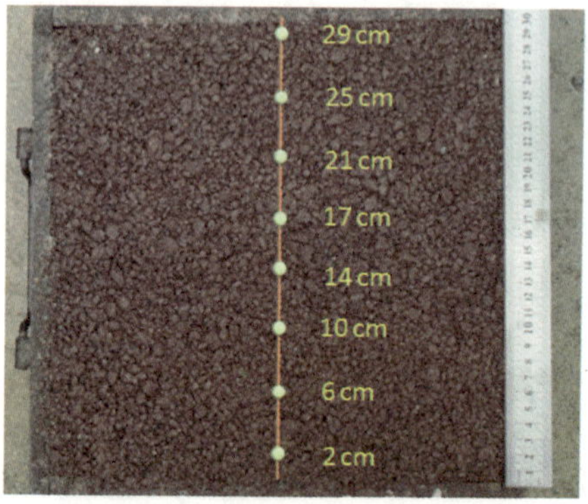

图 3-29　轮胎痕迹残留点标记

表 3-23　碾压前标记点 RGB 值

类型	标记点位置	RGB 值		
		R（red）	G（green）	B（blue）
色彩耐久型彩色沥青混合料	2 cm	152	74	74
	6 cm	143	78	64
	10 cm	160	70	57
	14 cm	156	89	71
普通彩色沥青混合料	17 cm	162	88	73
	21 cm	142	85	81
	25 cm	160	96	87
	29 cm	151	95	88

之后，开启车辙试验仪，观察经过车轮碾压后各标记点上的轮胎残留痕迹，并利用高清数码影像进行捕捉，利用 Photoshop 图像中显示的各点 RGB 值，分析彩色沥青混合料的轮胎痕迹残留情况，如表 3-24 所示，并根据式 3-1 和式 3-2 计算轮胎痕迹残留率以及色差，如表 3-25 及表 3-26 所示，分别绘制各标记点处的轮胎痕迹残留率值和色差，如图 3-30 及图 3-31 所示。

表 3-24　碾压后标记点的 RGB 值

类型	标记点位置	RGB 值		
		R（red）	G（green）	B（blue）
色彩耐久型彩色沥青混合料	2 cm	143	68	68
	6 cm	136	70	60
	10 cm	149	62	52
	14 cm	144	82	64
普通彩色沥青混合料	17 cm	142	76	59
	21 cm	118	73	58
	25 cm	141	83	71
	29 cm	128	78	70

表 3-25　各标记点轮胎痕迹残留率

类型	标记点	R 值变化	G 值变化	B 值变化	痕迹残留率 /%	痕迹残留率平均值 /%
色彩耐久型彩色沥青混合料	2 cm	9	6	6	7.00	7.6
	6 cm	7	8	4	6.70	
	10 cm	11	8	5	8.40	
	14 cm	12	7	7	8.20	
普通彩色沥青混合料	17 cm	20	12	14	14.2	16.2
	21 cm	24	12	23	19.2	
	25 cm	19	13	16	14.0	
	29 cm	23	17	18	17.4	

表 3-26　碾压前后各标记点的色差

类型	标记点位置	R、G、B 加权系数	色差
色彩耐久型彩色沥青混合料	2 cm	2.05 ∶ 1.00 ∶ 1.00	15.44
	6 cm	2.23 ∶ 1.22 ∶ 1.00	14.26
	10 cm	2.81 ∶ 1.23 ∶ 1.00	21.05
	14 cm	2.20 ∶ 1.25 ∶ 1.00	20.66
普通彩色沥青混合料	17 cm	2.22 ∶ 1.21 ∶ 1.00	35.46
	21 cm	1.75 ∶ 1.05 ∶ 1.00	41.11
	25 cm	1.84 ∶ 1.10 ∶ 1.00	33.26
	29 cm	1.72 ∶ 1.08 ∶ 1.00	39.29

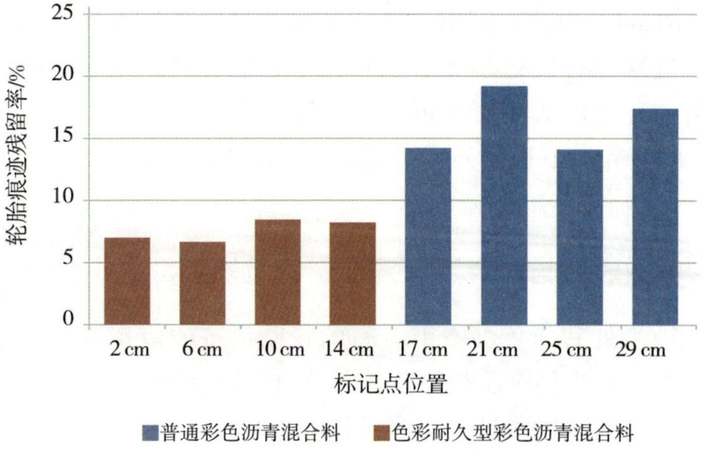

图 3-30　各标记点轮胎痕迹残留率

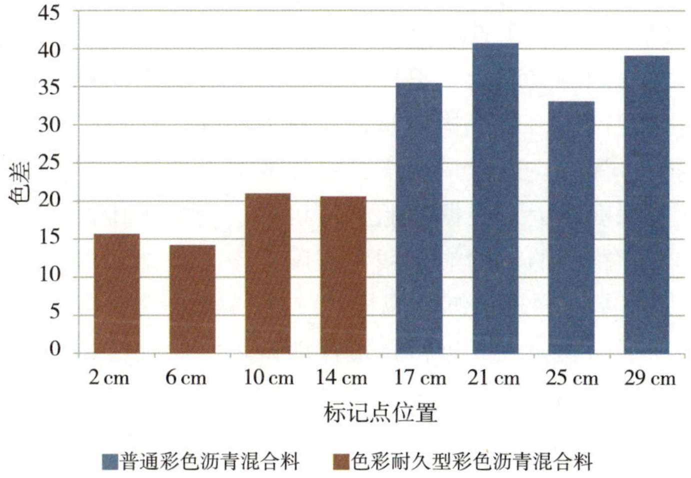

图 3-31　碾压前后各标记点色差

根据图 3-30 及图 3-31 可以看出，经过一定次数的碾压之后，色彩耐久型彩色沥青混合料一侧（2 ～ 14 cm）无论是轮胎痕迹残留率还是色差都明显小于普通彩色沥青混合料一侧（17 ～ 29 cm）；对比两幅图可以看出，轮胎痕迹残留率越大，色差就越大，两者呈正相关关系。结合表 3-25 及表 3-26 可以看出，两种类型的热拌彩色沥青混合料经过车轮碾压之后，其表面黑色痕迹会造成原有 RGB 值的降低。对比普通彩色沥青混合料，色彩耐久型彩色沥青混合料一侧 4 个标记点的轮胎痕迹残留率平均值仅为 7.6%，是普通彩色沥青混合料的 46.9%。对色差变化程度而言，色彩耐久型彩色沥青混合料色差范围为 14.26 ～ 21.05，远小于普通彩色沥青混合料的范围，即 33.26 ～ 41.44。因此，可以判断色彩耐久型彩色沥青混合料在车轮碾压后，轮胎痕迹残留程度远小于普通彩色沥青混合料，碾压前后的色差也明显小于后者。色彩耐久型彩色混合料对路面色彩的保护作用更加突出，能够有效防止黑色轮胎痕迹的残留，同时能够减小视觉差异给人们带来的感观影响。

3.4.3 彩色微表处与彩色沥青混合料的摩擦因数对比分析

对彩色微表处和彩色沥青混合料的轮胎痕迹残留率进行比较分析，如图 3-32 所示，可以发现在相同室温情况下以及相同碾压次数下，彩色微表处的轮胎痕迹残留率明显大于彩色沥青混合料，说明轮胎在表面碾压时，彩色微表处与轮胎之间的摩擦较大，造成橡胶颗粒残留程度更深；另外，相比同种彩色沥青路面、不同表面处理的材料，色彩耐久型彩色沥青路面的轮胎痕迹残留率明显更低。这主要是由两种彩色沥青路面类型表面的抗滑性能差异造成的。表面的抗滑性能是路面固有的表面特性，包括表面微观构造以及宏观构造，微观构造是指集料表面的粗糙程度，宏观构造是指整体路面的构造深度。通常情况下，路面的抗滑性能越好，路面的微观构造越大，构造深度越大，根据轮胎磨损机理，轮胎在其表面造成的磨损越严重，彩色沥青路面的轮胎痕迹残留程度越深。为验证结论的可靠性，本书根据《公路路基路面现场测试规程》（JTG 3450—2019），对两种彩色沥青路面类型、不同表面处理进行抗滑性能试验，通过摆式仪测定路面摩擦因数以分析两种彩色沥青路面之间以及不同表面处理之间表面抗滑性能的区别，如图 3-33 所示。

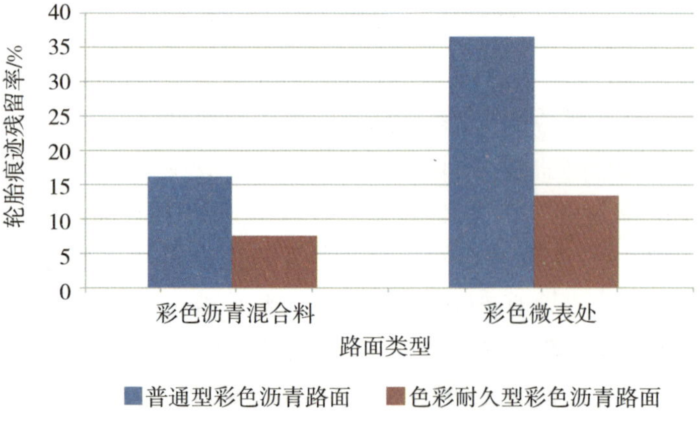

图 3-32　对比两种类型路面轮胎痕迹残留率

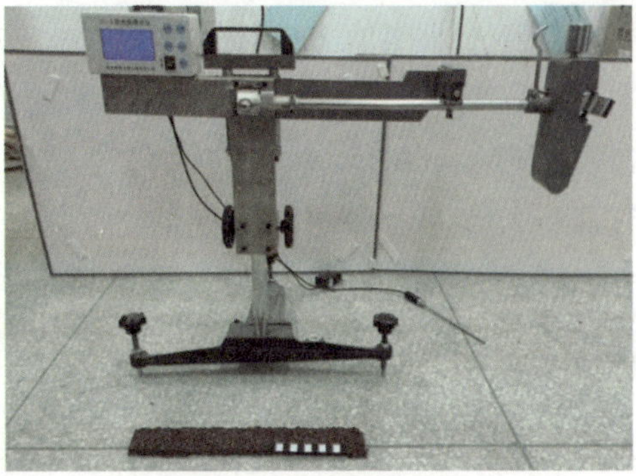

图 3-33　摆式仪

以 MS-3 型彩色微表处为例，为分析同种彩色沥青路面类型不同表面处理之间的区别，本书在制备完成的彩色微表处试件表面右侧喷洒抗轮胎痕迹树脂乳液，左侧不做任何处理，待乳液固化呈透明状后，方可进行抗滑性能试验，如图 3-34 所示。

（a）固化前

（b）固化后

图 3-34　抗滑性能试验试件处理

在进行摆式仪测定前，应注意滑动长度的校准，即当摆件处于自然下垂状态时，摆件与试件左右两侧接触点之间的距离应符合 126 mm 的规定，如图 3-35 所示。

（a）摆件的左对齐

（b）摆件的右对齐

图 3-35　试件的试验滑动长度校准

分别对试件左侧和右侧进行抗滑性能试验，每次测量时取 5 次测定的平均值作为单点的路面抗滑值（即摆值 BPN_t），取整数，并根据下述公式，对抗滑值进行温度的修正：

$$BPN_{20}=BPN_t+\Delta BPN \tag{3-3}$$

式中：BPN_{20}——换算成标准温度 20 ℃ 时的摆值；

BPN_t——路面温度 t 时测得的摆值；

ΔBPN——温度修正值按表 3-27 采用。

表 3-27　温度修正值

温度 /℃	0	5	10	15	20	25	30	35	40
ΔBPN	−6	−4	−3	−1	0	+2	+3	+5	+7

最后，根据试验得出彩色微表处试件两侧的抗滑值。另外，根据同样的方法，对 AC-13 型彩色沥青混合料车辙试件进行摆式摩擦因数测定，得出不同彩色沥青路面类型以及表面处理的试件抗滑值，如表 3-28 所示。

表 3-28　彩色微表处试件抗滑值

类型	实测抗滑值	评价标准				
传统彩色微表处	96	优	良	中	次	差
色彩耐久型彩色微表处	75	≥ 42	37 ～ 42	32 ～ 37	27 ～ 32	<27
传统彩色沥青混合料	82					
色彩耐久型彩色沥青混合料	68					

从表 3-28 可以看出，以上 4 种不同表面处理彩色沥青路面抗滑值均超过路面抗滑性能最高要求。从实测值可以看出，喷洒了抗轮胎痕迹树脂乳液的彩色沥青路面抗滑系数均低于传统彩色沥青路面。结合图 3-32 可以看出，彩色沥青路面的表面抗滑系数与轮胎痕迹残留程度之间呈正相关关系。

3.5 彩色沥青路面色彩耐久性研究

由于阳光、雨水、粉尘等环境条件以及车辆的行驶，路面时时刻刻都在经受着外界条件的考验。由于彩色沥青路面鲜艳的外表，其色彩功能持久性更加被人们重视。对于普通沥青路面而言，车辆在行驶过程中，轮胎黑色痕迹的残留不可避免，但是由于沥青路面原本就是黑色的，两种颜色的对比度非常小，所以可以说不存在色彩方面的影响。但是，对于彩色沥青路面而言，黑色痕迹的出现不仅会影响彩色沥青路面的美观，还会显著降低彩色沥青路面的色彩功能。因此，如何提高彩色沥青路面的色彩耐久性，是彩色沥青路面研究中亟待解决的重要问题之一。

彩色沥青路面在使用过程中，色彩耐久性往往受两个方面的影响：一是受到车辆长期碾压、轮胎磨损对路表颜色造成的影响；二是材料自身在不同环境条件下长期老化对路表颜色造成的影响。对于受到车辆长期碾压、轮胎磨损方面的影响，本书对不同类型彩色沥青路面分别进行不同次数的碾压（1000 次、2000 次、5000 次、10000 次、20000 次），量化彩色沥青路面轮胎痕迹残留程度，分析长期碾压对彩色沥青路面色彩耐久性的影响。另外，由于材料自身会随着时间的推移受到环境因素的影响逐渐老化，车辆在彩色沥青路面上行驶的过程中，当轮胎表面温度过高时，会发生轮胎胎面橡胶与彩色路面之间的熔融黏附，黑色轮胎痕迹的残留会严重影响彩色沥青路面的色彩耐久性。于是，本书采用长期老化试验中的烘箱加热法，对不同类型彩色沥青路面分别进行长期老化试验，再将老化后的彩色试件进行一定次数的碾压，量化试件表面轮胎痕迹残留程度，从而分析长期老化对彩色沥青路面色彩耐久性的影响。

3.5.1 混合料自身长期老化对色彩耐久性的影响

目前，针对沥青混合料室内长期老化试验，美国公路战略研究计划通过总结过往的经验得出以下三种常用的方法。

（1）长期烘箱加热法（long term oven aging）。它主要是模拟环境因素中温度对路面材料的影响，对沥青混合料施加长期高温的方法，加速材料老化。主要步骤：将成型后的试件放置于（85±1）℃ 的烘箱中进行为期 5 d 的持续加热，之后将试件冷却至室温，且不小于 16 h。

（2）红外线（紫外线）处理。它主要是模拟环境因素中阳光对路面材料的影响，反映沥青混合料持续受到紫外线老化的效果。主要步骤：按照标准马歇尔试件制备沥青混合料，将松散的沥青混合料放置于烘箱中进行短期老化，之后将混合料松散摊铺，用标准紫外线高压汞灯距离混合料表面 40 ～ 80 cm 进行长时间照射。

（3）加压氧化（PVA）。加压氧化就是将经过短期老化之后成型的沥青混合料放入压力罐中，并施加低压氧气，使其在短时间内快速老化以模拟实际环境下的长期老化过程。在试验过程中应注意压力罐的气密性，在注入一定压力的氧气之后，保持在 40 ℃或者 60 ℃下 3 ～ 7 d，最后冷却至室温并解除压力。

有结论表明，上述三种长期老化的方法各有其优缺点，从使用条件限制、体现真实环境、现有经验等指标进行综合分析之后，可以发现加压氧化和长期烘箱加热法是室内模拟沥青混合料长期老化最有效的方法。而相比于加压氧化处理，长期烘箱加热法在操作方面较为简单、快捷，因此本书推荐使用长期烘箱加热法进行彩色沥青混合料长期老化试验。

3.5.2　车辆轮胎长期碾压作用对色彩耐久性的影响

彩色沥青路面的色彩会随着轮胎载荷次数的增加而逐渐变淡甚至变黑，这主要是因为轮胎黑色痕迹在彩色沥青路面的沉淀。经过一段时间，彩色沥青路面的色彩将会被黑色轮胎痕迹代替。因此，针对长期的车轮碾压过程，进行彩色路面色彩耐久性预测显得十分重要。本书通过研究不同碾压次数（1000 次、2000 次、5000 次、10000 次、20000 次）下，彩色沥青路面轮胎痕迹残留程度随着碾压次数的增加呈现出的变化规律，为彩色沥青路面的材料设计以及后期的养护提供更好的理论依据。

3.5.3　彩色沥青路面色彩耐久性分析

1. 长期碾压作用下

（1）彩色微表处。在进行轮胎痕迹残留试验之前，对预先制备好的彩色负荷车轮试件进行 RGB 模式下的数据点标记以及抗轮胎痕迹树脂乳液的喷洒，初始状态下彩色微表处试件各标记点的 RGB 值在 Photoshop 中的 RGB 模式下获取，如表 3–29 所示。

表 3-29　初始状态下试件表面各标记点的 RGB 值

类型	标记点位置	RGB 值		
		R（red）	G（green）	B（blue）
色彩耐久型彩色微表处	3 cm	186	110	93
	7 cm	174	79	75
	11 cm	186	85	78
	15 cm	185	78	68
普通彩色微表处	19 cm	188	83	76
	23 cm	190	90	85
	27 cm	182	85	82
	31 cm	185	98	91

之后，启动负荷车轮试验机，进行不同次数的轮碾，分别为 1000 次、2000 次、5000 次、10000 次、20000 次，各碾压次数下试件表面各标记点的 RGB 值如表 3-30 ～表 3-34 所示。

表 3-30　碾压 1000 次后试件表面各标记点的 RGB 值

类型	标记点位置	RGB 值		
		R（red）	G（green）	B（blue）
色彩耐久型彩色微表处	3 cm	163	95	79
	7 cm	148	72	71
	11 cm	153	75	76
	15 cm	156	73	66
普通彩色微表处	19 cm	139	70	70
	23 cm	114	78	69
	27 cm	103	68	70
	31 cm	107	74	77

表 3-31 碾压 2000 次后试件表面各标记点的 RGB 值

类型	标记点位置	RGB 值		
		R（red）	G（green）	B（blue）
色彩耐久型彩色微表处	3 cm	144	88	66
	7 cm	131	68	68
	11 cm	137	69	74
	15 cm	139	70	61
普通彩色微表处	19 cm	121	65	69
	23 cm	100	71	62
	27 cm	90	65	64
	31 cm	88	62	64

表 3-32 碾压 5000 次后试件表面各标记点的 RGB 值

类型	标记点位置	RGB 值		
		R（red）	G（green）	B（blue）
色彩耐久型彩色微表处	3 cm	126	75	62
	7 cm	119	62	59
	11 cm	129	60	68
	15 cm	126	61	55
普通彩色微表处	19 cm	87	59	66
	23 cm	87	65	58
	27 cm	81	59	54
	31 cm	74	53	52

表 3-33　碾压 10000 次后试件表面各标记点的 RGB 值

类型	标记点位置	RGB 值		
		R（red）	G（green）	B（blue）
色彩耐久型彩色微表处	3 cm	96	66	51
	7 cm	90	53	49
	11 cm	92	52	60
	15 cm	99	55	51
普通彩色微表处	19 cm	69	43	56
	23 cm	66	41	53
	27 cm	62	45	44
	31 cm	58	40	41

表 3-34　碾压 20000 次后试件表面各标记点的 RGB 值

类型	标记点位置	RGB 值		
		R（red）	G（green）	B（blue）
色彩耐久型彩色微表处	3 cm	77	44	36
	7 cm	65	43	38
	11 cm	69	40	44
	15 cm	81	42	41
普通彩色微表处	19 cm	58	46	42
	23 cm	51	45	39
	27 cm	47	46	34
	31 cm	48	43	31

从表 3-30 ～表 3-34 可以看出，随着负荷车轮碾压次数的增加，两种类型彩色微表处路面上各标记点的 RGB 值都出现不同程度的降低，这主要是因为在负荷车轮与彩色沥青路面接触过程中，随着碾压次数的增加，轮胎与彩色沥青路面接触后发生磨损的次数增加，造成负荷车轮上黑色轮胎痕迹在彩色微表处路面残留。同时，黑色的轮胎痕迹会在一定程度上降低原彩色路面的 RGB 值。其中，代表红色的 R 强度值降低更为明显。之后，根据式（3-1）计算不同碾压次数下两种类型彩色微表处路面的轮胎痕迹残留率并绘制出轮胎痕迹残留率变化图，如表 3-35 ～表 3-39 及图 3-36 所示。

表 3-35　碾压 1000 次后试件表面各标记点的轮胎痕迹残留率

类型	标记点	R 值变化	G 值变化	B 值变化	痕迹残留率 /%	平均痕迹残留率 /%
色彩耐久型彩色微表处	3 cm	23	15	14	13.4	12.1
	7 cm	26	7	4	11.3	
	11 cm	33	10	2	12.9	
	15 cm	29	5	2	10.9	
普通彩色微表处	19 cm	49	13	6	19.6	27.5
	23 cm	76	12	16	28.5	
	27 cm	79	17	12	30.9	
	31 cm	78	24	14	31.0	

表 3-36　碾压 2000 次后试件表面各标记点的轮胎痕迹残留率

类型	标记点	R 值变化	G 值变化	B 值变化	痕迹残留率 /%	平均痕迹残留率 /%
色彩耐久型彩色微表处	3 cm	42	22	27	23.4	20.1
	7 cm	43	11	7	18.6	
	11 cm	49	16	4	19.8	
	15 cm	46	8	7	18.4	
普通彩色微表处	19 cm	67	18	7	26.5	35.7
	23 cm	90	19	23	36.2	
	27 cm	92	20	18	37.2	
	31 cm	97	36	27	42.8	

表 3-37 碾压 5000 次后试件表面各标记点的轮胎痕迹残留率

类型	标记点	R 值变化	G 值变化	B 值变化	痕迹残留率 /%	平均痕迹残留率 /%
色彩耐久型彩色微表处	3 cm	60	35	31	32.4	28.1
	7 cm	55	17	16	26.8	
	11 cm	57	25	10	26.4	
	15 cm	59	17	13	26.9	
普通彩色微表处	19 cm	101	24	10	38.9	44.5
	23 cm	103	25	27	42.5	
	27 cm	101	26	28	44.4	
	31 cm	111	45	39	52.1	

表 3-38 碾压 10000 次后试件表面各标记点的轮胎痕迹残留率

类型	标记点	R 值变化	G 值变化	B 值变化	痕迹残留率 /%	平均痕迹残留率 /%
色彩耐久型彩色微表处	3 cm	90	34	42	42.7	41.6
	7 cm	84	26	26	41.5	
	11 cm	94	33	18	41.5	
	15 cm	86	23	17	38.1	
普通彩色微表处	19 cm	119	40	20	51.6	56.8
	23 cm	124	49	32	56.2	
	27 cm	120	40	38	56.7	
	31 cm	127	58	50	62.8	

表 3-39　碾压 20000 次后试件表面各标记点的轮胎痕迹残留率

类型	标记点	R 值变化	G 值变化	B 值变化	痕迹残留率 /%	平均痕迹残留率 /%
色彩耐久型彩色微表处	3 cm	109	66	57	59.6	55.5
	7 cm	109	36	37	55.5	
	11 cm	117	45	34	56.2	
	15 cm	104	36	27	50.5	
普通彩色微表处	19 cm	130	37	34	57.9	63.0
	23 cm	139	45	46	63.0	
	27 cm	135	39	48	63.6	
	31 cm	137	55	60	67.4	

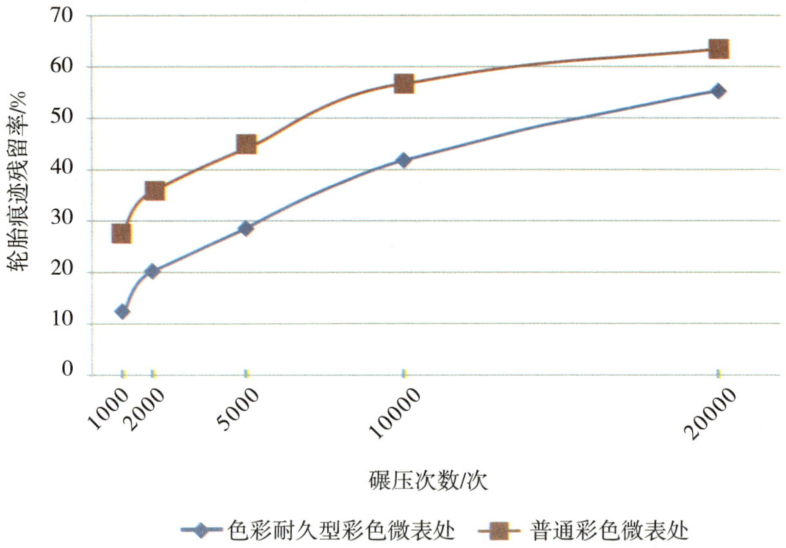

图 3-36　彩色微表处轮胎痕迹残留率 - 碾压次数变化图

从图 3-36 可以看出，随着碾压次数的增加，两种类型彩色微表处的轮胎痕迹残留率都出现一定程度的增大。相比普通彩色微表处，色彩耐久型彩色微表处在碾压初期，即碾压次数低于 5000 次时，轮胎痕迹残留率增大速度较为缓慢，说明其材料能够在轮碾初期有效减少路面轮胎痕迹残留；而在碾压后期，即碾压次数高于 5000 次时，色彩耐久型彩色微表处轮胎痕迹残留率相比普通型增长幅度较大，这主要是因为在后期碾压过程中，黑色轮胎痕迹在一定程度上很难再有所叠加；当碾压次数为 20000 次时，普通彩色微表处的轮胎痕迹残留率达到 60.6%，其增长速率已经较为平缓。另外，色彩耐久型彩色微表处在碾压后期，轮胎痕迹残留率的增长幅度仍然较大，由于其黑色轮胎痕迹在前期碾压过程中的黑色叠加程度较低，在后期碾压过程中当抗轮胎痕迹树脂乳液失效时，面层不再具有保护色彩的作用，其轮胎痕迹残留率出现明显增大，但是当达到一个恒定值时，其表面轮胎痕迹残留率也将趋于稳定。根据上述试验判断，轮胎痕迹残留率的恒定值范围是 60% ～ 70%。综上所述，随着碾压次数的增长，色彩耐久型彩色微表处达到轮胎痕迹残留恒定值时所对应的碾压次数远小于普通彩色微表处的，能够有效改善在长期碾压过程中彩色微表处的色彩耐久性。

（2）热拌彩色沥青混合料。在进行轮胎痕迹残留试验之前，对预先制备好的热拌彩色沥青混合料车辙试件进行抗轮胎痕迹树脂乳液的喷洒，待其固化并呈透明状后，测量其表面每隔 4 cm 的标记点的 RGB 值。初始状态下热拌彩色沥青混合料试件标记点的 RGB 值由 Photoshop 中的 RGB 模式获取。

本书研究在不同的碾压次数下（1000 次、2000 次、5000 次、10000 次、20000 次），彩色沥青路面轮胎痕迹残留程度随着碾压次数的增加呈现出的变化规律，如图 3-37 所示。观察并捕捉不同碾压次数下彩色沥青路面标记点的 RGB 值，如表 3-40 ～表 3-42 所示，计算各个碾压次数下的轮胎痕迹残留率，如表 3-43 所示。最后，根据标记点轮胎痕迹残留率的平均值绘制轮胎痕迹残留率与碾压次数变化关系图，如图 3-38 所示。

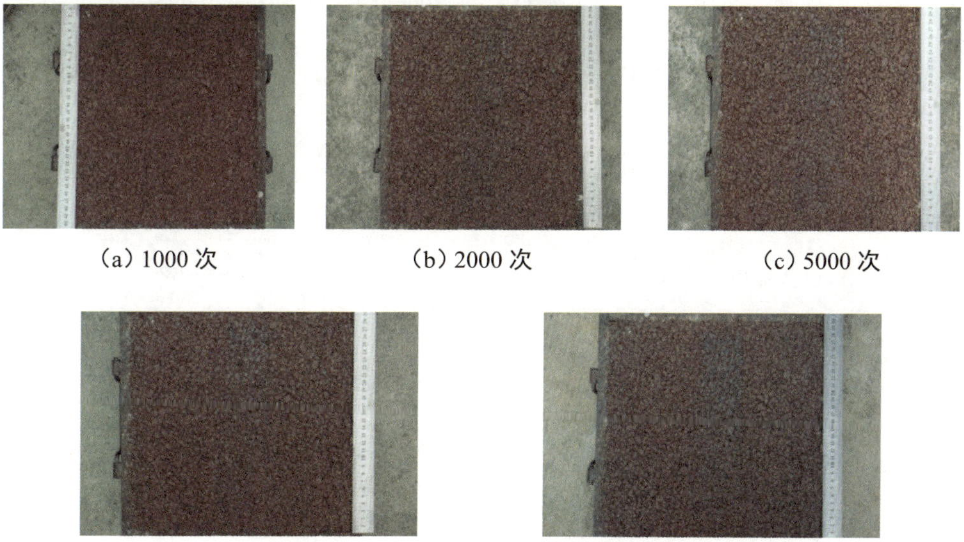

（a）1000 次　（b）2000 次　（c）5000 次

（d）10000 次　（e）20000 次

图 3-37　不同碾压次数下轮胎痕迹残留程度

表 3-40　各标记点 R 值强度变化

类型	标记点位置	R（red）强度值					
		初始	1000 次	2000 次	5000 次	10000 次	20000 次
色彩耐久型彩色沥青混合料	2 cm	152	146	144	126	99	89
	6 cm	149	144	141	121	117	94
	10 cm	156	149	146	133	120	102
	14 cm	151	146	144	129	116	98
普通彩色沥青混合料	17 cm	144	130	115	98	78	61
	21 cm	156	136	122	103	81	65
	25 cm	166	139	128	110	93	76
	29 cm	159	141	126	113	89	74

表 3-41　各标记点 G 值强度变化

类型	标记点位置	G（green）强度值					
		初始	1000 次	2000 次	5000 次	10000 次	20000 次
色彩耐久型彩色沥青混合料	2 cm	91	88	86	80	73	69
	6 cm	73	69	69	67	59	54
	10 cm	82	77	76	73	72	56
	14 cm	71	69	65	62	58	52
普通彩色沥青混合料	17 cm	83	75	71	65	58	50
	21 cm	78	72	69	61	56	51
	25 cm	83	73	70	64	59	52
	29 cm	84	78	72	66	60	51

表 3-42　各标记点 B 值强度变化

类型	标记点位置	B（blue）强度值					
		初始	1000 次	2000 次	5000 次	10000 次	20000 次
色彩耐久型彩色沥青混合料	2 cm	87	84	84	79	74	70
	6 cm	75	72	71	70	61	59
	10 cm	80	77	75	72	64	52
	14 cm	77	74	71	68	59	51
普通彩色沥青混合料	17 cm	75	70	66	59	55	48
	21 cm	85	76	71	60	53	48
	25 cm	82	75	71	63	55	50
	29 cm	88	74	69	61	52	44

表 3-43　不同碾压次数下各标记点轮胎痕迹残留率

类型	标记点位置	1000 次	2000 次	5000 次	10000 次	20000 次
色彩耐久型彩色沥青混合料	2 cm	0.036	0.048	0.136	0.255	0.311
	6 cm	0.040	0.054	0.104	0.202	0.303
	10 cm	0.047	0.066	0.126	0.195	0.340
	14 cm	0.033	0.064	0.137	0.221	0.328
普通彩色沥青混合料	17 cm	0.089	0.166	0.265	0.368	0.473
	21 cm	0.110	0.179	0.298	0.404	0.455
	25 cm	0.133	0.181	0.284	0.375	0.462
	29 cm	0.115	0.193	0.275	0.393	0.489

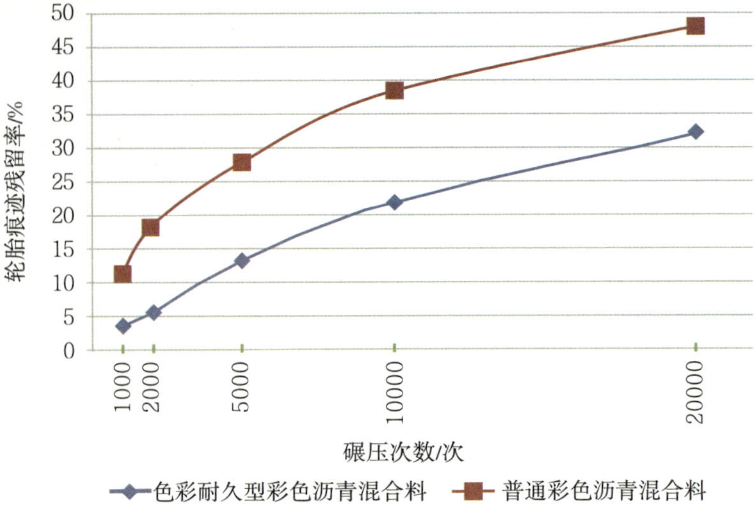

图 3-38　热拌彩色沥青混合料轮胎痕迹残留率—碾压次数变化图

从图 3-38 可以看出，随着碾压次数的增加，两种类型彩色沥青混合料轮胎痕迹残留率都呈现一定程度的增大，相比普通彩色沥青混合料，色彩耐久型彩色沥青混合料轮胎痕迹残留率明显更低，能够明显改善彩色沥青路面黑色轮胎痕迹的残留；在碾压次数达到 10000 次之前，两种彩色沥青混合料的轮胎痕迹残留率会随着碾压次数的增加而急剧增大，而当碾压次数超过 10000 次后，两种彩色沥青混合料轮胎痕迹残留率增大幅度有所减缓，曲线较为平稳，色彩耐久型彩色沥青混合料色彩耐久性略高于普通型。当彩色沥青路面达到一定轮胎痕迹残留率后，其表面色彩将会趋于一个恒定值，显然色彩耐久型彩色沥青路面达到恒定值时所对应的碾压次数远远大于普通彩色沥青路面的。对比两种类型彩色沥青路面，色彩耐久型彩色沥青路面更能有效、长期地抵抗路面轮胎痕迹的残留，提高彩色沥青路面色彩耐久性。

2. **长期老化作用下**

（1）彩色微表处。目前，国内外只有关于热拌沥青混合料长期老化试验的规定，尚未提出对微表处材料长期老化试验的技术要求，其中一个很重要的原因就是路面的设计年限问题——普通沥青路面的设计年限远远高于微表处路面。热拌沥青路面长期老化的试验条件是在（85±1）℃的烘箱中进行为期 5 d 的持续加热，从而模拟 5 年的工作时间，然而彩色微表处作为一项新型的路面养护技术，路面使用年限并不高，通常在 2 ～ 3 年。另外，由于微表处材料在成型过程中仅依靠改性乳化沥青与石料之间的电位交换、骨料嵌挤等作用形成强度，并未对其进行有效压实，因此如果按照热拌沥青混合料的要求对其进行长期老化，容易造成老化后结构的失稳。为保证彩色微表处材料老化试验的有效进行，本书参照热拌沥青混合料的长期老化试验对彩色微表处长期老化试验的环境做了一定的调整，即将温度调低至 60 ℃，加热时间改为 3 d。

首先，制备两个相同的彩色微表处试件并进行树脂乳液的喷洒以及标记，待乳液固化并透明后，记录各标记点的初始 RGB 值；之后，将其中一个试件放入烘箱中进行长期老化试验，另外一个常温放置；最后，将两个试件分别放置于负荷车轮试验机上进行碾压，待 1000 次后再次记录两个试件上各标记点的 RGB 值，通过痕迹残留率公式计算长期老化以及未长期老化的两个彩色微表处表面各标记点的轮胎痕迹残留率，对比分析长期老化对试件表面轮胎痕迹残留的影响，其结果如表 3-44 所示。绘制两种彩色微表处表面轮胎痕迹残留率与长期老化之间的关系图，如图 3-39 所示。

表 3-44　长期老化作用下彩色微表处轮胎痕迹残留率

类型	标记点位置	是否长期老化	痕迹残留率 /%
色彩耐久型彩色微表处	3 cm	未长期老化	14.2
		长期老化	13.3
	7 cm	未长期老化	15.8
		长期老化	14.9
	11 cm	未长期老化	14.1
		长期老化	13.7
	15 cm	未长期老化	13.3
		长期老化	12.5
普通彩色微表处	19 cm	未长期老化	22.4
		长期老化	16.6
	23 cm	未长期老化	25.3
		长期老化	18.1
	27 cm	未长期老化	23.8
		长期老化	17.2
	31 cm	未长期老化	21.5
		长期老化	16.9

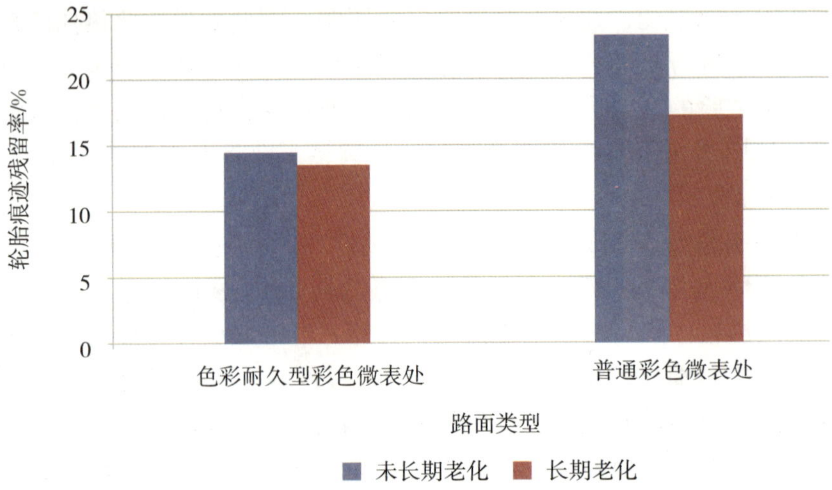

图 3-39 长期老化作用对两种类型彩色微表处轮胎痕迹残留率的影响

从图 3-39 可以看出，经过长期老化 1000 次之后，两种类型彩色微表处表面轮胎痕迹残留率均有一定程度的降低。色彩耐久型彩色微表处轮胎痕迹残留率的降低幅度只有 5.6%，而普通彩色微表处经过老化后，轮胎痕迹残留率降低 26.2%。色彩耐久型彩色微表处由于表面喷洒了一层耐高温的树脂乳液，经过长期老化后，仍然能够较好地保护微表处路面的防污能力，因此老化前后两者表面轮胎痕迹残留程度差别并不明显。另外，色彩耐久型彩色微表处无论是否经过长期老化，其轮胎痕迹残留率均低于普通彩色微表处，说明前者的色彩耐久性优于后者。

（2）热拌彩色沥青混合料。为研究热拌彩色沥青路面长期老化对路面轮胎痕迹残留的影响，本书将热拌彩色沥青混合料制备成车辙试件，沿轮碾方向在试件一侧喷洒抗轮胎痕迹树脂乳液，待其风干并呈透明状后将其放入烘箱中进行长期老化试验。获取试件两侧标记点（普通彩色沥青混合料及色彩耐久型彩色沥青混合料）的初始 RGB 值，如表 3-45 所示。之后，开始轮胎痕迹残留试验，在 1000 次碾压后观察混合料表面轮胎痕迹残留情况并通过式（3-1）计算彩色沥青路面轮胎痕迹残留率，研究长期老化对轮胎痕迹残留的影响，如图 3-40 所示。

表 3-45　长期老化作用下彩色沥青混合料轮胎痕迹残留率

类型	标记点位置	是否长期老化	痕迹残留率 /%
色彩耐久型彩色微表处	2 cm	未长期老化	6.9
		长期老化	6.1
	6 cm	未长期老化	7.2
		长期老化	6.7
	10 cm	未长期老化	7.6
		长期老化	6.3
	14 cm	未长期老化	8.6
		长期老化	8.4
普通彩色微表处	17 cm	未长期老化	12.7
		长期老化	8.9
	21 cm	未长期老化	13.6
		长期老化	9.1
	26 cm	未长期老化	13.9
		长期老化	9.4
	29 cm	未长期老化	14.1
		长期老化	10.0

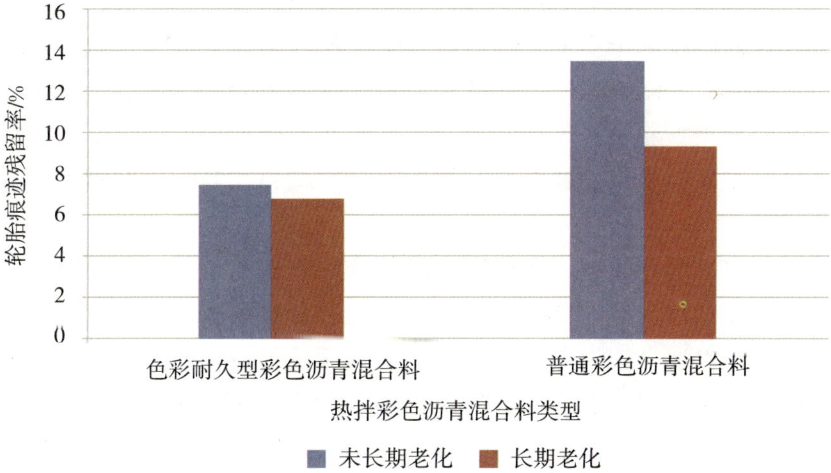

图 3-40　长期老化对热拌彩色沥青混合料轮胎痕迹残留率的影响

从图 3-40 可以看出，无论是否经过长期老化，色彩耐久型彩色沥青混合料轮胎痕迹残留率都明显低于普通彩色沥青路面。就普通彩色沥青混合料而言，试件经过长期老化之后，路面的轮胎痕迹残留率显著降低，这可能是因为混合料老化而使彩色沥青中的胶质组分减少，彩色沥青的黏附性随之降低，从而减少了黑色轮胎痕迹对彩色沥青表面的黏附；就色彩耐久型彩色沥青路面而言，由于其表面喷洒了一层耐湿热性能良好的抗轮胎痕迹树脂乳液材料，因此老化前后对轮胎痕迹残留的影响并不明显，老化后的彩色沥青混合料轮胎痕迹残留略少于老化前。综上所述，长期老化作用对普通彩色沥青混合料的影响远大于对色彩耐久型彩色沥青混合料的影响，色彩耐久型彩色沥青路面能够有效抵抗长期老化对其色彩功能的影响。

3.6 本章小结

为改善彩色沥青路面（彩色微表处及热拌彩色沥青路面）色彩耐久性及其研究方面的不足，将一种热固性丙烯酸树脂乳液喷洒在其表面形成色彩耐久型彩色沥青路面。通过轮胎痕迹残留试验，将试件表面轮胎痕迹残留照片导入 Photoshop 中，结合 RGB 功能以及痕迹残留率公式对彩色沥青路面轮胎痕迹残留进行量化并评价其表面抗污能力。另外，采用长期碾压以及长期老化两种方法对色彩耐久型彩色沥青路面进行色彩耐久性研究，得到以下结论。

（1）对比两种类型彩色微表处的轮胎痕迹残留率可以发现，色彩耐久型彩色微表处表面各标记点的轮胎痕迹残留率明显低于普通彩色微表处，色彩耐久型彩色微表处能够在一定程度上预防并减少黑色轮胎痕迹的残留。

（2）两种类型彩色微表处经过一定次数车轮碾压之后，色彩耐久型彩色微表处色差明显较小，能够在一定程度上减小颜色差异给人们带来的视觉负面影响。

（3）可以判断色彩耐久型彩色沥青混合料在车轮碾压后表面轮胎痕迹残留远少于普通彩色沥青混合料，碾压前后的色差也明显小于后者。因此色彩耐久型彩色沥青混合料对路面色彩的保护作用更加突出，能够有效防止黑色轮胎痕迹的残留，同时能够减小视觉差异给人们带来的感观负面影响。

（4）从总体上看，随着碾压次数的逐渐增加，色彩耐久型彩色微表处达到轮胎痕迹残留率恒定值时所对应的碾压次数远少于普通彩色微表处的，可以推断色彩耐久型彩色微表处的色彩耐久性能优于普通彩色微表处。经过长期老化以及一定次数的碾压之后，两种类型彩色微表处表面轮胎痕迹残留率均有一定程度的降低，色彩耐久型彩色微表处轮胎痕迹残留率的降低幅度只有 5.6%，而普通彩色微表处经过老化后轮胎痕迹残留率降低程度为 26.2%。色彩耐久型彩色微表处由于表面喷洒了一层耐高温的树脂乳液，经过长期老化后仍然能够较好地保护彩色微表处路面的防污能力。

（5）相比普通热拌彩色沥青路面，色彩耐久型彩色沥青路面能够长期、有效地抵抗车辆轮胎痕迹的残留。两种类型热拌彩色沥青路面经过长期老化后，色彩耐久型热拌彩色沥青路面抗轮胎痕迹残留的性能相比普通热拌彩色沥青路面提高了 26.6%；相比未经过长期老化试验，色彩耐久型热拌彩色沥青路面抗轮胎痕迹残留的性能相比普通热拌彩色沥青路面提高了 44.1%，因此色彩耐久型彩色沥青路面能够有效抵抗路面长期老化对其色彩功能的影响。由此可见，抗轮胎痕迹树脂乳液能够有效提高热拌彩色沥青路面的色彩耐久性。

第 4 章　基于表面自由能理论的色彩耐久型彩色沥青路面技术研究

4.1　引　言

在彩色沥青路面发展过程中，轮胎痕迹易残留、难清洗一直是阻碍其大面积推广所面临的重要问题。由于轮胎与路面之间存在摩擦功，黑色痕迹在路面上的残留不可避免，通常在彩色沥青路面通车后不久就会出现轮胎痕迹的残留，如路面色彩磨损、表面颜色被轮胎痕迹取代等问题。现阶段，对于轮胎黑色痕迹残留问题尚未找到有效的手段和方法来预防或解决。因此，本书引入一种热固型丙烯酸树脂，其主要是单体、引发剂以及蒸馏水经过聚合反应而成，具有良好的耐热性、耐水性，而且其表面更耐磨、耐划、透明度高、成膜性好，通过喷洒于传统彩色沥青路面形成抗轮胎痕迹树脂乳液封层，具有预防轮胎痕迹残留以及便于清除痕迹等特点。

车辆黑色轮胎痕迹的残留主要是轮胎与路面接触过程中发生相互作用，导致轮胎胎面橡胶颗粒剥离，并残留在道路表面。当橡胶微粒接触到路面材料后，两种材料之间会产生物理或者化学吸附作用，从而促进了轮胎痕迹的残留。其中，物理吸附主要为两种材料间的分子间作用力，即范德华力，通常是一种可逆的过程。当橡胶微粒与路面材料之间的分子间作用力大于微粒内部分子作用力时，橡胶微粒就会被吸附于路面上。所谓化学吸附，指的是橡胶微粒与路面材料之间发生了电子转移而形成了吸附化学键的吸附作用，通常化学吸附是不可逆的。综上所述，路面轮胎痕迹的残留主要是由橡胶微粒与路面材料之间的物理、化学变化而产生的，但是目前对轮胎痕迹残留机理尚未进行深入的研究。表面自由能理论作为表面物理化学的基础理论被广泛运用到各个重要领域中，其能够很好地解释两种材料界面间发生的物理、化学作用。

当两种材料相互接触时，双方的表面分子会通过接触界面相互影响，而接触界面的自由能是由两种材料表面分子在接触界面上产生的作用力造成的。20 世纪 80 年代，虽然有人将范德华力和电子排斥力引入作为接触面作用力，但是很难单独用范德华力来解释极性分子与非极性分子间的区别。因此，1984 年 Chaudhury 结合 Lifshitz 理论来解释各种分子间作用力（如范德华力、极性与非极性、Lewis 酸碱作用）之间的区别。1988 年，Van Oss 总结出材料界面相互作用力主要包括 Lifshitz-van der Waals（LW）、Lewis Acid-Base（AB）以及 Electrostatic（EL）。在日常生活中，我们可以通过上述理论来解释各种材料之间的相互作用，如气体 - 液体、液体 - 液体、固体 - 液体、气体 - 固体等，并且能够通过表面自由能理论对材料相互作用产生的物理现象（如黏附、湿润、吸附等）做出相应的理论解释。

由上一章的内容可知，喷洒了热固性丙烯酸树脂乳液的色彩耐久型彩色沥青路面能够有效防止轮胎痕迹残留，并提高彩色路面的色彩耐久性。在本章中，为准确量化色彩耐久型彩色沥青路面轮胎痕迹残留程度，首先，对轮胎痕迹的残留以及痕迹清洗进行机理分析；其次，利用表面自由能理论分别测定丙烯酸树脂乳液以及轮胎橡胶的表面自由能参数，在量化胎面橡胶颗粒与热固性丙烯酸树脂乳液之间的物理化学作用的基础上，对色彩耐久型彩色沥青路面丙烯酸树脂乳液的抗轮胎痕迹残留以及痕迹清除（物理方法和化学方法）过程进行研究，并进行丙烯酸树脂乳液的材料优选。

4.2　表面自由能理论

表面自由能是固体或者液体材料内部分子与表面分子相互作用的结果。材料内部的分子承受周围相同分子的作用力且合力为 0，材料外部分子由于暴露在真空当中，不仅受到体相分子的作用力，还受到外部气相分子的作用，如图 4-1 所示。由于气相分子对材料表面分子的作用力非常小，并不能平衡其内部带来的作用力，所以在真空中材料表面存在一定量用于平衡内部分子作用力的能量，其被称为表面自由能。另外，表面自由能还可以被定义为材料在真空中用以创造新的表面单位区域所做的功，用γ表示。值得注意的是，表面自由能的主要来源其实是作用于表面分子的内部引力，并不是平行于表面的某种张力。

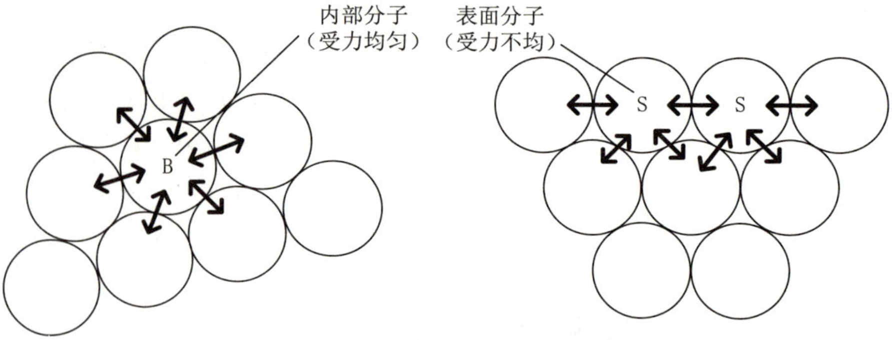

图 4-1　内部分子与表面分子的分子间作用力区别

当两种材料相互接触时，材料各自的表面自由能将促成双方形成新的接触界面，我们将界面的自由能用黏附功来表征分开两种材料所需要的功。1867 年，Dupre 将两种材料之间的黏附功W_{12}通过各自的表面自由能进行公式表达，具体如下：

$$W_{12} = \gamma_1 + \gamma_2 - \gamma_{12} \quad (4-1)$$

式中：γ_1——真空中材料 1 的表面自由能；

γ_2——真空中材料 2 的表面自由能；

γ_{12}——真空中材料 1 和 2 之间的界面能。

1921 年，Harkins 等提出了材料内部的黏聚功概念。与黏附功不同的是，黏聚功主要发生在材料内部，即分离出新的单位界面区域所用的功。黏附功表达如下：

$$W_{11}=2\gamma_1 \quad (4-2)$$

式中：W_{11}——材料 1 的黏聚功；

γ_1——真空中材料 1 的表面自由能。

在热力学理论中，GOOD 认为吉布斯自由能的改变量ΔG与功 W 在大小上相同，但是两者在作用方向上相反，因此有

$$W = -\Delta G \quad (4-3)$$

$$\Delta G_{ii} = -2\gamma_i \quad (4-4)$$

因此，可将式（4-1）变为：

$$\Delta G_{12} = \gamma_{12} - \gamma_1 - \gamma_2 \quad (4-5)$$

对于固体而言，式（4-4）并不代表其内部的黏聚功，而是其与液体相互接触作用时需要的表面自由能。

运用 GOOD-Grifalco-Fowkes 结合理论把两种不同材料接触界面非极

性范德华（LW）作用力分解为材料各自的表面张力的非极性分量：

$$\gamma_{ij}^{LW}=\left(\sqrt{\gamma_i^{LW}}-\sqrt{\gamma_j^{LW}}\right)^2 \text{或者 } \gamma_{ij}^{LW}=\gamma_i^{LW}+\gamma_j^{LW}-2\sqrt{\gamma_i^{LW}\gamma_j^{LW}} \tag{4-6}$$

而 Dupre 方程阐述了单相材料内聚能的非极性组分（LW）以及两种材料接触的黏附表面自由能如下所示：

$$\Delta G_{ii}^{LW}=-2\gamma_i^{LW} \tag{4-7}$$

$$\Delta G_{ij}^{LW}=\gamma_{ij}^{LW}-\gamma_i^{LW}-\gamma_j^{LW} \tag{4-8}$$

将式（4-6）代入式（4-8）得：

$$\Delta G_{ij}^{LW}=-2\sqrt{\gamma_i^{LW}\gamma_j^{LW}} \tag{4-9}$$

另外，当把两个相同的材料 i 浸入液体 j 中时，材料与液体间的表面自由能可以表述为

$$\Delta G_{iji}^{LW}=-2\gamma_{ij}^{LW} \tag{4-10}$$

把两个不同的材料 i、j 浸入液体 k 中时，其界面张力为

$$\Delta G_{ikj}^{LW}=\gamma_{ij}^{LW}-\gamma_{ik}^{LW}-\gamma_{jk}^{LW} \tag{4-11}$$

将式（4-6）代入式（4-11）得

$$\Delta G_{ikj}^{LW}=2\gamma_k^{LW}-2\sqrt{\gamma_i^{LW}\gamma_j^{LW}}+2\sqrt{\gamma_i^{LW}\gamma_k^{LW}}+2\sqrt{\gamma_j^{LW}\gamma_k^{LW}} \tag{4-12}$$

即

$$\Delta G_{ikj}^{LW}=\Delta G_{kk}^{LW}+\Delta G_{ij}^{LW}-\Delta G_{ik}^{LW}-\Delta G_{jk}^{LW} \tag{4-13}$$

假设在介质水中，固体表面含有大量的氧分子，固体与水之间的主要极性作用靠氢键维持，也就是得电子和失电子作用。Van Oss 将界面自由能分为极性组成与非极性组成：

$$\Delta G=\Delta G^{LW}+\Delta G^{AB} \tag{4-14}$$

根据 Fowkes 理论，一种单相物质的表面张力公式以及两种物质界面张力公式如下所示：

$$\gamma_i=\gamma_i^{LW}+\gamma_i^{AB} \tag{4-15}$$

$$\gamma_{ij}=\gamma_{ij}^{LW}+\gamma_{ij}^{AB} \tag{4-16}$$

式中：LW——非极性 Lifshitz-van der Waals 作用；

AB——极性 Acid-Base 作用。

在表面或者界面处，得电子单位与失电子单位相互作用的结果是不同的，表面的极性是非对称结构，因此需将极性分为两个组分计算。

$$\Delta G_{ij}^{AB}=-2\sqrt{\gamma_i^-\gamma_j^+}-2\sqrt{\gamma_i^+\gamma_j^-} \tag{4-17}$$

式中：γ^-——失电子组分表面自由能；

γ^+——得电子组分表面自由能。

材料表面张力的极性组成计算公式为

$$\gamma_i^{AB}=2\sqrt{\gamma_i^+\gamma_i^-} \tag{4-18}$$

将 Dupre 方程应用于极性相互作用表达如下：

$$\Delta G_{ij}^{AB}=\gamma_{ij}^{AB}-\gamma_i^{AB}-\gamma_j^{AB} \tag{4-19}$$

或 $$\gamma_{ij}^{AB}=\Delta G_{ij}^{AB}+\gamma_i^{AB}+\gamma_j^{AB} \tag{4-20}$$

将式（4−17）和式（4−18）代入式（4−20）得：

$$\gamma_{ij}^{AB}=2\left(\sqrt{\gamma_i^+\gamma_i^-}+\sqrt{\gamma_j^+\gamma_j^-}-\sqrt{\gamma_i^-\gamma_j^+}-\sqrt{\gamma_i^+\gamma_j^-}\right) \tag{4-21}$$

将式（4−6）、式（4−21）代入式（4−15）可以得到真空中两种材料之间的总界面张力为：

$$\gamma_{ij}=\gamma_{ij}^{LW}+\gamma_{ij}^{AB}=\left(\sqrt{\gamma_i^{LW}}-\sqrt{\gamma_j^{LW}}\right)^2+2\left(\sqrt{\gamma_i^+\gamma_i^-}+\sqrt{\gamma_j^+\gamma_j^-}-\sqrt{\gamma_i^-\gamma_j^+}-\sqrt{\gamma_i^+\gamma_j^-}\right) \tag{4-22}$$

用于 3 种材料（i、j、k）之间的吉布斯自由能公式如式（4−23）所示，其中 3 种材料中至少有一种须是液体，即将材料 i、j 放入液体 k 中，得出的 i、j 之间的表面自由能。

$$\Delta G_{ikj}=\gamma_{ij}-\gamma_{ik}-\gamma_{jk} \tag{4-23}$$

将式（4−23）用极性与非极性组成展开，得

$$\begin{aligned}\Delta G_{ikj}=\Delta G_{ikj}^{LW}+\Delta G_{ikj}^{AB}=&\left(-2\gamma_k^{LW}-2\sqrt{\gamma_i^{LW}\gamma_j^{LW}}+2\sqrt{\gamma_i^{LW}\gamma_k^{LW}}+2\sqrt{\gamma_j^{LW}\gamma_k^{LW}}\right)+\\&2\sqrt{\gamma_k^+}\left(\sqrt{\gamma_i^-}+\sqrt{\gamma_j^-}-\sqrt{\gamma_k^-}\right)+\\&2\sqrt{\gamma_k^-}\left(\sqrt{\gamma_i^+}+\sqrt{\gamma_j^+}-\sqrt{\gamma_k^+}\right)-\\&2\left(\sqrt{\gamma_i^+\gamma_j^-}+\sqrt{\gamma_i^-\gamma_j^+}\right)\end{aligned} \tag{4-24}$$

另外，如将两种相同的材料 i 浸入液体 k 中，得出相同两种材料之间的界面自由能为

$$\begin{aligned}\Delta G_{iki}=-2\left(\gamma_{ik}^{LW}+\gamma_{ik}^{AB}\right)=-2\left(\sqrt{\gamma_i^{LW}}-\sqrt{\gamma_k^{LW}}\right)^2-\\4\left(\sqrt{\gamma_i^+\gamma_i^-}+\sqrt{\gamma_k^+\gamma_k^-}-\sqrt{\gamma_i^-\gamma_k^+}-\sqrt{\gamma_i^+\gamma_k^-}\right)\end{aligned} \tag{4-25}$$

当材料 i、j 在真空中相互接触时，两者的界面自由能为

$$\Delta G_{ij}=-2\left(\sqrt{\gamma_i^{LW}\gamma_j^{LW}}+\sqrt{\gamma_i^-\gamma_j^+}+\sqrt{\gamma_i^+\gamma_j^-}\right) \tag{4-26}$$

4.3　树脂乳液材料表面自由能参数测定

本书采用的抗轮胎痕迹树脂材料是一种热固性丙烯酸树脂乳液，在空气中随着时间的推移而产生化学变化，液态树脂逐渐硬化成型并牢牢黏附于道路表面。固化后的树脂乳液与轮胎接触时，即使在受压以及受热情况下也不再软化变形，是一种性能良好的路面封层材料。通常，液体的表面张力能够由各种手段直接测得，如毛细管法、滴重法、插板法以及躺滴法等。目前，较为常用并且精确的是躺滴法以及插板法。本书拟通过插板法分别测定 3 种树脂乳液与已知溶液的接触角，由此计算 3 种树脂乳液材料的表面张力。

4.3.1　丙烯酸树脂乳液材料性质

本书选取 3 种丙烯酸树脂乳液材料进行比较分析，3 种树脂乳液均属于热固性丙烯酸树脂乳液，是将单体、引发剂及蒸馏水通过乳液聚合的方式一起反应而成，乳液在固化前呈乳白色液体，且相对分子量较低，在施工黏度下，其乳液的固含量通常为 45% ～ 55%。3 种丙烯酸树脂乳液的不同点在于合成过程中丙烯酸类单体的含量不同，单体含量的不同会对树脂乳液固化后的性能产生一定程度的影响，主要表现在外观、冲击强度、耐热性等方面，如表 4–1 所示。由于丙烯酸类单体具有碳碳不饱和双键，经过聚合形成的丙烯酸树脂不仅具有良好的光、热和化学稳定性，还具有透明度高、保色性优、成膜性好、抗冲击性、使用安全等特点。热固性丙烯酸树脂乳液固化成膜主要分为三个阶段：一是水分的蒸发及胶粒的浓缩；二是乳胶粒的变形和粒子的聚结；三是粒子间黏合形成连续均匀的乳胶涂膜。

表 4–1　树脂乳液固化后的性能

项目	L4600	L4610	L4620	试验方法
外观	透明固体 无杂质	透明固体 无杂质	透明固体 无杂质	GB/T 1721—2008
附着力	2 级	2 级	2 级	GB/T 1720—1979
冲击强度	48 kg · cm	50 kg · cm	55 kg · cm	GB/T 1732—1993

续 表

项目	L4600	L4610	L4620	试验方法
耐水性（浸 48 h）	基本无变化	基本无变化	基本无变化	GB/T 1733—1993
耐热性（90 ℃）	无鼓泡、不起皱	不鼓泡、不起皱	无鼓泡、起皱	GB/T 1735—1989
耐油性	不发黏、无气泡	不发黏、无气泡	不发黏、无气泡	GB/T 1734—1993
耐紫外光老化性（1000 h）	无变化	无变化	无变化	GB/T 5263—2010

4.3.2 插板法试验

1. 试验原理

根据 4.2 节所述表面自由能理论可知，树脂乳液的表面自由能参数可以通过测定树脂与不同已知溶剂的稳定接触角进行计算。本书利用国际上较为先进的全自动表面张力仪进行树脂乳液表面自由能参数的测定。基于动态力学平衡的原理，将表面均匀覆盖被测树脂乳液样品的玻璃薄片以缓慢恒定的速率浸入测试试剂中，通过物理力学平衡原理测试玻片与试剂之间形成的稳定前进接触角。此法称为插板法，如图 4-2 和图 4-3 所示。其计算如式（4-27）所示。

$$\cos\theta = \frac{\Delta F + V_{\mathrm{im}}\left(\rho_{\mathrm{L}} - \rho_{\mathrm{air}}\right)g}{P_{\mathrm{t}}\gamma_{\mathrm{L}}} \tag{4-27}$$

式中：θ——涂膜树脂的玻片在浸入试剂中形成的稳定前进接触角；

ΔF——玻片浸入溶剂前后天平受力差；

V_{im}——玻片浸入试剂中的体积；

ρ_{L}——试剂的密度；

ρ_{air}——空气密度；

g——重力加速度；

P_{t}——沥青玻片覆盖面周长；

γ_{L}——试剂的表面张力。

图 4-2　全自动表面张力仪

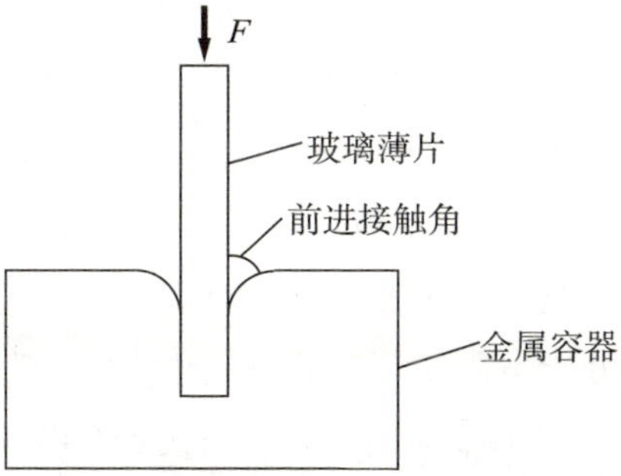

图 4-3　接触角示意图

1855 年，Thomas Yong 首先表述了接触角方法，这种方法对测量液体的表面自由能是一种非常可靠的方法，并且沿用至今。他还提出在两种材料达到平衡时，两者之间的接触角模型（图 4-4）以及各自的表面自由能关系如下所示。

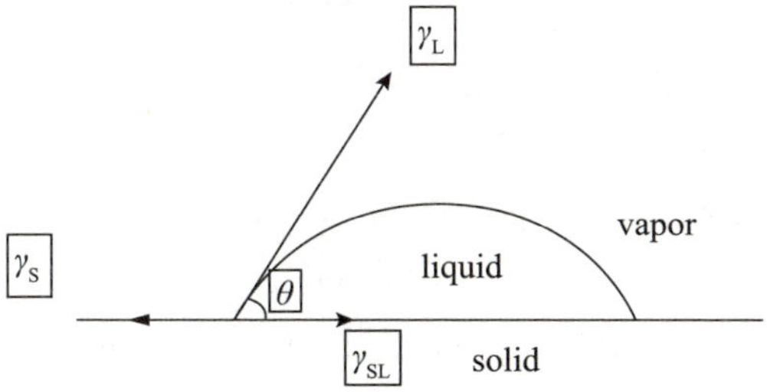

图 4-4　接触角图示

$$\gamma_S = \gamma_L \cos\theta + \gamma_{SL} \tag{4-28}$$

式中：γ_S——真空中，固体的表面自由能；

γ_L——真空中，液体的表面自由能；

γ_{SL}——真空中，固体和液体的界面自由能；

$\cos\theta$——平衡时，液体在固体表面扩张形成角度的余弦值。

将式（4-5）其代入式（4-28）得 Young-Dupre 方程：

$$\Delta G_{SL} = -\gamma_L (1+\cos\theta) \tag{4-29}$$

将式（4-29）根据表面自由能的极性与非极性分量展开，得

$$\gamma_L (1+\cos\theta) = 2\sqrt{\gamma_S^{LW}\gamma_L^{LW}} + 2\left(\sqrt{\gamma_S^- \gamma_L^+} + \sqrt{\gamma_S^+ \gamma_L^-}\right) \tag{4-30}$$

从式（4-30）可以看出，Young-Dupre 方程是由固体以及液体表面自由能的极性与非极性分量和两者的接触角共同组成的。当所求分量为固体的

极性和非极性分量（γ_S^{LW}，γ_S^-，γ_S^+）时，根据公式还应计算出另外4个分量（γ_L^{LW}，γ_L^+，γ_L^-，$\cos\theta$），因此我们可将3种不同的、已知表面张力分量的液体（其中须有至少两种极性液体）分别与固体界面接触，形成3个不同的接触角θ，通过联立方程得出该固体的表面自由能参数。由于接触角$0<\theta<90^\circ$才能形成两种材料的黏附，因此必须有$\gamma_S<\gamma_L$，否则固体和液体之间将出现憎水性情况或液体完全在固体表面湿润并伸展出现接触角为0的情况。另外，公式（4-30）还能用于计算树脂乳液材料的表面自由能参数，其中，将γ_S看成待测树脂乳液材料，而γ_L则为已知溶液，根据接触角测量以及已知溶液的表面自由能分量，得出待测树脂乳液材料的表面自由能分量，将式（4-30）进行改写，如式4-31所示。

$$\gamma_L(1+\cos\theta)=2\sqrt{\gamma_S^{LW}\gamma_L^{LW}}+2\sqrt{\gamma_S^+\gamma_L^-}+2\sqrt{\gamma_S^-\gamma_L^+} \tag{4-31}$$

式中：γ_L^{LW}，γ_L^-，γ_L^+——已知溶剂的3种表面自由能参数；θ——沾有树脂乳液材料的玻璃薄片与溶剂之间的稳定接触角，由全自动表面张力仪测出；γ_S^{LW}，γ_S^+，γ_S^-——树脂乳液材料的3个未知表面自由能参数，即非极性LW分量、极性Lewis酸分量以及极性Lewis碱分量。

为提高试验的精确度以及可靠度，本书选用4种已知溶剂分别进行插板法试验并求解丙烯酸树脂乳液的表面自由能分量，已知溶剂的表面自由能参数如表4-2所示。值得注意的是，溶剂的选择应符合以下几点要求：①已知溶剂的表面自由能参数；②已知溶剂应是透明、纯净、同性且无毒的；③与所测材料之间不发生任何化学反应。

表4-2　溶剂的表面自由能参数

已知溶剂	表面自由能参数 /（J·cm^{-2}）				
	γ^{Total}	γ^{LW}	γ^+	γ^-	γ^{AB}
蒸馏水	72.8	21.8	25.5	25.5	51.0
丙三醇	64.0	34.0	3.92	57.4	30.0
甲酰胺	58.0	39.0	2.28	39.6	19.0
乙二醇	48.0	29.0	1.92	47.0	19.0

2. 试验过程

（1）按要求选择合适的溶剂作为试验的已知溶剂，应注意的是所选溶剂不能与待测物质发生任何化学反应。

（2）为每种待测树脂乳液试样准备相应数量（通常为 15 片以上）的玻璃薄片（50 mm × 24 mm × 0.15 mm），依次使用丙酮以及去离子的蒸馏水对其进行冲洗，之后使用防静电及粉尘的无尘试纸对其表面进行擦拭，最后使用喷火器对其表面进行灼烧干燥，如图 4-5 所示。

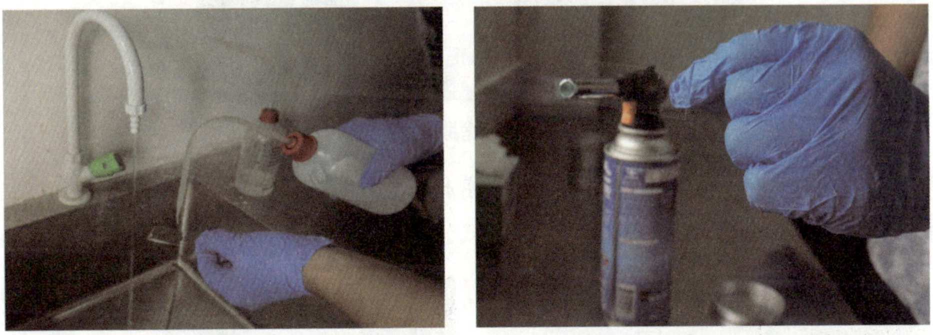

（a）清洗　　（b）灼烧干燥

图 4-5　玻璃薄片的清洗及灼烧干燥过程

（3）由于所选丙烯酸树脂乳液是一种热固性材料，常温下为流动态液体，所以可将其盛样放置于小铝盒中。将玻璃薄片浸入盛有树脂乳液的铝盒中约 15 mm，允许乳液在薄片上流淌，但是最终形成的薄片涂膜的长度至少保持在 10 mm 以上，之后平稳取出并擦拭试液流出部分，防止沾黏盛样台，最后置于盛样台上，如图 4-6 所示。

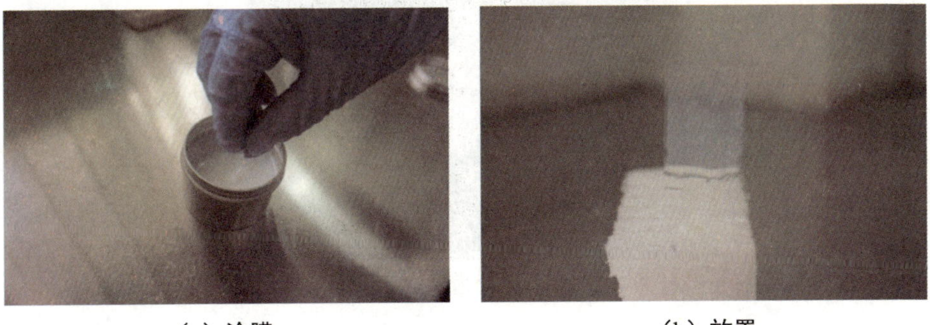

（a）涂膜　　（b）放置

图 4-6　薄片的涂膜过程及放置

（4）待树脂乳液固化，薄片表面形成一层光滑的薄层时，将其放置于恒温干燥箱中（20 ℃）密封干燥 24 h 以上，保证其表面干燥，如图 4-7 所示。

图 4-7　涂膜的固化

（5）进行插板法测试之前，使用游标卡尺测量玻璃薄片的宽度及厚度以计算涂膜面的周长，之后将其固定于试验仪器的夹具上，如图 4-8 所示。

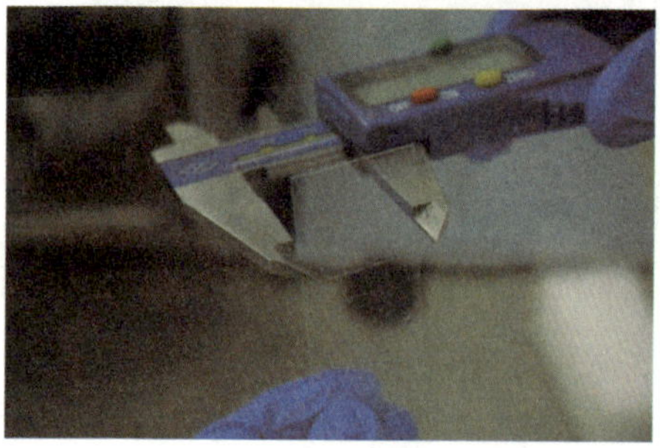

（a）宽度测量

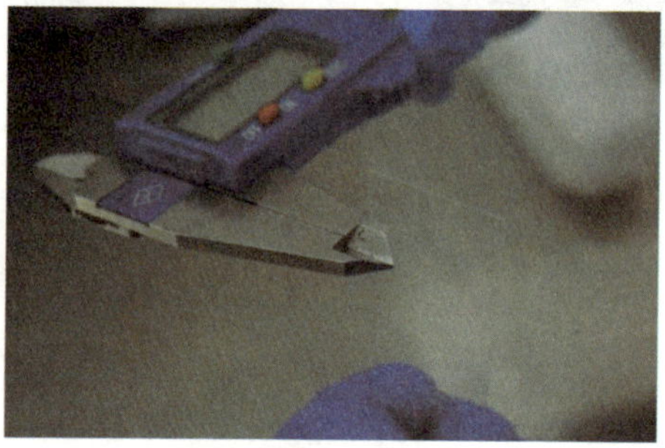

（b）厚度测量

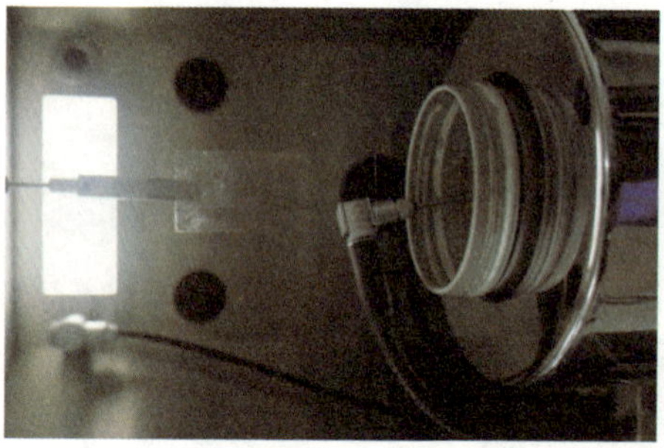

（c）涂膜薄片固定

图 4-8　涂膜薄片试验前测定

（6）选用 4 种已知其表面自由能参数的溶剂作为测试液体分别放置于试

验基座内，将涂膜薄片以恒定速率（20 μm/s）缓慢浸入溶剂中约 5 mm，达到设定最高点时，将涂膜薄片以同样的方法抽离溶剂，通过设备中的应用软件及动态平衡系统记录当浸入深度为 h 时的受力差 ΔF，得出树脂乳液与不同溶剂间的接触角值，如图 4-9 所示。

图 4-9　涂膜薄片的浸入

4.3.3　结果与讨论

本书利用插板法（inserting plate method）测定树脂乳液材料的表面自由能参数，树脂乳液与各种溶剂的接触角测试结果如表 4-3 所示。

表 4-3　树脂乳液与各种溶剂的接触角测试结果

已知溶剂	L4600		L4610		L4620	
	接触角 / (°)	变异系数	接触角 / (°)	变异系数	接触角 / (°)	变异系数
蒸馏水	77.65	3.15	71.47	2.16	75.33	2.58
甲酰胺	63.00	1.26	63.00	0.47	67.21	1.33
丙三醇	73.06	1.66	72.27	1.63	77.36	2.15
乙二醇	54.37	2.37	54.12	1.37	59.76	2.69

变异系数（CV）是数据的标准差与其平均数之间的比值，主要反映数据离散程度的绝对值，其数值的大小不仅受到变量离散程度的影响，还与变量值平均水平有关。从表 4-3 可以看出，3 种树脂乳液与各种溶剂的接触角测试结果的变异系数范围依次为 1.26 ～ 3.15，0.47 ～ 2.16 以及 1.33 ～ 2.69，说明该种材料表面自由能测试方法具有很好的重复性。另外，3 种树脂乳液与蒸馏水的接触角均小于 90°，由此可以判断，3 种树脂乳液材料属于亲水性材料。

根据树脂乳液与已知溶剂之间的接触角，利用式（4-31）计算出树脂乳液材料的表面自由能参数，计算结果如表 4-4 所示。

表 4-4　树脂乳液材料表面自由能参数

表面自由能参数	L4600/（J·cm^{-2}）	L4610/（J·cm^{-2}）	L4620/（J·cm^{-2}）
γ^{LW}	31.4	29.4	33.6
γ^{+}	0.15	0.12	0.04
γ^{-}	10.0	17.0	9.70
γ^{AB}	2.50	2.87	1.28
γ^{Total}	33.9	32.3	34.9

从表 4-4 可以看出，3 种树脂乳液材料总的表面自由能大小排序为 L4620>L4600>L4610，其中，非极性 LW 分量在表面自由能中所占比重远大于极性 AB 分量，说明材料表面主要呈现非极性作用；就材料表面极性作用而言，根据极性酸成分以及极性碱成分的大小可以看出，树脂乳液材料的表面主要呈现极性碱作用。

4.4　轮胎胎面橡胶表面自由能参数测定

4.4.1　固体表面自由能特性

对液体而言，由于表面自由能引起材料表面积的减少现象是可视化的，如果没有重力的影响，一定体积的球状液体将会试图减小其总的表面积。然而，对于固体而言，其表面积的减少并不明显，其分子特定的移动性导致固体并不呈现出收缩的现象。

在固体物理理论中，任一物质的表面原子总是比其内部的原子具有更多的能量。因此，根据能量最低原理，原子会自发地向其内部移动以保持稳定。不同于液体，固体分子有限的移动性使其表面积的减少很难被观察到，这主要是因为固体表面自由能的异质性，但是并不意味着固体表面没有力的存在或者其比液体更小。例如，晶体不同面的表面自由能并不相同，国外学者 Kuznetsov 解释了相同晶体不同面的表面自由能差异以及当晶体开裂后对其断裂形状的影响。例如，位于晶体自由边的分子相比处于晶体面上的分子，趋向于获取更多的自由能，其他的因素（如晶体的纹理以及尺寸）都会对其表面自由能产生显著的影响，粗糙度的降低会导致固体表面积减少。

4.4.2　躺滴法

现阶段，国内外对固体表面自由能参数的测定主要有以下几种方法：躺滴法、插板法、吸附法和毛细管上升法。躺滴法是通过光学捕捉已知液体滴落在固体表面所形成的接触角，计算两者之间的黏附功，从而得到固体表面自由能；插板法是在浮力校对之后确定已知液体的接触角，对比固体玻片在空气中的重量与在已知液体中的重量，计算两者间的接触角；吸附法可分为静态吸附法和动态吸附法，所谓静态吸附法即在一定的温度和压强下，测量气体在固体表面的吸附等温线的方法，动态吸附法即以一种基于载气的体积效益技术，使探测针蒸汽和表面发生吸附 – 脱附的相互作用的方法；毛细管上升法主要适用于确定细小、粉状的固体微粒与液体之间的接触角，通过测量液体上升的高度和时间，结合相应理论，确定固体微粒的表面自由能参数。对比不同的试验方法，躺滴法相对于插板法以及吸附法而言，耗时短，操作方便，节约成本，能够在保证测量精度、准度以及可靠度的情况下，有效测定固体的表面自由能参数。另外，由于本书中使用的胎面橡胶属于有机高分子聚合物，在一定温度下橡胶中的有机物会挥发，若使用吸附法，不仅会影响设备运作，还会影响测量精度，所以本书综合考虑各种方法的便捷性、精确性以及可操作性，拟采用躺滴法来测定固体橡胶的表面自由能参数。

1. 试验原理

目前，接触角测试方法是确定固体与液体间黏附能最准确、有效的方法。躺滴法主要被用于测量已知溶剂与被测固体之间的接触角，其主要原理是通过可注射探针将溶剂液滴以缓慢的速度释放于被测固体上，根据影像系统所示，捕捉测试液滴与被测固体之间的静态接触角 θ，用电脑图像处理系统进行分析得到两者间接触角大小，并取左、右两个接触角的平均值作为本次实验结果。为防止测试液滴自身重力影响试验精度，测试液滴应尽可能小。其测试原理如图 4–10 所示。

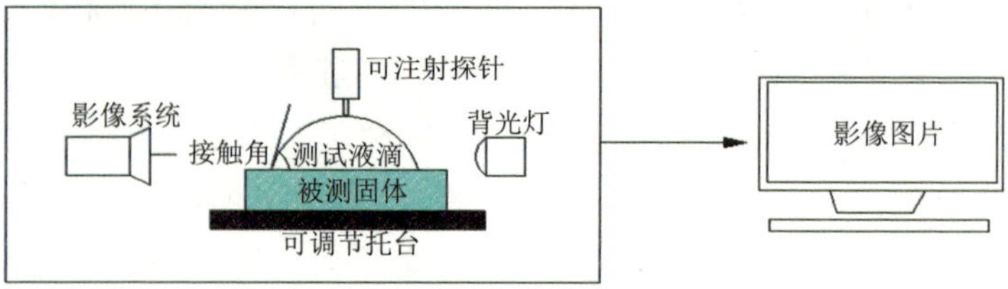

图 4-10　躺滴法示意图

本书采用的是国外进口的全自动光学接触角仪，可通过捕捉液滴在固体表面的静态接触影像以及分析其形状及尺寸，测定固体的表面物理、化学性质。另外，可通过精密的电机驱动注射泵进行抽离或者注射液体，控制基座升降自动接触待测试样，形成所选体积的液体，测量待测物与液滴间的静态接触角。

2. 试验过程

在进行躺滴法试验前，应对待测试样进行相应的处理，以满足测量要求。本书通过测试胎面橡胶的表面自由能参数，量化橡胶颗粒与树脂乳液之间的黏附功，因此在测试胎面橡胶表面自由能时，采用汽车轮胎进行试验制样。为达到测量要求，首先将轮胎进行切割，取胎面部分为研究对象，再通过裁剪获得测量要求的试件规格，即大小为 15 mm × 20 mm × 20 mm，如图 4-11 所示。

（a）

（b）

图 4-11　胎面橡胶切割裁剪

为准确测量胎面橡胶与已知溶液之间的接触角，胎面橡胶表面应保持平滑以及洁净，因此裁剪获得的胎面橡胶应进一步进行抛光以及清洗处理。首先，对胎面橡胶待测面进行抛光，使用抛光设备使其表面充分平滑，如图 4-12 所示。然后，使用乙烷、肥皂以及蒸馏水按顺序对胎面橡胶进行清洗，之后放入 100 ℃ 烘箱中干燥，冷却至室温待测。

（a）　　　　　　　　　　（b）

图 4-12　胎面橡胶表面抛光

将待测胎面橡胶试样放在试验设备基座上，保持试样表面平滑，随后，将 5 μL 自动注射器针头缓慢靠近橡胶试样至试样上方 20 mm，以 1 μL/min 速率缓慢释放 1 μL 液滴并保证液滴悬空，待液滴稳定后缓慢上升基底，使橡胶试样与滴液接触，继而下降基底，使液滴脱离针头并使其与试样表面形成稳定的静态接触角。在试验过程中，可假设液滴轮廓为左右对称，运用 Hight-Diameter（H-D）测试方法测定形成的稳定接触角。同时，试验过程中通过开启环境箱温度控制器控制试验温度为 20 ℃。为研究胎面橡胶与各溶液之间的湿润行为，可通过影像系统沿着三相接触点画出切线，测得其接触角参数，而其他参数，如液滴接触前的半径以及在湿润过程中的液滴最大半径等，可通过影像系统实时反映，湿润过程如图 4-13 所示。根据 H-D 值得到已知溶剂与待测橡胶之间的接触角，如图 4-14 所示。

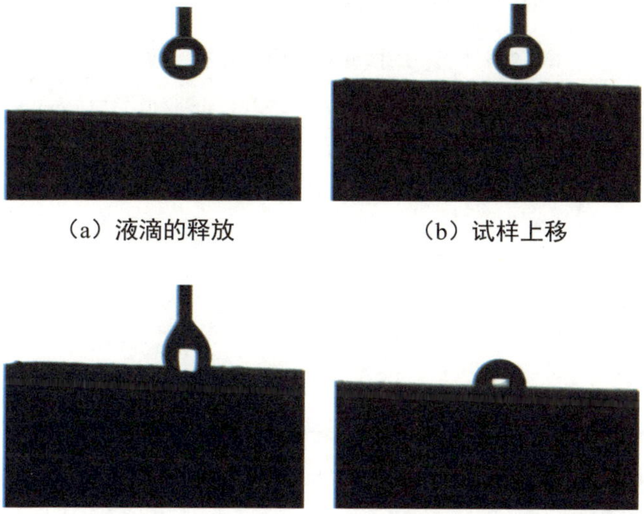

（a）液滴的释放　　　　　　（b）试样上移

（c）液滴与试样的接触　　　（d）液滴在试样表面的铺展

图 4-13　液滴的湿润过程

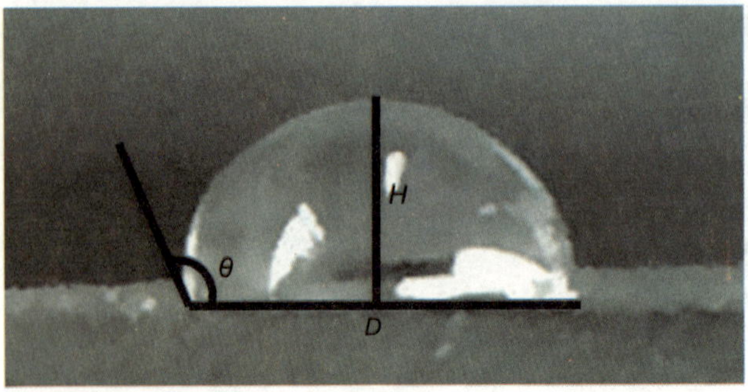

图 4-14　根据 H-D 法得出蒸馏水液滴与橡胶表面接触角

4.4.3　试验结果及分析

本书通过躺滴法测试胎面橡胶颗粒与 3 种已知溶剂（蒸馏水、甲酰胺、乙二醇）之间的静态接触角，其结果如表 4-5 所示。

表 4-5　胎面橡胶与 3 种已知溶剂的接触角

类型	蒸馏水		甲酰胺		乙二醇	
	接触角 /（°）	标准差	接触角 /（°）	标准差	接触角 /（°）	标准差
胎面橡胶	112.5	0.65	95.9	0.14	88.1	0.24

另外，利用式（4-30）以及表 4-5 中 3 种已知溶剂的表面自由能参数，可以计算得到胎面橡胶的表面自由能参数，如表 4-6 所示。

表 4-6　胎面橡胶表面自由能参数

表面自由能参数	试验值 /（$J\cdot cm^{-2}$）
γ^{LW}	5.70
γ^{+}	2.60
γ^{-}	0.39
γ^{AB}	2.03
γ^{Total}	7.73

从表 4-6 可以看出，胎面橡胶属于低表面自由能物质，其表面非极性范德华（LW）作用稍大于极性酸碱（AB）作用，非极性作用占表面主要部分；就表面极性酸碱大小而言，胎面橡胶表面主要呈现极性酸作用。

4.5　基于表面自由能理论的轮胎痕迹残留机理研究

相比内部分子，固体或者液体的外部分子始终处于一个非常不同的环境，即非对称环境。在物体内部，每一个分子排列都是均匀且受力相同的，而在物体外部，其分子不仅受到内部分子的作用力，还受到外部环境的作用力，同时这两种力的大小是不同的，为保持力学平衡，在物体表面会产生表面张力。当两种材料紧密接触时，两者界面间的表面分子会发生相互影响，通常以界面能或者界面张力对此作用进行表征，大部分人认为这种影响作用主要是范德华力，但是近年来随着研究的进步，人们对此作用有了重新的考虑，即化学键力中的极性 Lewis 酸碱作用。范德华力包括三种类型，即色散力、诱导力及取向力，虽然这三种力的类型广为人知，但是仍然难以用范德华作用单独解释极性力与非极性力的区别。1984 年，Chaudhury 将 Lifshitz 理论应用于宏观的胶体作用并首次分析了非极性 LW（Lifshitz-van der Waals）以及极性 AB（Lewis Acid-Base）作用之间的区别，这被迅速引入表面科学领域中。

通常，用界面能 ΔG 来表征两种材料间的界面作用。对于相同材料在水中的界面能可用 $\Delta G_{1w1}{}^{IF}$ 来表示；对于不同材料在水中的界面能可用 $\Delta G_{1w2}{}^{IF}$ 来表示，其中，$\Delta G^{IF}>0$ 或者 $\Delta G^{IF}<0$，分别代表界面发生亲水斥力或是疏水引力。非极性 LW 作用只提供一小部分界面自由能，而由极性 AB 作用产生的界面自由能则占主导作用，如图 4-15 所示。

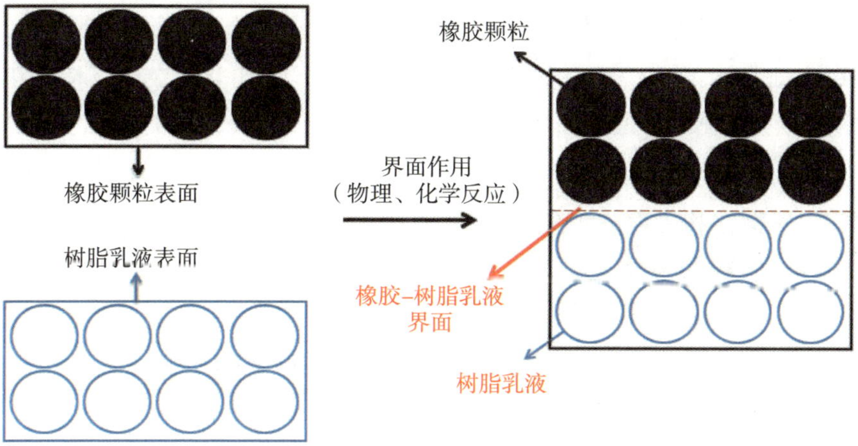

图 4-15　两种材料间的界面作用

4.5.1 范德华力

范德华首先发现了不带电的原子或者分子间存在非共价作用，在真空中，分离两个分子或者原子（i–i）时，其色散作用的大小为

$$A_{ii} = \pi^2 q_i^2 \beta_{ii} \tag{4-32}$$

式中：A——哈梅克常数（Hamaker constant），表征物质间范德华吸引能大小；

q——单位体积物质内的分子数；

β——组成该物质的分子间范德华作用常数。

当两个或者更多不同物质间相互作用（i–j）时，总的哈梅克常数由下述几何法则决定：

$$A_{ij} = \sqrt{A_{ii} A_{jj}} \tag{4-33}$$

4.5.2 化学键力

化学键是纯净物分子内或晶体内相邻两个或多个原子间强烈的相互作用，化学键力是指不同物质表面原子在界面间形成化学键后的结合力。基于表面自由能理论，真空中任何一种材料表面存在极性分量 AB，称为 Lewis 酸碱分量，主要由 Lewis–acid（酸分量 γ^+）以及 Lewis–base（碱分量 γ^-）决定，前者代表表面得电子数，后者代表表面失电子数，而在表面自由能极性酸碱组分中，氢键的结合占最主要的部分。

化学键力的产生往往是因为原子表面价电子在界面间发生转移，两者之间属于短程力，故其在界面上产生的作用远大于范德华力。

4.5.3 静电作用

在表面自由能理论中，静电作用以电荷的形式普遍存在于物体的表面，通常用电势 ψ_0 表示，是界面能计算的基础。

$$\psi_0 = \zeta(1 + z / a)e^{\kappa z} \tag{4-34}$$

式中：z——颗粒和表面的距离（m）；

a——颗粒的半径（m）；

κ——Debye 长度，用于定量衡量扩散双电层厚度。

相比范德华力以及化学键能，静电作用对界面能的影响作用非常小。因此，在计算界面能过程中，通常忽略材料之间的静电作用。

从实际应用方面考虑，改善彩色沥青路面抗轮胎痕迹残留能力应包括两

个方面：①减小并改善轮胎痕迹的残留；②能够有效清除轮胎痕迹。本书拟从这两个方面对 3 种热固性树脂乳液进行材料优选，以提高彩色沥青路面抗轮胎痕迹残留性能。在已知 3 种树脂乳液以及胎面橡胶表面自由能分量后，根据式 4–26 得出不同树脂乳液与胎面橡胶之间的黏附能，并进行黏附作用排序，如表 4–7 所示。

表 4–7　树脂乳液与胎面橡胶之间的黏附能

类型	L4600/（J·cm^{-2}）			L4610/（J·cm^{-2}）			L4620/（J·cm^{-2}）		
	ΔG^{LW}	ΔG^{AB}	ΔG^{Total}	ΔG^{LW}	ΔG^{AB}	ΔG^{Total}	ΔG^{LW}	ΔG^{AB}	ΔG^{Total}
胎面橡胶	−26.76	−10.68	−37.44	−25.89	−13.72	−39.61	−27.68	−10.30	−37.98
黏附作用	L4610>L4620> L4600								

从表 4–7 可以看出，3 种树脂乳液与胎面橡胶之间的黏附能均为负值，说明此黏附过程是自发过程，其绝对值越大，表明该过程越容易发生。在 3 种树脂中 L4600 型树脂乳液与胎面橡胶的黏附能最小，说明两者之间接触面的吸引作用最小，同时分开单位面积黏附表面所需要的能量最小。因此相比其他两种树脂，L4600 型树脂乳液与胎面橡胶之间的黏附作用最小，轮胎痕迹不容易残留在其表面。

4.6　轮胎痕迹清洗机理研究

4.6.1　物理方式（外力水流）

彩色沥青路面黑色轮胎痕迹清洗可以被认为是固体表面微颗粒（胎面橡胶颗粒）的清除。目前，对城市道路或者景观道路的清洗主要依靠外力作用，如采用气体、清水以及洗涤刷等工具清洗表面黏附微颗粒。当采用气体、清水等方式进行胎面橡胶微颗粒清洗时，水流在路表面快速流动，在受到表面摩擦阻力、流体黏性等作用下，水流的速度以及表面微颗粒的受力如图 4–16 所示。

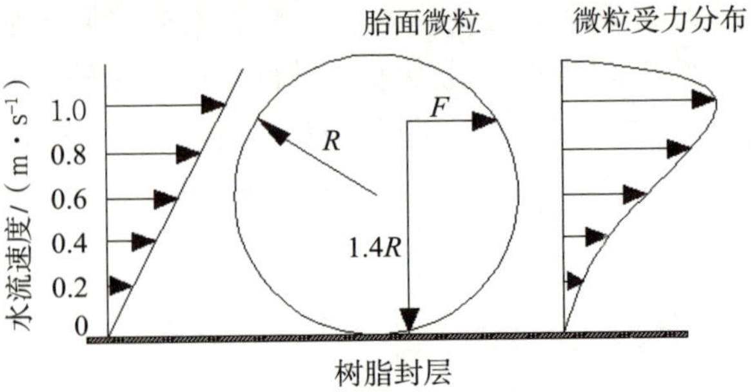

图 4-16　胎面橡胶微粒清除作用力分布图

在水流的冲击作用下，当其作用力大于胎面颗粒与树脂之间的作用力时，微颗粒就会脱离树脂表面并随着水流在其表面流动，从而达到清洗表面的目的，如图 4-17 所示。

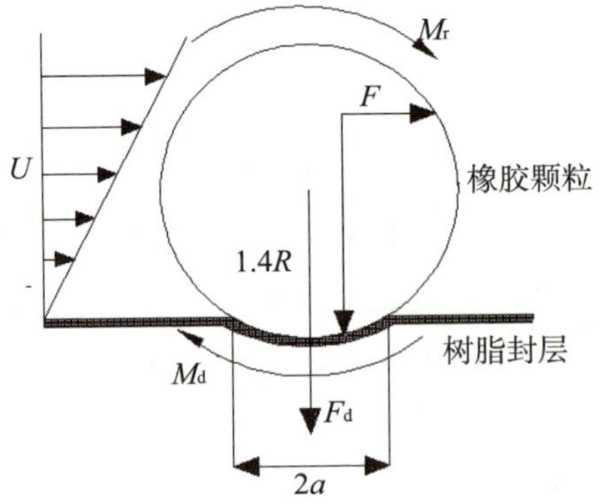

图 4-17　微粒清除力学简图

从图 4-17 可以看出，当水流冲向橡胶颗粒时，对橡胶颗粒产生的作用力 F 作用于 1.4R 处，形成的水力矩 M_r 可由 Hubber 计算：

$$M_r = 1.4 \times F \times R \tag{4-35}$$

而作用力 F 的大小可由奥尼尔公式计算：

$$F = 1.7009 \times 6\pi\mu R v(R) \tag{4-36}$$

式中：R——橡胶颗粒的半径（m）；

μ——流体的动力黏度（$N \cdot s/m^2$）；

$v(R)$——距表面为 R 时的流体流速（m/s）。

同时有：

$$v(R) = 1.5 \times \left[1 - \left(1 - \frac{R}{h}\right)^2\right] \times U_m \tag{4-37}$$

式中：U_{m}——流体的平均流速，是流量与横截面积的比值（m/s）；

h——流体层的厚度（m）。

当 R/h 远小于 1 时，可将上式修改为

$$v(R)=\frac{3R}{h}\times U_{\mathrm{m}} \tag{4-38}$$

另外，由于流体的冲力对橡胶颗粒表面产生力矩 M_{r}，为保持橡胶颗粒与树脂表面的力学平衡，两者之间存在相对应的平衡力矩。根据 4.2 节所述的表面自由能理论可知，橡胶颗粒与树脂表面存在非极性范德华力以及极性酸碱作用力，可将两者之和看成 F_{d} 并作用于接触界面，由此产生的平衡力矩 M_{d} 如式（4−39）所示。

$$M_{\mathrm{d}}=F_{\mathrm{d}}\times a \tag{4-39}$$

且有

$$M_{\mathrm{d}}=M_{\mathrm{r}},\quad M_{\mathrm{r}}=1.4\times F\times R \tag{4-40}$$

式中：a——橡胶颗粒与树脂间接触半径。

基于表面自由能理论，橡胶颗粒与树脂之间存在黏附功 W^{a}，且与力的大小成正比，即 W^{a} 越大，则 F 越大。根据上述清洗原理可以推断，W^{a} 越大，则力 F_{d} 就越大，由此产生的力矩 M_{d} 就越大。根据表 4−7 所示橡胶颗粒与不同树脂的黏附功大小可以判断，由橡胶颗粒与不同树脂之间产生的力 F_{d} 的大小排序为：L4610>L4620>L4600，另外，当橡胶颗粒与树脂间的接触半径一定时，由此产生的力矩 M_{d} 的大小排序为 L4610>L4620>L4600。

水流冲力对橡胶颗粒在树脂表面的清洁可分为三种情况：

（1）当 $M_{\mathrm{d}}<M_{\mathrm{r}}$ 时，橡胶颗粒能够被清洗。

（2）当 $M_{\mathrm{d}}=M_{\mathrm{r}}$ 时，橡胶颗粒无法被清洗。

（3）当 $M_{\mathrm{d}}>M_{\mathrm{r}}$ 时，橡胶颗粒无法被清洗。

根据上式可以得出，橡胶颗粒与树脂乳液之间产生的力矩 M_{d} 越小，橡胶颗粒越容易从树脂乳液封层脱离，从而达到清洗表面的目的。同样的，当采取一定工具清洗表面黏附橡胶颗粒时，只要清除作用力大于橡胶颗粒与树脂之间的黏附作用力，橡胶颗粒就会在其表面产生运动，并从清洗表面脱落，达到清洗的目的。因此，就物理清洗方式而言，喷洒了 L4600 型树脂乳液的彩色沥青路面轮胎痕迹最容易被清洗。

4.6.2　化学方式（清洗剂）

清洗剂在彩色沥青路面除痕过程中，主要起到化学替换的作用，即当

轮胎橡胶微粒黏附于彩色沥青路面时，使用清洗剂对橡胶微粒进行置换，使后者从彩色沥青路面的表面脱落，从而达到清洗的目的，其具体过程如图 4-18 所示。

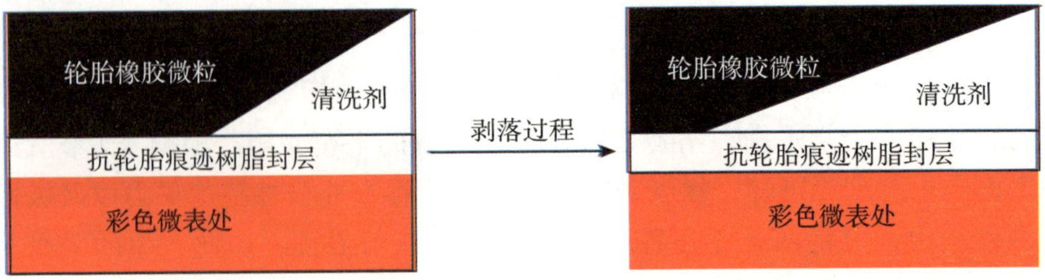

图 4-18　除痕过程

基于表面自由能理论，在彩色沥青路面除痕过程中，其除痕效果由以下三个方面决定：一是橡胶颗粒与树脂封层的黏附能 ΔG_{R-S}；二是树脂封层与清洗剂的黏附能 ΔG_{S-C}；三是橡胶颗粒与清洗剂的黏附能 ΔG_{R-C}。橡胶颗粒与树脂封层之间的黏附能 ΔG_{R-S} 越小，越有利于两者之间的脱落；树脂封层与清洗剂的黏附能 ΔG_{S-C} 越强，越有利于发生取代；橡胶颗粒与清洗剂的黏附能 ΔG_{R-C} 越大，越能够有效防止因颗粒沉淀引起的二次黏附。

根据表面自由能理论，当轮胎橡胶微粒黏附于树脂封层表面时，两者的黏附能可以表达为

$$\Delta G_{R\text{-}S}=\gamma_R+\gamma_S-\gamma_{R\text{-}S} \tag{4-41}$$

式中：γ_R——橡胶颗粒的表面自由能；

γ_S——树脂封层材料的表面自由能；

$\gamma_{R\text{-}S}$——橡胶颗粒与树脂封层材料间的界面能。

当 $\Delta G_{R-S}>0$ 时，两种材料间由于热力学作用会自发产生黏附。

因此，为清除彩色沥青路面黑色痕迹，可引入特殊的清洗剂对黑色痕迹进行处理，其清洗过程可简述为

橡胶微粒 · 树脂封层 + 清洗剂 → 橡胶微粒 · 清洗剂 + 树脂封层 · 清洗剂

结合表面自由能理论以及图 4-18 所示化学清洗过程，可将上述清洗过程表达为如下热力学公式。

$$\Delta G_{R\text{-}C\text{-}S}=\gamma_{R\text{-}S}-\gamma_{R\text{-}C}-\gamma_{S\text{-}C} \tag{4-42}$$

当 $\Delta G_{R\text{-}C\text{-}S}>0$，即 $\gamma_{R\text{-}S}>\gamma_{R\text{-}C}+\gamma_{S\text{-}C}$ 时，这种三相体系将会自发地发生，也就是说清洗剂会自发地对橡胶微粒产生取代，并使其能够从树脂封层表面剥落，且 $\Delta G_{R\text{-}C\text{-}S}$ 数值越大，除痕的效果越好。

根据式（4−42），$\Delta G_{R\text{-}C\text{-}S}$的大小受到两个方面的影响：一是橡胶与树脂封层材料间的界面张力，二是橡胶与清洗剂的界面张力及树脂与界面张力之和。根据表面自由能理论，橡胶与树脂封层材料间的界面张力$\gamma_{R\text{-}S}$为：

$$\gamma_{R\text{-}S}=\Delta G_{RS}+\gamma_R+\gamma_S \tag{4-43}$$

结合表 4−4、表 4−6、表 4−7 及式（4−43），3 种树脂封层材料与橡胶颗粒之间的界面张力计算结果如表 4−8 所示。

表 4−8　树脂材料与橡胶材料之间的界面张力γ_{R-S}

树脂类型	界面张力 /（J · cm^{-2}）
L4600	4.20
L4610	0.38
L4620	4.64

由于界面张力$\gamma_{R\text{-}S}$越大，路面除痕的效果越好，所以根据 3 种树脂界面张力大小，结合表 4−8 可以判断，就化学清洗方式而言，彩色沥青路面除痕效果排序为 L4620>L4600>L4610。

4.7　本章小结

本章主要对喷洒了丙烯酸树脂乳液的色彩耐久性彩色沥青路面轮胎痕迹的残留进行量化分析。首先，对 3 种不同单体含量的热固性丙烯酸树脂乳液的基本性能进行比较，采用插板法分别确定 3 种树脂乳液的表面自由能参数，并进行了相应的分析；另外，采用躺滴法确定了轮胎橡胶颗粒的表面自由能参数，在此之前对橡胶颗粒试件的制备过程进行了相应的描述；基于表面自由能理论，量化了轮胎痕迹残留于丙烯酸树脂乳液表面的作用，并对轮胎痕迹的清洗机理进行了进一步研究及量化，从而得到以下结论：

（1）插板法对热固性丙烯酸树脂乳液接触角的测定具有良好的重复性，且 3 种树脂乳液与水之间的接触角都小于 90°，说明其均属于亲水性材料；3 种树脂乳液的表面自由能大小依次为 L4620>L4600>L4610，且表面非极性 LW 分量都明显大于极性 AB 分量；对于材料表面极性而言，3 种树脂的表面均呈现出极性碱作用。

（2）在对胎面橡胶表面自由能测定之前，详细介绍了橡胶颗粒试件的制备过程，包括试件的清洗、裁剪、抛光等；由于胎面橡胶表面自由能较低，因此躺滴法对胎面橡胶表面自由能的测定具有良好的适用性；胎面橡胶表面主要呈现非极性 LW 作用，就材料表面极性而言，主要呈现极性酸作用。

（3）基于表面自由能理论，对色彩耐久型彩色沥青路面轮胎痕迹残留机理进行分析，通过对胎面橡胶颗粒与 3 种抗轮胎痕迹树脂乳液黏附能的计算和分析，得出 L4600 型树脂乳液与橡胶颗粒的黏附能最小，相比其他两种树脂乳液，L4600 型与橡胶颗粒之间的黏附功最小，轮胎痕迹不易残留在其表面。

（4）基于表面自由能理论，对色彩耐久型彩色沥青路面轮胎痕迹的清洗机理（物理方式和化学方式）进行分析，两种材料之间的黏附功越小，分开两者所需要的能量就越小，清洗就越容易，因此基于 3 种树脂与橡胶颗粒之间黏附能计算结果得出，对物理清洗方式而言，L4600 型树脂乳液表面痕迹最容易被清洗；由于树脂乳液与橡胶颗粒之间的界面张力越大，表面除痕效果越好，所以对化学清洗方式而言，清洗剂能够有效去除 L4620 型树脂表面轮胎痕迹。

（5）结合色彩耐久型彩色沥青路面抗轮胎痕迹残留以及痕迹清洗的机理分析结果可以发现，采用 L4600 型树脂乳液封层能够更好地改善彩色沥青路面抗轮胎痕迹残留性能，有效提高彩色沥青路面的色彩耐久性。

第 5 章　彩色沥青 - 集料体系黏聚性及黏附性研究

5.1　引　言

彩色沥青路面的出现是对传统黑白两色路面（沥青路面和水泥混凝土路面）在材料上的革新。城市的发展与公路的创新联系紧密，彩色沥青路面的研究和应用源自 20 世纪五六十年代的欧美发达国家，其突出的色彩功能以及使用功能作为城市现代化进程的标志逐渐深入人心，不仅能够美化城市环境，降低视觉疲劳，诱导城市交通，还能降低路面热量，提高路面抗滑性能，降低噪声。近年来，国内外对彩色沥青路面的研究主要集中于彩色胶结料的研发、混合料的宏观性能研究以及施工方法的改进，其中，在彩色胶结料研发方面主要采用以下两种方法：一是利用物理化学手段将传统石油中的沥青质脱离，得到浅色的脱色沥青；二是将树脂、改性剂等产品进行合成，制备出性能类似传统沥青的树脂类胶结料。前一种方法设备价格昂贵，工艺复杂，污染严重，而且其产品的技术性能存在一定问题；后一种方法合成改性的浅色树脂类胶结料不仅具有传统脱色沥青的性质，还能够在很大程度上改善彩色沥青的性能，被广泛运用于彩色沥青路面中。

在彩色沥青 - 集料体系中，对路面色彩起主导作用的是彩色沥青，而集料只占混合料色彩功能中的一小部分。如果彩色沥青发生了断裂，进而在集料表面发生剥落，将会对彩色沥青路面的色彩功能造成极大的影响。另外，彩色沥青作为一种新型路面材料，自身黏聚性及其与集料之间黏附性的好坏直接影响着混合料的使用性能。所谓黏聚性，是物质固有的物理属性，是指物质内部促进分子相互吸引、相互凝聚的能力。黏附性是一个复杂的物理 - 化学过程，包括机械黏附、物理黏附及化学黏附，即沥青与集料间的物理嵌挤作用、基于表面自由能理论的非极性范德华力作用以及极性酸碱作用。在外部载荷作用下，沥青黏聚性的不足容易导致自身开裂。对彩色沥青路面而言，彩色沥青的黏聚性破坏往往发生在沥青内部，并且容易诱发彩色沥青过早发生破裂和脱落、剥离等现象，如图 5–1 所示。它不仅影响彩色沥青自身的性能，还会影响其与集料之间的黏附性，导致彩色沥青 – 集料体系发生黏附性破坏，如图 5–2 所示。最终的结果是导致彩色沥青路面色彩耐久性及水稳定性显著降低。

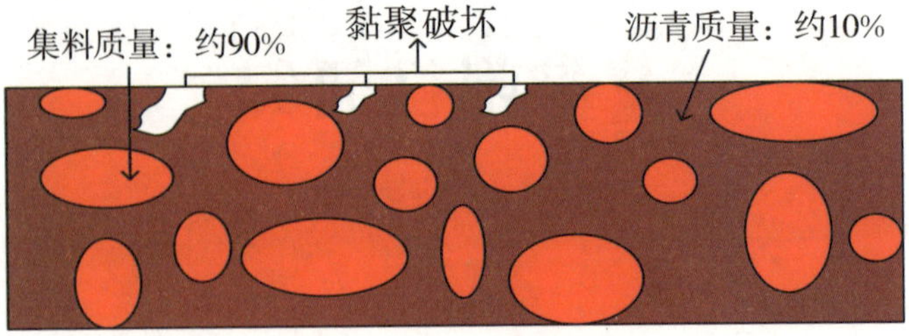

图 5–1　彩色沥青黏聚性破坏

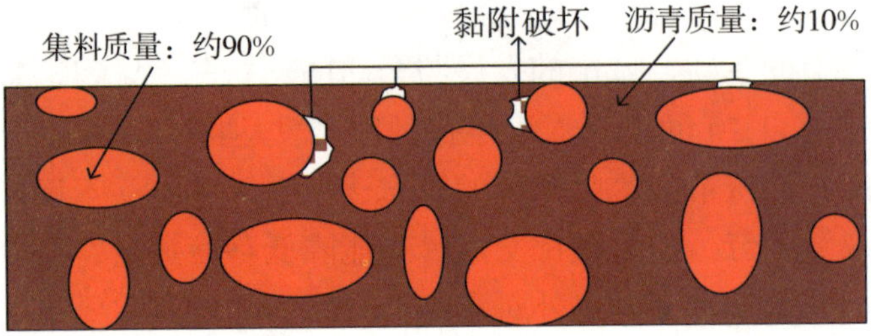

图 5–2　彩色沥青 – 集料间黏附性破坏

我国对传统沥青路面已开展了近半个世纪的研究，并取得了诸多优秀的技术与应用成果。但是，对彩色沥青路面的研究尚处于起步阶段，国内对彩色沥青路面尚未建立相应的混合料设计以及国家级施工规范标准，国外彩色沥青产品力学以及路面性能难以满足我国大部分城市使用环境等诸多要求，严重阻碍了我国彩色沥青路面的发展。因此，有必要对现阶段广泛采用的树脂合成彩色沥青及其混合料展开黏聚性及黏附性等微观性能的研究，作为彩色沥青路面宏观性能研究的理论基础及技术指导。

彩色沥青与集料间的黏附过程被认为是一个复杂的物理机械咬合以及化学键合的过程，直接影响彩色沥青混合料的路用性能以及色彩耐久性。之所以这么认为，主要基于两点：一是黏附性能的好坏直接影响沥青路面的水稳定性，是衡量沥青路面路用性能优劣的标准之一；二是基于彩色沥青路面色彩功能性考虑，在外界环境以及载荷作用下，彩色沥青与集料的黏附性越强，其抵抗彩色沥青剥落的能力就越强，因此能够提高彩色沥青路面的色彩耐久性。目前，国内外学者采用定量或者定性的研究方法对传统沥青路面黏附性进行了广泛的研究，并取得了一定的科研成果。但是，国内外对于彩色沥青路面中彩色沥青 – 集料系统黏聚性以及黏附性等微观方面的研究十分有限。因此，本书基于表面自由能理论，开展彩色沥青黏聚性及其与集料间黏附性的研究，通过测定彩色沥青以及彩色集料的表面自由能参数，量化彩色沥青的黏聚能及其与集料间的黏附能，定量评价彩色沥青与集料之间的黏附性，并对混合料的水稳定性能进行验证。

5.2　黏附性评价方法

通常，沥青在一定温度下会裹附在集料表面，在发生一系列物理化学作用之后形成相对稳定的沥青混合料。有文献表明，沥青与集料之间的物理化学作用过程主要可分为三类：一是力学黏附；二是物理黏附；三是化学黏结。其中，力学黏附主要是由于集料表面的纹理性使沥青与集料之间发生力学咬合作用，而物理黏附以及化学黏结主要是由集料以及沥青的表面自由能引起的。目前，针对沥青与集料之间的黏附性已开展了大量的试验研究和技术分析，但是对两者的黏附机理研究以及定量评价仍略显不足。

现阶段，国内外对沥青与集料之间的黏附性研究提出了许多试验方法，并结合环境以及交通、载荷等条件进行研究，取得了一定的成果。通过总结其研究现状可以发现，目前关于沥青与集料的黏附性评价方法可分为两种类型：一是定量试验，包括表面自由能法、光电比色法、SHRP 净吸附法、溶剂洗脱法等；二是定性试验，包括水煮法、静态水浸法、动态冲刷水浸法等。对比两种类型试验方法，定量试验普遍耗时较长，对操作的要求更高，但是精度高、数据客观、误差小，而定性试验虽然试验简单、快捷，但是试验数据较主观、误差大。

本书在分析了上述评价方法优缺点的基础上，结合实验室情况以及相应要求，选择两种评价方法进行对比研究，分别是静态水浸法（定性试验）以及表面自由能法（定量试验）。选择这两种评价方法，主要是因为静态水浸法相对于国内常用的水煮法而言，试验条件更加严格，更适用于评价彩色沥青与集料之间的黏附性；表面自由能法主要是在微观状态下分别测定沥青与集料的表面自由能，从而计算两者之间的黏附能，并对其黏附性进行定量评价，该评价方法重复性好，得到的数据更加准确、可靠，因此也得到业内的普遍认可。

5.3 静态水浸法

5.3.1 试验方法

1. 集料准备

（1）将集料放置于 141 ℃ 的烘箱中干燥 24 h，冷却之后过筛，将集料通过 13.2 mm 的筛孔并保留 4.75 mm、6.7 mm 以及 9.5 mm 筛上的集料。

（2）如需将集料水洗，应在水洗之后按（1）中的步骤进行筛分，在水洗时应注意先将集料用自来水清洗干净后，再用蒸馏水去除表面杂质，之后放入 141 ℃ 的烘箱中干燥 24 h。

（3）待集料冷却之后，放置于密闭的容器中，防止集料受到外界环境条件的影响。

（4）在试验开始之前，先取出集料并称量，每一个样品须准备 100 g 集料，包括粒径为 9.5 mm 的 50 g、6.7 mm 的 35 g 以及 4.75 mm 的 15 g，之后将称量好的各档集料放置于密闭的容器中。

2. 试验过程

本试验过程主要参考加拿大安大略省交通厅针对沥青与集料之间黏附性的试验方法，另外，结合国内实际情况，对试验过程进行了些许调整，具体试验步骤如下。

（1）将集料放置于 141 ℃ 烘箱中干燥 24 h，为防止集料受到环境条件的影响，在干燥后放入气密容器中待用。

（2）将搪瓷器皿放入 143 ℃ 的烘箱中预先加热，随后称量 100 g 集料放置于金属盘内，之后将其放入烘箱中 10 min，使集料表面温度达到 149 ～ 177 ℃。

（3）将集料从金属盘中取出并放置于预先加热的搪瓷器皿中，在 143 ℃ 下持续加热 15 min，使集料的温度稳定。

（4）取出搪瓷器皿并将预先加热到 143 ℃ 的（4.0±0.1）g 沥青快速加入盛有集料的搪瓷器皿中，使用金属铲刀将沥青与集料充分拌和之后立即将裹附着沥青的集料放入 600 mL 烧杯中，并摇动烧杯，使混合料表面平坦，随后冷却至室温。

（5）待混合料冷却后，将蒸馏水轻轻倒入烧杯中至约容器的 3/4 刻度。值得注意的是，为防止冲刷混合料，应将水沿着杯壁缓慢倒入烧杯中，之后将瓶口封闭以防止水分蒸发，并将盛有混合料以及蒸馏水的烧杯放置于（69±0.5）℃ 的恒温水箱中静置 24 h。

（6）24 h 之后，将烧杯移出水箱，清除烧杯表面悬浮的沥青，并用 75 W 的灯照明水面，观察集料表面沥青的裹附程度，任何薄的、棕色的以及半透明的区域均认为是被裹附着的。

5.3.2　试验结果及分析

本试验的研究对象是来自湖北省鄂州市采石场的两种彩色石料（红色玄武岩以及红色花岗岩），其中红色玄武岩的主要技术指标如第 3 章的表 3-2 所示，红色花岗岩的主要技术指标如表 5-1 所示，各项结果均满足《公路沥青路面施工技术规范》要求。根据上述试验方法，分别将两种石料拌和彩色沥青后，在 69.5 ℃ 的静态水浴中静置 24 h，其黏附情况如图 5-3 和图 5-4 所示。结合两种彩色石料与彩色沥青的黏附情况可以发现：静置 24 h 之后，两种混合料表面都存在一定气泡，这与集料表面的微孔隙有关，此时水分已经通过沥青膜进入集料的微孔隙中；在静态水浴中静置 24 h 之后，红色花岗岩以及红色玄武岩彩色混合料表面均呈现出良好的色彩效果，并无明显的剥落痕迹，彩色沥青与两种彩色石料的裹附面积均达到 95% 以上，说明两种彩色石料与彩色沥青之间具有较好的黏附性。

表 5-1　红色花岗岩主要技术指标

材料名称	检测项目	检测结果	要求	试验方法
粗集料	石料压碎值	22.3%	≤ 26%	T0316
	洛杉矶磨耗值	23.4%	≤ 28%	T0317
	坚固性	9.5%	≤ 12%	T0314
	表观相对密度（2.36 ～ 4.75 mm）	2.53%	≥ 2.5%	T0304
	吸水率（2.36 ～ 4.75 mm）	1.88%	≤ 3.0%	T0304
细集料	坚固性	9.8%	≤ 12%	T0340
	砂当量	76.0%	≥ 60%	T0334

图 5-3　玄武岩彩色沥青混合料（24 h）

图 5-4　花岗岩彩色沥青混合料（24 h）

但是，为了进一步证明两种彩色沥青混合料黏附性的差异，本书在其他环境条件不变的情况下，将试件的浸水时间延长到 72 h，并观察两种彩色混合料表面的剥落情况，如图 5-5 和图 5-6 所示。

图 5-5　玄武岩彩色沥青混合料（72 h）

图 5-6　花岗岩彩色沥青混合料（72 h）

从图 5-5 和图 5-6 可以发现，经过 72 h 长时间浸水之后，彩色沥青表面颜色逐渐变淡，各颗粒之间的黏结效果仍然存在，根据判断，这主要与彩色沥青中抽出油的减少有关，在一定温度下，抽出油中的芳香烃与水发生化学反应；另外，从两种混合料表面剥落情况来看，相比红色花岗岩彩色沥青混合料，红色玄武岩彩色沥青混合料的表面存在一定程度的剥落，但是剥落面积并不大。

结合彩色沥青混合料静态水浸法的试验结果可以判断，通常情况下彩色沥青与红色玄武岩和红色花岗岩之间的黏附性均良好，但是在一定程度上，彩色沥青与红色花岗岩的黏附性优于红色玄武岩。另外，由于本次的试验为定性试验，试验结果主要依靠肉眼观察，较为直观，所以为准确评价彩色沥青与彩色石料之间的黏附性，本书在下一节中通过表面自由能法对彩色沥青与集料之间的黏附性进行微观、定量的研究和评价。

5.4　表面自由能法

表面自由能法作为研究沥青－集料体系表面相互作用的微观方法，被广泛运用于沥青混合料的研究中。在沥青－集料体系中，黏聚作用以及黏附作用主要由两部分引起：一是相邻分子间电子层发生非极性路易斯－范德华作用；二是极性酸碱作用。彩色沥青混合料的强度以及在不同载荷和环境条件下的性能是决定路面的色彩耐久性的关键因素，对这两个关键因素产生重要影响的是彩色沥青的黏聚性及其与集料间的黏附性。

另外，有国外研究者认为，沥青混合料的断裂形式与沥青膜厚度有关，即沥青膜较厚时，沥青混合料容易发生黏聚断裂；当沥青膜较薄时，容易发生黏附断裂。与此同时，沥青混合料发生断裂之后往往会伴随着沥青的愈合。对于热力学理论来说，黏附能以及黏聚能的热力学变化分别与黏附断裂以及黏聚断裂有关。因此，通过测定沥青与集料的表面自由能，分别计算黏聚功以及黏附功，能够对沥青混合料断裂、愈合的理论认识及研究起到积极、重要的作用。

当处于两相材料（i、j）、一种界面（i–j）时，可通过材料的表面自由能分量计算出两种结合能，分别为材料内部的黏聚结合能 ΔG^{c}（简称为“黏聚能”）以及材料之间黏附结合能 ΔG^{a}（简称为“黏附能”），其表达式如下式所示：

$$\Delta G^{c}=\Delta G^{c\text{-}LW}+\Delta G^{c\text{-}AB}=2\gamma^{LW}+4\sqrt{\gamma^{+}\gamma^{-}} \tag{5-1}$$

$$\Delta G_{ij}^{a}=\Delta G_{ij}^{a\text{-}LW}+\Delta G_{ij}^{a\text{-}AB}=2\sqrt{\gamma_{i}^{LW}\gamma_{j}^{LW}}+2\sqrt{\gamma_{i}^{-}\gamma_{j}^{+}}+2\sqrt{\gamma_{i}^{+}\gamma_{j}^{-}} \tag{5-2}$$

式中：$\Delta G^{c\text{-}LW}$——黏聚能的非极性色散分量；

$\Delta G^{c\text{-}AB}$——黏聚能的极性酸碱分量；

$\Delta G_{ij}^{a\text{-}LW}$——黏附能的非极性色散分量；

$\Delta G_{ij}^{a\text{-}AB}$——黏附能的极性酸碱分量。

当处于三相材料（i、j、k）、两种界面（i–k、j–k）时，材料间的黏附结合能ΔG_{ikj}的计算如下式所示：

$$\begin{aligned}\Delta G_{ikj}=\Delta G_{ikj}^{LW}+\Delta G_{ikj}^{AB}=2\Big[&\sqrt{\gamma_{i}^{LW}\gamma_{k}^{LW}}+\sqrt{\gamma_{j}^{LW}\gamma_{k}^{LW}}-\gamma_{k}^{LW}-\sqrt{\gamma_{i}^{LW}\gamma_{j}^{LW}}+\\&\sqrt{\gamma_{k}^{+}}\left(\sqrt{\gamma_{i}^{-}}+\sqrt{\gamma_{j}^{-}}-\sqrt{\gamma_{k}^{-}}\right)+\sqrt{\gamma_{k}^{-}}\left(\sqrt{\gamma_{i}^{+}}+\sqrt{\gamma_{j}^{+}}-\sqrt{\gamma_{k}^{+}}\right)-\\&\left(\sqrt{\gamma_{i}^{+}\gamma_{j}^{-}}+\sqrt{\gamma_{i}^{-}\gamma_{j}^{+}}\right)\Big]\end{aligned} \tag{5-3}$$

在无水情况下，沥青的黏聚能及其与集料间的黏附能如式（5–1）及式（5–2）所示，黏聚能或者黏附能越大，发生断裂的可能性就越小。而在有水情况下，沥青与集料的黏附能如式（5–3）所示，黏附能越大，沥青–集料之间发生脱落的可能性就越大。

5.4.1 彩色沥青表面自由能参数测定及黏聚性分析

1. 表面自由能参数测定

为更好地进行对比区分，本书对彩色沥青以及常用的70#基质沥青和SBS改性沥青的表面自由能参数进行测定，其中后两种沥青均来自国创高新。此外，本书将采用4.3.2小节中所述的插板法，在20 ℃下对3种沥青进行表面自由能参数测定。在进行彩色沥青表面自由能参数测定过程中，伴随着玻璃薄片的浸入以及抽出会产生两种不同行为的接触角，分别是前进接触角以及后退接触角，如图5-7及图5-8所示。理论上，在一种物体表面出现的两种接触角应该是相同的，但是从试验结果发现，所测沥青的前进接触角和后退接触角并不相同，而且差异较大（图5-9、图5-10），这种差异主要由沥青材料的表面化学异质性造成，具体试验结果如表5-2、表5-3所示。

图5-7 彩色沥青玻璃薄片

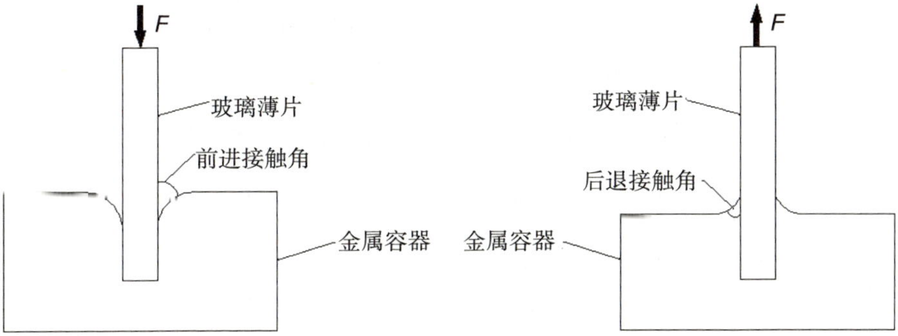

图5-8 两种行为的接触角

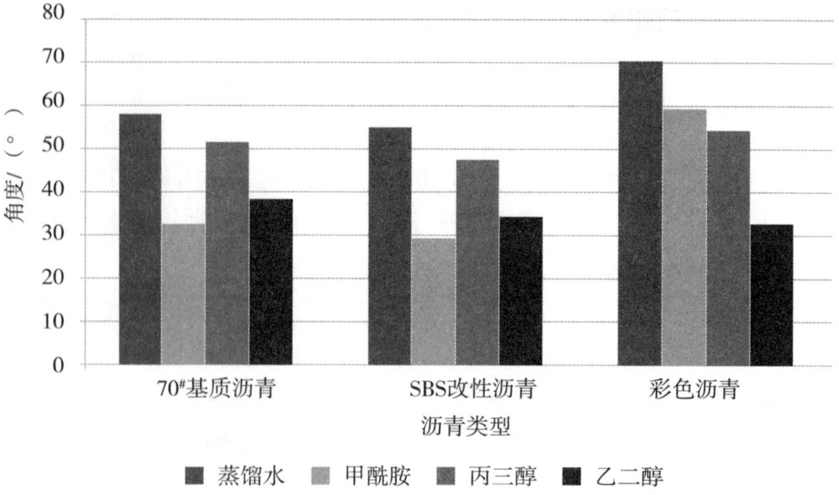

图 5-9　前进接触角测试结果

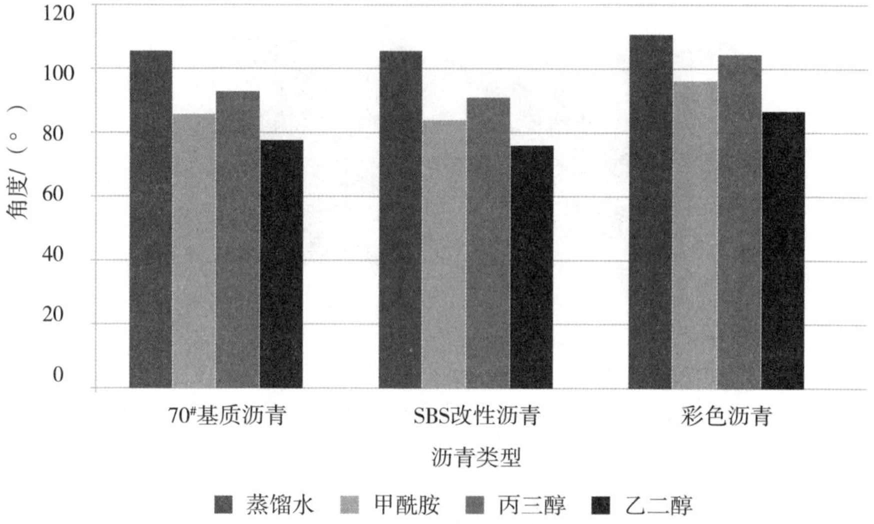

图 5-10　后退接触角测试结果

表 5-2　沥青与液体前进接触角测试结果

沥青类型	蒸馏水		甲酰胺		丙三醇		乙二醇	
	接触角 /（°）	变异系数	接触角 /（°）	变异系数	接触角 /（°）	变异系数	接触角 /（°）	变异系数
70# 基质沥青	106.28	0.17	86.46	0.16	92.88	0.14	77.99	0.77

续 表

沥青类型	蒸馏水		甲酰胺		丙三醇		乙二醇	
	接触角 /（°）	变异系数	接触角 /（°）	变异系数	接触角 /（°）	变异系数	接触角 /（°）	变异系数
SBS 改性沥青	105.59	0.36	84.67	0.72	91.40	0.71	76.21	1.27
彩色沥青	111.35	0.73	96.92	1.36	105.14	1.02	87.28	0.53

表 5-3 沥青与液体后退接触角测试结果

沥青类型	蒸馏水		甲酰胺		丙三醇		乙二醇	
	接触角 /（°）	变异系数	接触角 /（°）	变异系数	接触角 /（°）	变异系数	接触角 /（°）	变异系数
70# 基质沥青	58.65	0.78	32.59	1.26	51.51	0.60	38.67	0.82
SBS 改性沥青	54.72	1.35	29.09	1.66	47.72	1.88	34.33	2.61
彩色沥青	70.41	0.64	59.41	0.86	54.90	2.01	32.79	5.15

从表 5-2 以及表 5-3 可以看出：在前进接触角测定过程中，3 种沥青的变异系数分别是 0.53 ～ 1.36（彩色沥青）、0.36 ～ 1.27（SBS 改性沥青）、0.14 ～ 0.77（70# 基质沥青）；在后退接触角测定过程中，3 种沥青的变异系数分别是 0.64 ～ 5.15（彩色沥青）、1.35 ～ 2.61（SBS 改性沥青）、0.60 ～ 1.26（70# 基质沥青）。从以上数据可判断，在对不同类型的沥青进行接触角测量过程中，彩色沥青的测量误差稍大于 70# 基质沥青以及 SBS 改性沥青。但在总体上，这种表面自由能测试方法对彩色沥青仍然具有较好的重复性。另外，通过对比 3 种沥青分别与各溶剂的前进、后退接触角可以发现，彩色沥青与另外两种沥青具有相近的表面物理化学性质，且均属于疏水性物质。

根据沥青与测试溶剂之间的接触角结果，利用插板法公式计算出 3 种沥青材料的表面自由能参数，其结果如表 5-4 及表 5-5 所示，并绘制不同沥青各表面自由能分量示意图，如图 5-11 ～图 5-13 所示。

表 5-4 前进接触角测量下不同类型沥青表面自由能参数

单位：J/cm²

沥青类型	γ^{LW}	γ^{+}	γ^{-}	γ^{AB}	γ^{Total}
70# 基质沥青	13.74	0.46	1.14	1.44	15.19
SBS 改性沥青	14.97	0.37	1.14	1.31	16.28
彩色沥青	11.58	0.78	0.26	0.90	12.48

表 5-5 后退接触角下测量不同类型沥青表面自由能参数

单位：J/cm²

沥青类型	γ^{LW}	γ^{+}	γ^{-}	γ^{AB}	γ^{Total}
70# 基质沥青	53.57	17.69	0	0	53.57
SBS 改性沥青	55.26	20.46	0	0	55.26
彩色沥青	3.01	13.49	18.92	31.95	34.96

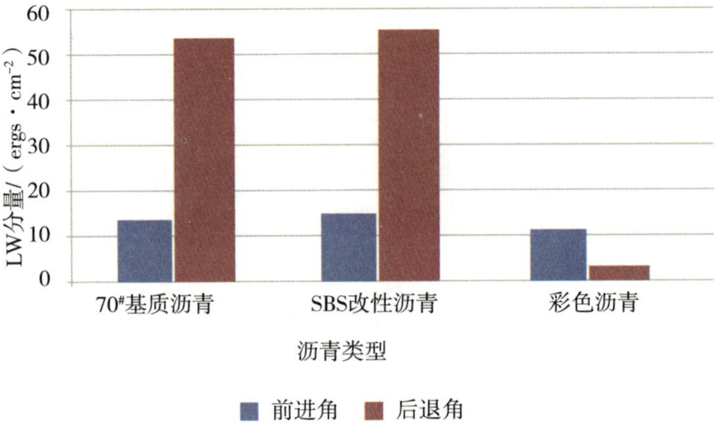

图 5-11 沥青非极性分量

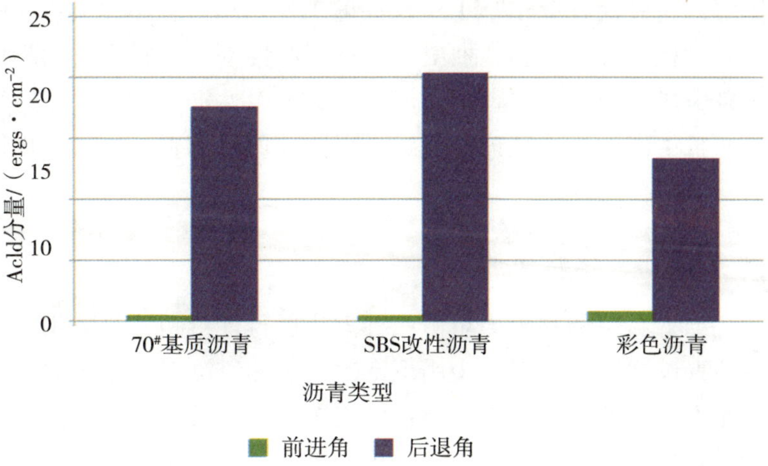

图 5-12　**沥青极性酸分量**

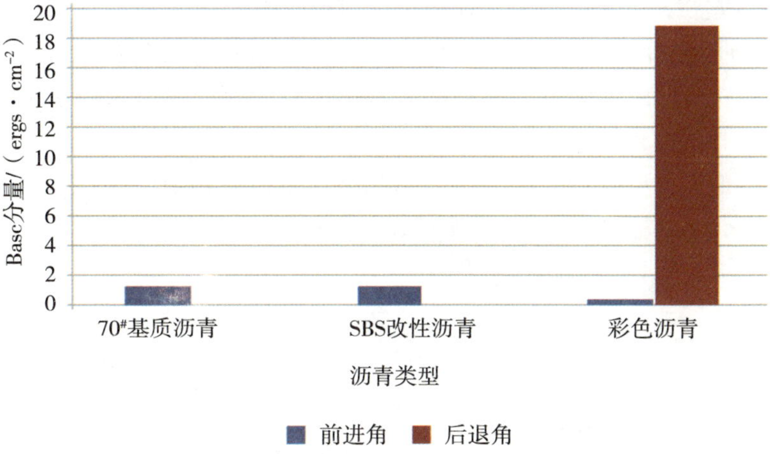

图 5-13　**沥青极性碱分量**

结合图 5-11 ～图 5-13 可以发现，对比前进以及后退接触角，3 种沥青各自酸性分量 γ^{+}、碱性分量 γ^{-} 以及总的酸碱分量 γ^{AB} 具有较大的差异，此外，后退接触角计算的表面自由能分量总是大于前进接触角。表面自由能的测定不仅能够区别不同沥青的类型，还能区分其与不同集料之间的黏结强度，通常选用前进接触角下沥青表面自由能分量来计算其与集料之间的黏附性。从表 5-3 可以看出，3 种沥青的非极性 LW 分量明显大于极性 AB 分量，且酸性分量和碱性分量都较小，这也符合大多数沥青属于非极性材料且含有弱酸和弱碱官能团的事实。

另外，从表 5-4 可以看出，3 种沥青的非极性分量 γ^{LW}（范德华力）具有主要作用，而极性分量 γ^{AB}（Lewis 酸碱）作用相对较小。无论在前进过程中还是后退过程中，由树脂、抽出油、SBS 改性剂等材料合成的彩色沥青的总的表面自由能都小于 70# 基质沥青以及 SBS 改性沥青。在后退过程中，彩色沥青表面自由能的极性酸碱分量远大于其他两种沥青，而其非极性 LW 分量远小于其他两种沥青。

2. 彩色沥青黏聚性分析

通常，沥青材料的黏聚力可由两种方法进行评价：一是采用测力延度试验，即将沥青试样置于恒温水中用恒定速度拉伸以测量产生的力；二是采用表面自由能方法，即测定沥青表面自由能参数计算其黏聚力。测力延度试验主要是通过对力和延度的曲线进行分析，以峰值表征材料的黏聚性，峰值越大，黏聚性越好。但是由于彩色沥青内部结构较为复杂，高分子聚合物的掺入对沥青胶体结构影响较大，在精确度方面，测力延度试验还需要进行更多的分析、研究。而近年来，表面自由能法在国内针对沥青及混合料黏聚性或黏附性的研究中，具有更高的精确性和可靠性，因此本书采用表面自由能法评价彩色沥青的黏聚性能。

黏聚性是指相同材料中分离的两部分在单位面积上的聚合性能，可用黏聚能 ΔG^{c}（J/cm²）表征，且黏聚能越大，黏聚性越好，如图 5–14 所示。

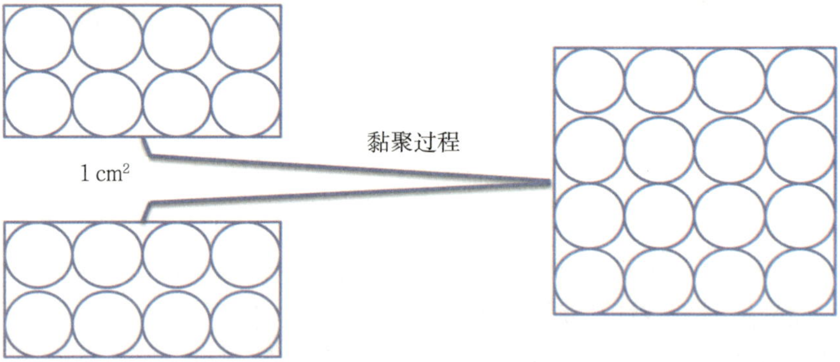

图 5–14　黏聚过程

对于沥青材料而言，其黏聚性与沥青在前进过程中测得的表面自由能参数有关，由前进接触角计算得到的黏聚能越大，沥青的黏聚性越好。然而，沥青黏聚性太高，会降低其在集料表面的湿润性，导致沥青混合料的黏附性或者水稳定性出现一定的降低。国外学者针对沥青展开微观试验并结合性能试验发现，沥青在有水情况下的黏聚能与其在无水情况下黏聚能之间的比值，即 $\Delta G^{c\text{-}wet}/\Delta G^{c\text{-}dry}$，能够评价沥青抵抗水作为裂缝在其内部传播至集料表面的能力，其值越大，抵抗能力越强，以此能够在评价混合料水稳定性方面为沥青的优选提供一定的依据。

本书利用表面自由能方法对彩色沥青黏聚性能进行研究，可分为以下两种情况。

（1）无水情况下：沥青黏聚能被定义为将单位面积的沥青分为两部分，产生两个新界面所需要的能量，即由原来单相物质（L）分离为 L 分离体系所需要的能量，可用以表征沥青黏聚性能的优劣，其黏聚能由式（5-1）计算。

（2）有水情况下：当有液态水（W）存在于沥青膜内时，沥青黏聚能此时可理解为分离 L 存在体系所需要的能量，可由式（5-2）计算。

另外，沥青在前进和后退过程中测定的表面自由能参数与沥青的性能密切相关，通过对表面自由能参数的分析，结合国外研究总结出以下规律。

（1）沥青的反湿润（后退角）表面自由能参数能够预测开裂，而湿润（前进角）表面自由能参数能够预测愈合，开裂速率与沥青在后退过程中计算的表面自由能总量成反比。

（2）前进过程中沥青的表面自由能 ΔG 的两个分量，即 LW 分量以及 AB 分量，分别以不同的方式影响着材料的愈合过程，其中 LW 分量与沥青的短期愈合速度成反比，AB 分量与沥青的长期愈合性能成正比，愈合的总量和表面自由能 AB 分量与 LW 分量的比值有关，其比值越大，愈合总量越大，且沥青的长期愈合性能较短期愈合性能更为重要。

（3）在有水存在时，水能够增强沥青的愈合能力（主要是因为增加酸碱组分），并减小抗裂能力（主要是因为总的断裂能，即后退角表面自由能减小）。

因此，根据式（5-1）和式（5-2），结合 3 种沥青的表面自由能参数，计算得出 3 种沥青在前进过程中以及后退过程中的黏聚能，如表 5-6 所示。

表 5-6　沥青的黏聚能结果

单位：J/cm^2

沥青类型	前进过程			后退过程
	ΔG^{c-LW}	ΔG^{c-AB}	ΔG^{c}	ΔG^{c}
70# 基质沥青	27.48	2.90	30.38	107.14
SBS 改性沥青	29.94	2.60	32.54	110.52
彩色沥青	23.16	1.80	24.96	49.92

通过对比后退过程中沥青黏聚能大小可以看出，在抵抗沥青发生黏聚性断裂方面，SBS 改性沥青 >70# 基质沥青 > 彩色沥青；沥青短期愈合方面，由于愈合速率与前进过程中的 $\Delta G^{c\text{-}LW}$ 成反比，所以得到彩色沥青 >70# 基质沥青 >SBS 改性沥青；在长期愈合方面，其愈合速率与 $\Delta G^{c\text{-}AB}$ 大小成正比，因此有 70# 基质沥青 >SBS 改性沥青 > 彩色沥青；从愈合方面考虑时，由于短期愈合与长期愈合的规律并不相同，为进一步判断沥青的愈合性能好坏，通过将 AB 分量除以 LW 分量进行判断，比值越大，愈合总量越大，由此判断沥青总的愈合性能的排序为 70# 基质沥青 >SBS 改性沥青 > 彩色沥青。

另外，本书计算 3 种沥青在无水以及有水条件下各自黏聚能结果，并绘制沥青在不同环境下的黏聚能变化规律，如表 5-7 以及图 5-15 所示。

表 5-7　有水以及无水情况下彩色沥青黏聚能

沥青类型	无水情况下 /（J · cm⁻²）			有水情况下 /（J · cm⁻²）			指标
	$\Delta G^{c\text{-}LW\text{-}dry}$	$\Delta G^{c\text{-}AB\text{-}dry}$	$\Delta G^{c\text{-}dry}$	$\Delta G^{c\text{-}LW\text{-}wet}$	$\Delta G^{c\text{-}AB\text{-}wet}$	$\Delta G^{c\text{-}wet}$	$\frac{\Delta G^{c\text{-}wet}}{\Delta G^{c\text{-}dry}}$
70# 基质沥青	27.48	2.90	30.38	34.62	17.63	52.25	1.72
SBS 改性沥青	29.94	2.60	32.51	36.13	16.93	53.06	1.63
彩色沥青	23.16	1.80	24.90	31.78	14.07	45.85	1.84

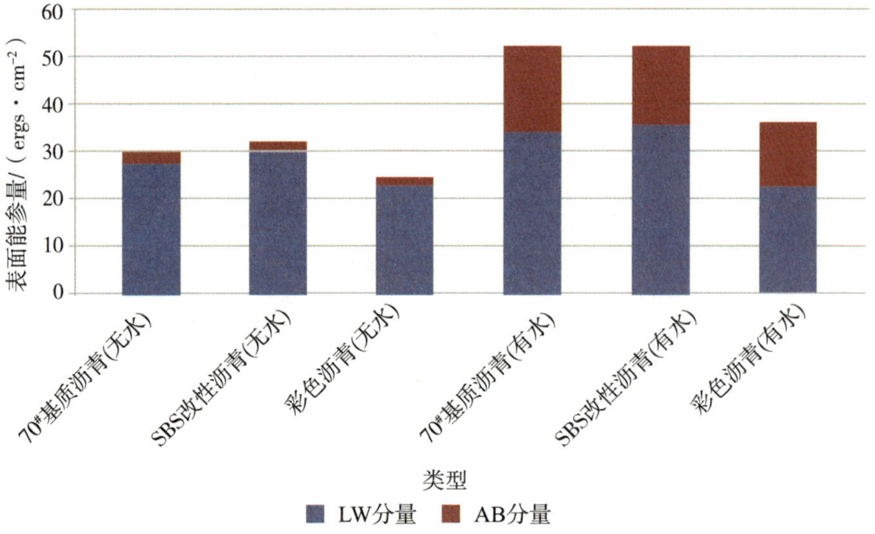

图 5-15　不同沥青类型在有水以及无水情况下的黏聚能

结合表 5-7 以及图 5-15 可以看出，相比无水情况，当有液态水存在于沥青膜内部时，3 种沥青总的黏聚能都呈现出增大的趋势，这与正常的经验相符；在无水以及有水情况下，沥青黏聚能的大小排序相同，这主要是因为在无水情况下，彩色沥青表面呈现的非极性范德华作用以及极性酸碱作用都小于 SBS 改性沥青及基质沥青，当遇到水时，水中的氢键与沥青表面自由能分量中的酸碱组分具有较好的亲和力，增强极性分量的同时增强沥青中氢键的作用，然而沥青表面自由能极性酸碱组分越低，增强的作用越弱，总的黏聚能变化就越小，依次为 SBS 改性沥青 >70# 基质沥青 > 彩色沥青；在沥青优选方面，根据指标（$\Delta G^{c\text{-wet}}/\Delta G^{c\text{-dry}}$）大小对沥青的性能依次排序为彩色沥青 >70# 基质沥青 > SBS 改性沥青。从上述结果可以看出，彩色沥青抵抗水裂缝传播的能力方面优于 70# 基质沥青以及 SBS 改性沥青。

5.4.2 彩色石料表面自由能参数测定

1. 试验方法

现阶段，国内外对集料表面自由能参数的测定主要集中于两种方法：吸附法和毛细管上升法。毛细管上升法适合确定细小、粉状的固体颗粒与液体间的接触角，测量液体上升的高度和时间，结合相应理论和 Washburn 方程，确定固体的表面自由能；吸附法可分为静态吸附法和动态吸附法。静态吸附法是在一定的温度和压强下，测量气体在固体表面的吸附等温线的方法；动态吸附法是以一种基于载气的体积效益技术，使探测针蒸汽和表面发生吸附 - 脱附发生的相互作用的方法。本书综合考虑各种方法的精确性以及可操作性，拟采用静态蒸汽吸附法测定彩色集料的表面自由能参数。

相比于沥青材料的表面自由能试验，集料的表面自由能试验更复杂。本书采用蒸汽吸附法测试集料的表面自由能参数，即利用磁悬浮重量平衡系统，如图 5-16 所示，分别测定集料表面的溶剂量 n 和蒸汽压力 P，运用 BET 模型求解集料表面特定的比表面积，以此计算 3 种溶液所对应的扩散压力 π_e，由 van-Oss-Chaudury-Good 理论获得集料的表面自由能参数，即：

$$\pi_e + 2\gamma_L = 2\left(\sqrt{\gamma_S^- \gamma_L^+} + \sqrt{\gamma_S^+ \gamma_L^-} + \sqrt{\gamma_S^{LW} \gamma_L^{LW}}\right) \tag{5-4}$$

在已知平衡扩散压 π_e 以及 3 种溶剂表面自由能参数的情况下，分别代入式（5-4）求解集料的表面自由能分量 γ_S^{LW}，γ_S^+，γ_S^-。其中，3 种已知溶剂的表面自由能参数如表 5-8 所示。

表 5-8　溶剂表面自由能参数

单位：J/cm²

被吸附物	表面自由能分量				
	γ^{Total}	γ^{LW}	γ^{+}	γ^{-}	γ^{AB}
乙烷	18.40	18.40	0	0	0
MPK	21.70	21.70	0	19.60	0
蒸馏水	72.80	21.80	25.50	25.50	51.0

如图 5-16 所示，利用磁悬浮重量平衡系统测定吸附于集料表面的蒸汽质量，集料试样被放置于平衡系统下方的密封的环境箱内，磁悬浮天平可以在人为控制的环境下（压力、温度、湿度等），获取样品所受的外力或者质量的变化，快速而准确地得到质量传输和质量变化的结果（包括吸附、扩散、张力、密度），从而研究材料的表面物理化学作用。磁悬浮天平使几乎在各种条件下的不接触测量成为可能，与常规的微量天平把样品直接挂在天平上有所不同，被测样品挂在一个“磁悬浮铁”上，并密封于吸附环境箱内。在天平下方悬挂的钩子上有一个电磁铁，电磁铁通过电路控制器保持下方的“悬浮磁铁”处于自由悬浮的状态。通过磁悬浮耦合装置，样品箱内的样品重量的变化可以不接触地传递到天平。图 5-17 所示为磁悬浮重量平衡系统示意图。

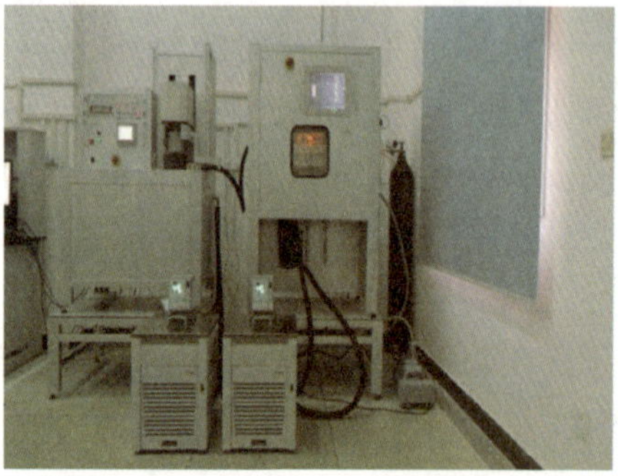

图 5-16　磁悬浮重量平衡系统示意图

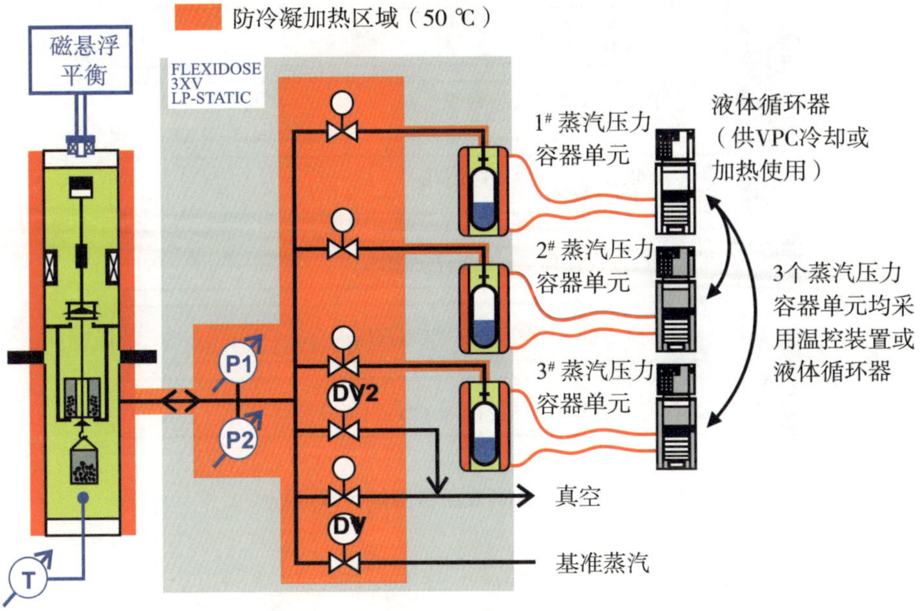

图 5-17　磁悬浮重量分析系统示意图

为实现自动化操作，磁悬浮重量平衡系统中自带表面自由能测定系统软件，能够在试验过程中自动进行真空抽压以及调节密封环境箱内的蒸汽压，同时获取质量、压力以及温度等有效数据。

在集料表面自由能求解过程中，平衡扩散压 π_e 的求解相当关键，π_e 在表面自由能理论中被定义为固体由于吸附气体分子而造成其表面自由能的减少量，其大小是由等温吸附线获得，如式（5-5）所示。

$$\pi_e = \frac{RT}{MA}\int_0^{p_0}\frac{n}{p}\mathrm{d}p \tag{5-5}$$

式中：R——通用气体常数；

T——试验温度；

n——在一定蒸汽压 p 下，每单位质量的物体吸收液体蒸汽的质量；

M——已知液体蒸汽的相对分子质量；

p_0——液体的最大饱和蒸汽压；

A——固体的比表面积，由 BET 方程（经典 Branauer Emmett and Teller）获得。

利用 van-Oss-Chaudury-Good 理论，将计算获得的三种溶剂的气体平衡扩散压 π_e 以及表 5-7 中 3 种已知溶剂的表面自由能参数代入式（5-4）中，计算得到所测固体表面自由能参数。其具体流程如图 5-18 所示。

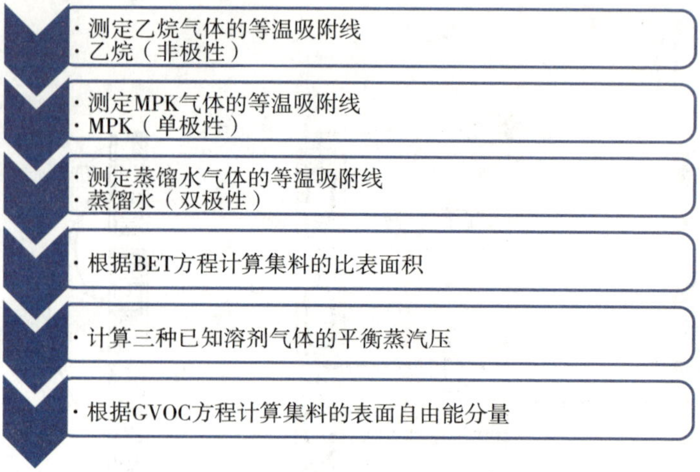

图 5-18　集料表面自由能计算流程

2. 试验步骤

本书利用磁悬浮重量平衡系统测试集料的表面自由能参数可分为两个步骤：一是试验样品的制备；二是试验测试方法。

（1）试验样品的制备包括以下几个步骤。

①选样过程。由于固体的表面自由能是物质的内在性质，不受其几何形状的影响，在给定材料质量以及比表面积的情况下，材料尺寸越小，测试时间越短，试验精度越高。通常，1.18 mm 粒径以下的集料被认为是沥青玛蹄脂的一部分，而并非集料。另外，为防止系统在抽气过程中抽出粒径过细的集料而影响试验精度，本书将集料通过 2.36 ～ 4.75 mm 的筛网，取粒径为 2.36 ～ 4.75 mm 的集料。

②预处理过程。为防止集料表面有机杂质和灰尘在试验过程中的掉落影响试验精度以及试验设备，应对集料进行预处理。首先，用蒸馏水对质量为 50 g 的集料进行表面清洗，去除表面杂质。然后，将样品放置于 150 ℃ 烘箱加热 12 h，之后置于真空干燥箱中冷却干燥至少 6 h。

③真空抽压及干燥过程。称取约 25 g 的集料样品放置于金属样品网篮中并密封于吸附箱内，在 150 ℃ 的环境下通过真空泵进行真空抽压。为尽量排除集料内水分，加热时间通常不少于 12 h 直至平衡系统稳定（集料质量恒定），保证试件在真空以及干燥的环境下。

④已知溶剂的准备过程。通常选用水、甲苯以及甲基丙基甲酮作为已知溶剂，之所以选择这 3 种溶剂，是考虑到溶剂的蒸汽状态与集料表面之间的

吸附主要为物理吸附。物理吸附的产生主要是由于表面自由能的作用，而化学吸附的产生主要是由于化学键的形成，通常前者远小于后者，如当某种蒸汽物理吸附于固体表面时，可以在某个温度下抽压进行脱离，而当蒸汽与固体表面发生化学吸附时，在高温、真空环境下才能脱离。因此，在对集料进行吸附溶剂选择时，应选择只存在物理吸附而不发生化学吸附的溶剂。

（2）试验测试过程主要包括以下几个步骤。

①在真空排气后，测量集料样品的质量。

②将已知溶剂的蒸汽加入吸附箱中以达到溶剂最大饱和蒸汽压的大约 1/10。

③当达到平衡时，计算集料吸收溶剂蒸汽前后的质量差。

④重复前两个步骤，加入一定增量的蒸汽压，直到吸附箱中的溶液蒸汽达到最大饱和蒸汽压为止。

3. 数据分析

上述步骤主要是为了后续测定集料完整的等温吸附线。通过磁悬浮重量平衡系统自带表面自由能分析软件，对等温吸附线进行拟合处理之后，得到已知溶剂气体的 BET 线形图；将 3 种已知溶剂的扩散压分别代入式（5-3），得到所测集料的表面自由能参数。本书以红色玄武岩为研究对象，以蒸馏水为溶剂，对分析过程进行详细的描述。

（1）当集料表面的蒸汽达到饱和蒸汽压后，在系统软件中将会出现两组数据以及关系图，分别为局部蒸汽压随时间的变化数据和关系图以及吸收溶液蒸汽的质量随时间的变化数据和关系图。之后，建立局部蒸汽压与吸收溶剂蒸汽质量之间的等温吸附线，如图 5-19 所示。图中横坐标 P 表示局部蒸汽压，纵坐标 n 表示蒸汽吸附质量。随着局部蒸汽压的增大，集料所吸附的蒸汽质量就越多，当达到饱和蒸汽压 2100 Pa 时，系统达到稳定并得到此时所吸附的蒸汽质量。另外，对吸附曲线进行拟合，即采用托特方程，如式（5-6）所示，对吸附等温线试验数据采用最小二乘法运用 Excel 进行规划求解，得到蒸馏水试剂的 b、m、t 三个常数以及拟合判断系数 R^2，并绘制拟合得到的蒸馏水试剂的吸附等温线，如图 5-19 中的红线所示。

$$n = \frac{mP}{\left[b + P^t\right]^{\frac{1}{t}}} \tag{5-6}$$

式中：n——当前蒸汽吸附量；

P——当前压力值；

b，m，t——待定常数。

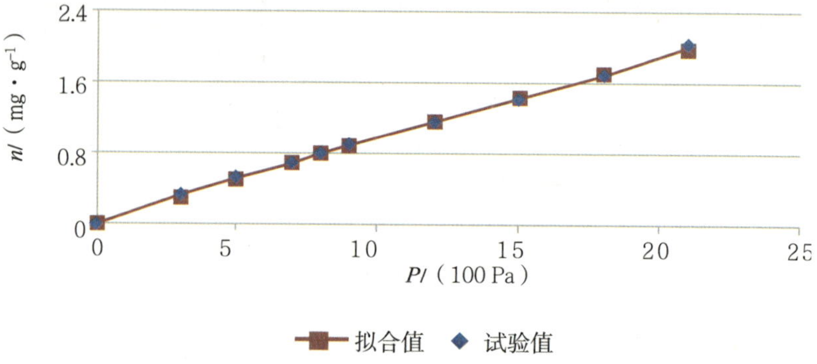

图 5-19　蒸馏水的等温吸附线

（2）在得到每个局部蒸汽压对应的蒸汽吸附质量 n 后，建立 P/P_0 与 $P/n(P-P_0)$ 之间的函数关系，并对其进行线性拟合，如图 5-20 所示。其中，X、Y 坐标分别表示 P/P_0 以及 $P/n(P_0-P)$；P、P_0 以及 n 分别代表部分蒸汽压、最大饱和蒸汽压和集料表面吸附蒸汽的质量。所示直线与 Y 轴的截距 I 以及自身斜率 S，可根据公式计算出单位质量集料表面单层所能吸附气体的质量 n_m，即 $n_m=1/(S+I)$。最后根据 BET 理论，通过式（5-7）来表示蒸汽吸附作用。

$$\frac{P}{n(P_0-P)}=\left(\frac{c-1}{n_m c}\right)\frac{P}{P_0}+\frac{1}{n_m c} \tag{5-7}$$

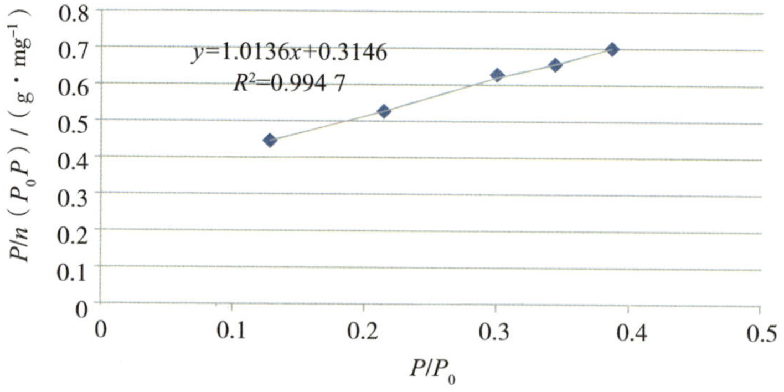

图 5-20　蒸馏水的 BET 线形图

（3）得到 n_m 值后，集料的比表面积 A 可由 BET 方程计算得到，如式（5-8）所示。

$$A=\left(\frac{n_m N_0}{M}\right)\alpha \tag{5-8}$$

式中：N_0——阿伏伽德罗常数，为已知量；

M——已知溶剂蒸汽的相对分子质量，为已知量；

α——已知溶液蒸汽单个分子的投影面积，由液体密度方程式（5-9）求得：

$$\alpha=1.091\left(\frac{M}{N_0\rho}\right)^{2/3} \tag{5-9}$$

式中：ρ——被吸附液体分子的密度；

M——相对分子质量；

N_0——阿伏伽德罗常数。

比表面积的物理意义是以在颗粒表面形成单分子层所需的分子量乘以每个分子的投影面积 α，从而得到集料的比表面积 A。

（4）最后将集料比表面积 A 代入式（5-5）计算出平衡扩散压，并通过式（5-4）计算出集料的 3 个表面自由能参数。

在单次溶剂的测试过程中，磁悬浮重量平衡系统可对两组集料试件进行平行试验，一种溶剂分两次进行。根据上述步骤得出测试集料在 20 ℃的表面自由能参数，其单次单个试件的具体数据如表 5-9 ～表 5-11 所示。

表 5-9　各局部蒸汽压下集料表面吸附

p/p_a	MP1/g	S1/mg	蒸汽吸附值	非线性回归				BET 模型	
			n_{S1}/（$mg\cdot g^{-1}$）	n_1'/（$mg\cdot g^{-1}$）	error	SS res	SS tot	P/P_0	$P/_n(P_0-P)$
0	9.76909	0.00000	0	0	0	0	0.898848059	0	0
300	9.77051	1.42000	0.332576059	0.306779848	0.000665445	0.000665	0.411260725	0.12876787	0.4444088
500	9.77130	2.21000	0.517600768	0.502673678	0.000222818	0.000223	0.198383208	0.214613117	0.52793166
700	9.77199	2.90000	0.679204628	0.694749336	0.000241638	0.000242	0.064174387	0.300458364	0.6323683
800	9.77249	3.40000	0.796308874	0.789638109	4.44991E−05	4.45E−05	0.025102558	0.343380987	0.6567215
900	9.77291	3.82000	0.894676441	0.883858978	0.000117017	0.000117	0.004123823	0.38630361	0.70357305
1200	9.77400	4.91000	1.149963698	1.163023122	0.000170549	0.000171	0.046202275	0.51507148	0.9236462
1500	9.77513	6.04000	1.414619294	1.43770585	0.000532989	0.000533	0.239737412	0.64383935	1.27788568
1800	9.77627	7.18000	1.681616975	1.708602508	0.000728219	0.000728	0.578400603	0.772607221	2.02048211
2100	9.77769	8.60000	2.014193035	1.976201551	0.001443353	0.001443	1.057042195	0.901375091	4.53751262
		Avg.	0.948075977		0.004166526	0.004167	3.523275246		

表 5-10　BET 模型计算

类型	S /（g·mg^{-1}）	I /（g·mg^{-1}）	n_m /（mg·g^{-1}）	M /（g·mol^{-1}）	ρ /（g·cm^{-3}）	R /（J·mol^{-1}·K）	N_0 /mol^{-1}	α /m^2	SSA/（m^2·g^{-1}）
蒸馏水	1.0136	0.3146	0.75289866	18	0.998	8.314472	6.02E+23	1.05E−19	2.650019

表 5-11　托特计算方程

m /（mg·g^{-1}）	b /p_a	t	R^2	Intergration（MATLAB）	π_e /（J·cm^{-2}）
9068.2907	4596.44	0.3387	0.9988174	2.2793	116.47
2597.5784	735498.73	0.8482	0.9870992	1.6702	133.86
2760.3704	677.61	0.2038	0.9961179	1.9590	146.05
4467.5676	225540.70	0.6868	0.9888677	1.360	116.87

4. 彩色石料表面自由能参数测定结果

本次试验所采用的彩色集料为红色玄武岩以及红色花岗岩，分别取自湖北省鄂州市沙窝县两个石料厂。另外，为了与两种红色集料进行对比，本书增加了普通灰黑色玄武岩以及花岗岩表面自由能的测定。在计算集料表面自由能参数之前，各种集料平衡扩散压的计算结果如表 5-12 所示，集料的表面自由能试验结果如表 5-13 所示，同时绘制不同集料各表面自由能分量的示意图，如图 5-21 ～图 5-23 所示。

表 5-12　集料平衡扩散压

单位：J/cm²

集料类型	水	MPK	甲苯
红色玄武岩	128.31	63.85	47.17
红色花岗岩	128.31	87.07	62.97
普通玄武岩	149.92	50.71	41.67
普通花岗岩	107.52	74.58	54.68

表 5-13　集料表面自由能

集料类型	温度 /°C	表面自由能分量 / （J · cm⁻²）				
		γ^{LW}	γ^{+}	γ^{-}	γ^{AB}	γ^{Total}
红色玄武岩	20	88.95	4.24	266.98	67.33	156.28
红色花岗岩	20	115.30	9.83	197.59	88.14	203.44
普通玄武岩	20	82.42	1.09	392.93	41.43	123.85
普通花岗岩	20	100.36	7.75	169.42	72.47	172.83

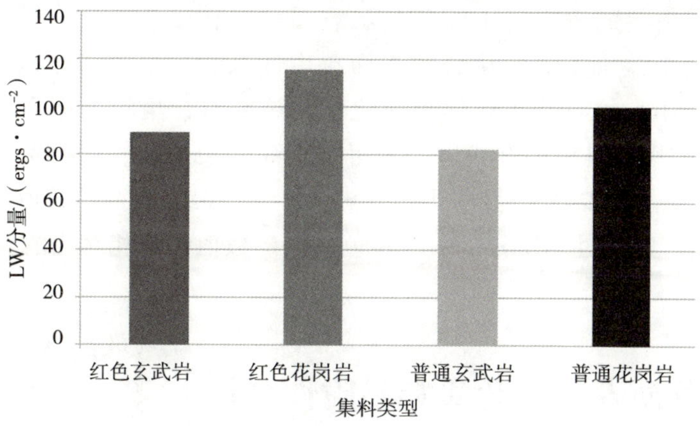

图 5-21　集料非极性分量示意图

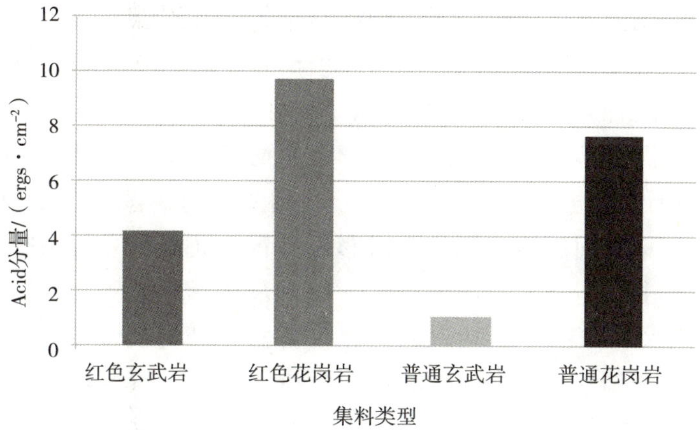

图 5-22　集料极性酸分量示意图

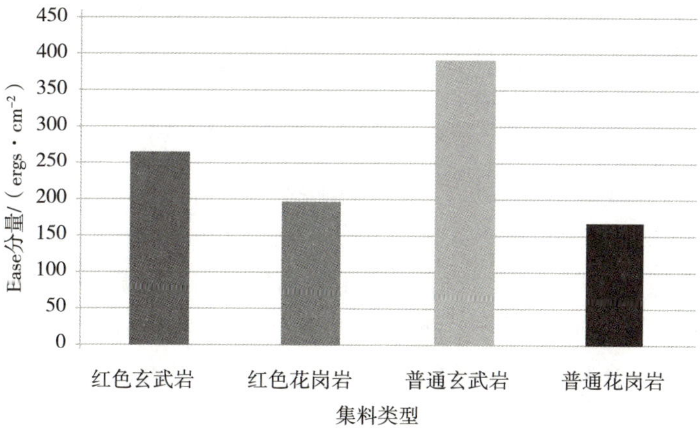

图 5-23　集料极性碱分量示意图

从不同集料的表面自由能分量示意图可以看出，彩色集料与普通集料在各自分量中差别不大；从总的表面自由能来看，集料的非极性 LW 分量具有主要作用；相对于集料的表面化学作用来看，集料表面主要呈极性碱（basic）的作用，且两种玄武岩的表面极性碱（basic）作用明显强于花岗岩；在非极性 LW 分量以及极性酸（acid）分量中，彩色集料的数值大于相对应的普通集料；在极性 AB 分量中，彩色集料的数值小于相对应的普通集料。

5.5 彩色沥青－彩色集料黏附性分析

良好的黏附性是保证彩色沥青混合料色彩耐久性的前提。当彩色沥青混合料受到外部拉力或压力时，彩色沥青与集料间黏附强度的不足容易导致彩色沥青从集料表面脱落。另外，由于彩色沥青对彩色路面的色彩功能起到主导作用，彩色沥青自身黏聚强度或者与集料间的黏附强度不足容易导致彩色沥青从集料表面剥落，进而导致丧失彩色路面色彩功能。目前，国内外学者依据热力学理论普遍认为，当沥青混合料遇到水时，水会自发地取代沥青，导致沥青从集料表面剥落，同样会对彩色沥青路面的色彩功能造成巨大的影响。因此，本书基于表面自由能理论，通过量化彩色沥青与集料在不同环境（有水以及无水）作用下的黏附能，评价各彩色沥青－集料组合的黏附性。有别于传统的经验法——具有不能够准确地描述沥青与集料之间黏附性好坏以及主观、人为操作对试验结果影响颇大等缺点，本书通过表面自由能理论来测定材料的表面性质，进而量化两种材料的界面黏附能。这是一种更加可靠、准确、合理的定量方法。

有研究表明，当沥青混合料受到外部载荷及环境作用时，时常伴随着开裂以及愈合过程，其作用的位置通常是沥青与集料的界面之间以及沥青的最薄处。国外有研究者认为，沥青与集料之间黏附能总量及其分量与混合料的断裂性能及愈合性能有关，即混合料的断裂速率与沥青－集料后退过程的黏附能总量负相关，短期愈合速率与沥青－集料前进过程的黏附能分散分量 $\Delta G^{a\text{-}LW}$ 负相关，长期愈合性能与沥青－集料前进过程的黏附能分量 $\Delta G^{a\text{-}AB}$ 呈正相关，同时 $\Delta G^{a\text{-}AB}$ 与 $\Delta G^{a\text{-}LW}$ 间的比值越大，总的愈合性能越好。

对于沥青混合料而言，当有水存在时，水会自发地从沥青－集料界面中取代沥青而导致沥青剥落，此时，沥青－集料界面发生的剥落功 W 的大小可用三相材料的结合能 ΔG_{ikj} 表示。同时，在热力学理论中，GOOD 认为吉

布斯自由能改变量 ΔG 与功 W 在大小上相同，但是两者在作用方向上不同，因此有

$$W = -\Delta G \tag{5-10}$$

通常，可将两种材料之间的黏附功与它们各自的黏聚功进行比较，以评价材料之间是否能够润湿，如图 5-24 所示。就沥青混合料而言，当沥青的黏聚功大于沥青与集料的黏附功时，沥青材料的分子间作用将大于其与集料之间的作用，从而导致沥青对集料的润湿性降低。而当沥青的黏聚功明显小于与集料的黏附功时，沥青将会润湿于集料表面。同时，沥青对集料的润湿性越好，沥青包裹集料的面积就越大，两种材料的分子间作用就越牢固，能够明显改善沥青混合料的水稳定性。我们将此性能称为沥青对集料的润湿性 RS，记作

$$RS = W_{AB} - W_{BB} \tag{5-11}$$

式中：W_{AB}——沥青与集料的黏附功；

W_{BB}——沥青的黏聚功。

图 5-24　润湿过程

基于表面自由能理论，影响彩色沥青与集料黏附性的三个内在因素如下：一是无水情况下沥青与集料的黏附能 $\Delta G^{a\text{-}dry}$，黏附能越大，材料之间的黏附作用越强；二是有水情况下的沥青与集料之间的黏附能，通常情况下 $\Delta G^{a\text{-}wet}$ 为负值，并且 $\Delta G^{a\text{-}wet}$ 的绝对值越大说明其混合料水敏感性越高；三是沥青自身的黏聚能 ΔG^{c}，黏聚能越大，材料抵抗水分渗透的能力越强。为准确评价沥青混合料水敏感性，结合三种因素对其水敏感性的影响，本书分别使用黏附指标 ER_1 以及湿润指标 ER_2 针对混合料水敏感性进行评价。

$$ER_1 = \left|\frac{W_{AB}}{W_{AWB}^{wet}}\right| \tag{5-12}$$

$$ER_2 = \left|\frac{W_{AB} - W_{BB}}{W_{AWB}^{wet}}\right| \tag{5-13}$$

从式（5-12）及式（5-13）可以看出，黏附指标 ER_1 的大小分别与无水情况下沥青 - 集料的黏附能成正比，与有水情况下沥青 - 集料黏附能成

反比。湿润指标 ER_2 指的是一种材料对另一种材料表面的湿润以及包裹能力，并且当前者的黏聚能远小于两者之间的黏附能时，这种湿润作用更加明显。对于沥青混合料而言，湿润性不仅体现为沥青对集料的包裹作用，还体现为沥青对集料微观纹理的渗透作用，因此湿润性指标越高，混合料的水敏感性越低。

此外，为方便对不同沥青与集料组合进行性能排序，本书首先对沥青-集料组合进行标号，如表 5-14 所示。

表 5-14　沥青-集料体系的标号

标号	类型
1#	基质沥青-红色玄武岩
2#	SBS 改性沥青-红色玄武岩
3#	彩色沥青-红色玄武岩
4#	基质沥青-红色花岗岩
5#	SBS 改性沥青-红色花岗岩
6#	彩色沥青-红色花岗岩
7#	基质沥青-普通玄武岩
8#	SBS 改性沥青-普通玄武岩
9#	彩色沥青-普通玄武岩
10#	基质沥青-普通花岗岩
11#	SBS 改性沥青-普通花岗岩
12#	彩色沥青-普通花岗岩

根据 5.4 节所述的表面自由能法，在已知彩色沥青以及集料表面自由能参数的前提下，可由式（5-2）计算获得彩色沥青与不同集料之间的黏附能（前进以及后退过程）。其结果如表 5-15、表 5-16 以及图 5-25 ～图 5-27 所示。

表 5-15　无水情况下集料与沥青的黏附能（前进过程）

单位：J/cm²

集料类型	基质沥青			SBS 改性沥青			彩色沥青		
	ΔG^{LW}	ΔG^{AB}	$\Delta G^{a\text{-}dry}$	ΔG^{LW}	ΔG^{AB}	$\Delta G^{a\text{-}dry}$	ΔG^{LW}	ΔG^{AB}	$\Delta G^{a\text{-}dry}$
红色玄武岩	52.6	57.5	96.5	73.0	24.3	97.3	64.1	31.0	95.1
红色花岗岩	59.8	51.2	105.4	83.1	23.8	106.9	73.1	28.0	101.1
普通玄武岩	67.3	29.1	96.4	70.3	26.3	96.6	61.8	36.1	97.9
普通花岗岩	74.3	23.6	97.9	77.5	21.8	99.3	68.2	25.8	94.0

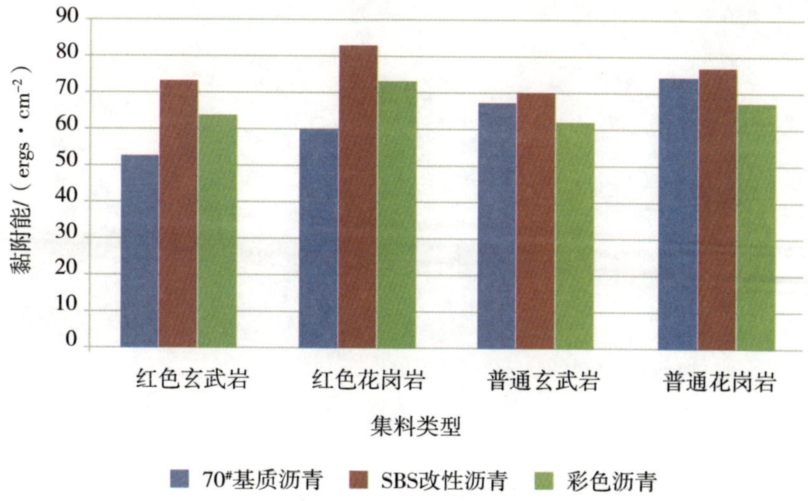

图 5-25　集料与沥青之间的黏附能非极性分量（前进过程）

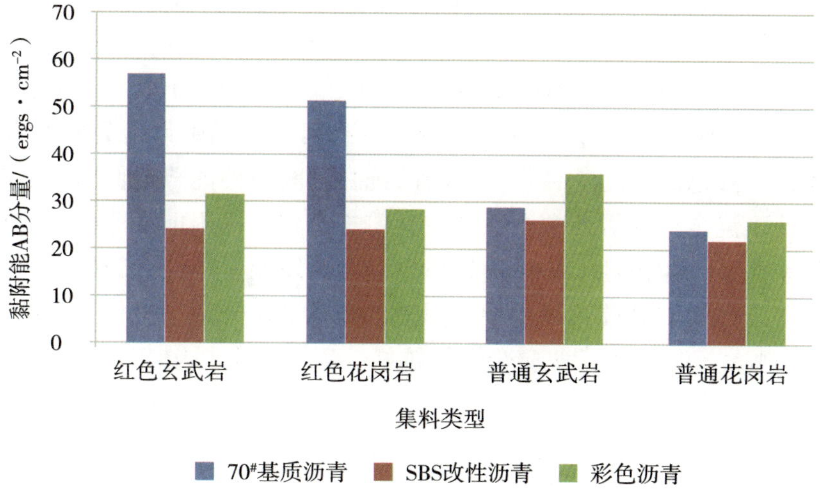

图 5-26　集料与沥青之间的黏附能极性分量（前进过程）

表 5-16　无水情况下集料与沥青的黏附能（后退过程）

单位：J/cm²

集料类型	基质沥青	SBS 改性沥	彩色沥
	$\Delta G^{a\text{-}dry}$	$\Delta G^{a\text{-}dry}$	$\Delta G^{a\text{-}dry}$
红色玄武岩	275.2	288.0	170.7
红色花岗岩	275.4	286.8	167.8
普通玄武岩	299.6	314.3	186.2
普通花岗岩	256.1	266.7	154.6

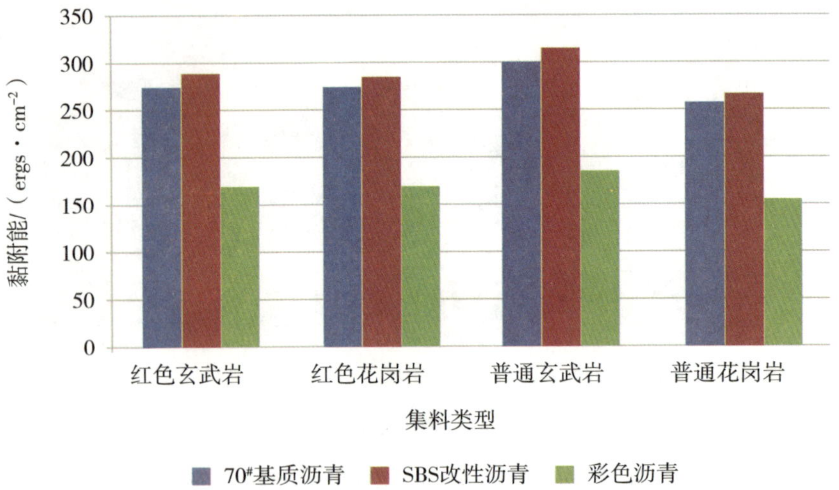

图 5-27　集料与沥青之间的黏附能（后退过程）

本书对 3 种沥青与 4 种集料共 12 种组合在前进以及后退过程中的黏附能进行分析，并根据材料愈合能力及抵抗混合料发生黏附性断裂能力对几种沥青 - 集料组合进行性能评价。可以看出，SBS 改性沥青 - 普通玄武岩之间后退过程的黏附能最大，则其自身抵抗材料发生黏附性断裂的能力最好，相对而言，彩色沥青与 3 种集料之间的抗黏聚断裂性能普遍低于其他两种沥青。另外，混合料的短期愈合性能与其前进过程中黏附能的非极性 LW 分量呈负相关关系，非极性 LW 分量越小，混合料短期愈合性能越好。而混合料的长期愈合性能与其前进过程中黏附能的极性 AB 分量呈正相关关系，极性 AB 分量越大，混合料长期愈合性能越好。不同混合料组合的性能比较结果如表 5-17 所示。

表 5-17　各项性能比较结果

指标	比较结果
抗黏聚断裂性能	8#>7#>2#>5#>4#>1#>11#>10#>9#>3#>6#>12#
短期愈合性能	1#>4#>9#>3#>7#>12#>8#>2#>6#>10#>11#>5#
长期愈合性能	1#>4#>9#>3#>7#>6#>8#>12#>2#>5#>10#>11#

根据表 5-6 及表 5-14 所示结果，结合式（5-10），计算出 3 种沥青对不同集料的润湿性 *RS*，如表 5-18 及图 5-28 所示。从沥青 - 集料间的润湿性考虑，3 种沥青对 4 种集料的润湿性能排序与沥青优选指标一致：彩色沥

青 >70# 基质沥青 >SBS 改性沥青。另外，对各种组合进行具体排序，其大小依次为 6#>4#>5#>9#>3#>12#>10#>11#>1#>7#>2#>8#。

表 5-18　润湿性 *RS*

单位：J/cm^2

集料类型	基质沥青	SBS 改性沥青	彩色沥青
红色玄武岩	66.1	64.8	70.1
红色花岗岩	75.0	74.4	76.1
普通玄武岩	66.0	64.0	72.9
普通花岗岩	67.5	66.7	69.0

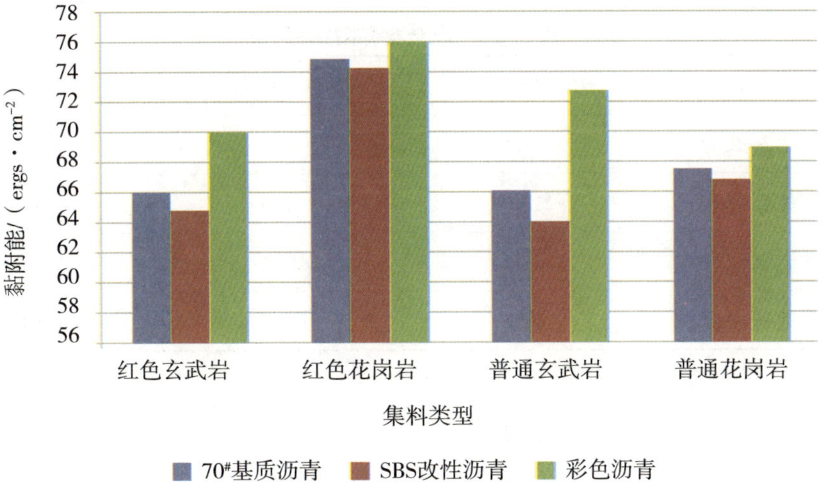

图 5-28　沥青对集料的润湿性

通常情况下，物体表面的吉布斯自由能越低，其体系就越稳定，也就是说，物体都有降低自身表面吉布斯自由能的趋势，这也可称为热力学自发的趋势。因此，集料表面为了能够降低其表面的自由能，当有水存在时，会自发地选择与水进行黏附，而在此过程中，水会取代集料表面的沥青膜，从而发生剥落现象。在有水情况下，水与集料之间的黏附能越大，集料与各沥青之间的剥落功就越大。通过式（5-3）分别计算出在有水情况下 3 种沥青与 4 种集料之间的黏附能，如表 5-19 所示，再根据式（5-12）以及式（5-13）计算不同沥青混合料组合的黏附指标 ER_1 以及润湿指标 ER_2，其结果如表 5-20、表 5-21 及图 5-29、图 5-30 所示。

表 5-19 有水情况下集料与沥青的黏附能

单位：J/cm²

集料类型	水－集料	70# 基质沥青			SBS 改性沥青			彩色沥青		
		ΔG^{LW}	ΔG^{AB}	$\Delta G^{a\text{-}wet}$	ΔG^{LW}	ΔG^{AB}	$\Delta G^{a\text{-}wet}$	ΔG^{LW}	ΔG^{AB}	$\Delta G^{a\text{-}wet}$
红色玄武岩	273.89	9.2	74.9	84.1	7.6	76.5	84.1	12.1	66.9	79.0
红色花岗岩	273.90	11.7	63.5	75.2	9.7	64.9	74.6	15.4	57.7	73.1
普通玄武岩	295.52	8.5	97.3	105.8	7.0	99.3	106.3	11.2	86.7	97.9
普通花岗岩	253.12	10.3	51.6	61.9	8.6	52.7	61.3	13.5	45.8	59.3

表 5-20 混合料黏附指标 ER_1

类型	70# 基质沥青	SBS 改性沥青	彩色沥青
红色玄武岩	1.15	1.16	1.20
红色花岗岩	1.40	1.43	1.38
普通玄武岩	0.91	0.91	1.00
普通花岗岩	1.58	1.162	1.59

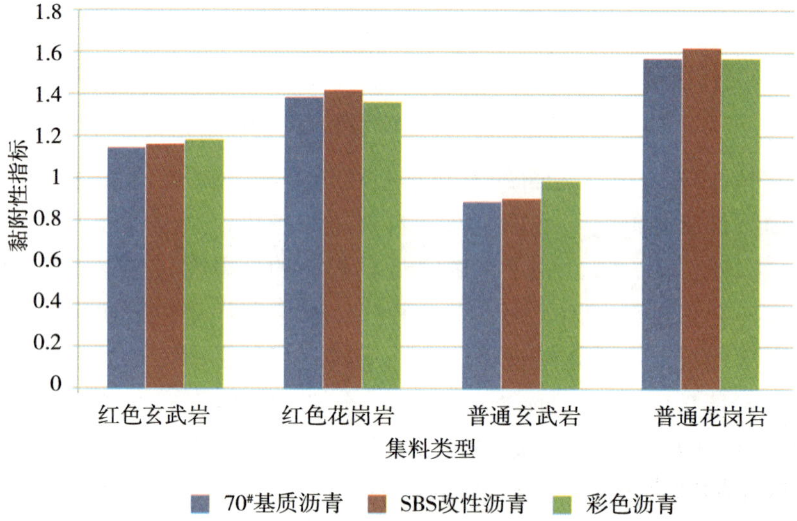

图 5-29 沥青与集料黏附性指标 ER_1

表 5-21 混合料润湿性指标 ER_2

集料类型	70# 基质沥青	SBS 改性沥青	彩色沥青
红色玄武岩	0.786	0.771	0.888
红色花岗岩	1.000	0.997	1.042
普通玄武岩	0.624	0.602	0.745
普通花岗岩	1.091	1.088	1.164

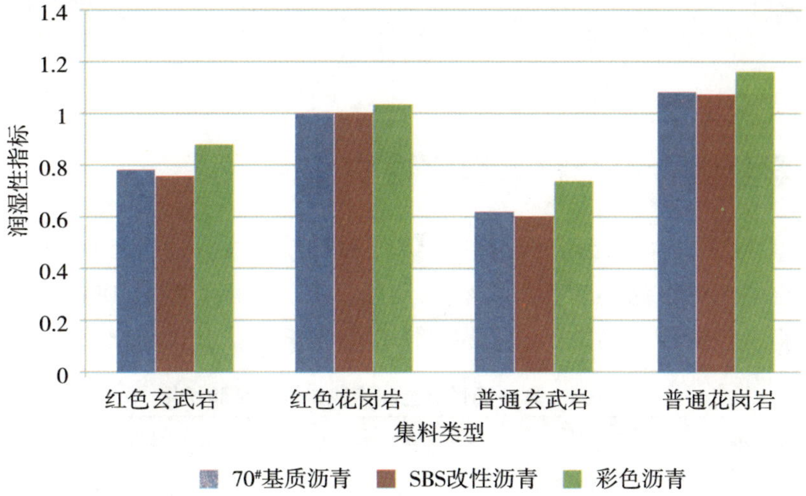

图 5-30 不同沥青与集料润湿性指标 ER_2

最后，根据不同沥青 - 集料组合的黏附性指标 ER_1 以及湿润性指标 ER_2 大小，对不同混合料组合的性能进行排序，结果如表 5-22 所示。

表 5-22 不同组合性能的比较结果

指标	比较结果
黏附性	11#>12#>10#>5#>4#>6#>3#>2#>1#>9#>7#>8#
润湿性	12#>10#>11#>6#>4#>5#>3#>1#>2#>9#>7#>8#

从沥青与集料的黏附性指标 ER_1 大小可以看出，SBS 改性沥青 - 普通花岗岩的黏附性指标最大，SBS 改性沥青 - 普通玄武岩最小。从润湿性指标 ER_2 大小可以看出，彩色沥青 - 普通花岗岩的润湿性最好，SBS 改性沥青 - 普通玄武岩的润湿指标最小。就目前的研究而言，相比黏附性指标 ER_1，润湿性指标 ER_2 更能准确地反映沥青与集料界面间的物理、化学作

用，能够更加准确地评价沥青混合料的水稳定性。相比不同材料组合的润湿性指标，各种类型混合料的润湿性指标 ER_2 与沥青 - 集料的润湿性 RS 大小排序相同，依次为彩色沥青 >70# 基质沥青 >SBS 改性沥青；再结合 3 种沥青的优选指标 $\Delta G^{c\text{-}wet}/\Delta G^{c\text{-}dry}$ 可以发现，对沥青混合料黏附性进行研究时，彩色沥青与红色花岗岩之间的润湿性指标大于红色玄武岩，可以推断相比红色玄武岩，彩色沥青与红色花岗岩的黏附及润湿性能更佳。另外，从上述结果可以发现，3 个指标（$\Delta G^{c\text{-}wet}/\Delta G^{c\text{-}dry}$、$RS$、$ER_2$）具有良好的相关性，所示结果呈现良好的一致性，能够对沥青 - 集料体系的黏附性能进行准确的评价。

5.6 彩色沥青混合料水稳定性验证

依据 AC–10 彩色沥青混合料的级配和材料组成，通过不同油石比控制混合料空隙率的方法，对不同矿料以及沥青组成的沥青混合料组合进行水稳定性试验，包括浸水马歇尔试验以及冻融劈裂试验，其试验结果见表 5–23。

表 5–23 彩色沥青混合料水稳定性能试验结果

混合料类型	油石比	残留稳定性 MS_0/%	冻融劈裂强度比 TSR
1#	5.0	85.43	53.63
2#	5.3	84.85	50.33
3#	5.2	88.37	65.51
4#	5.0	89.91	78.97
5#	5.3	83.23	77.24
6#	5.2	91.30	85.52
7#	5.0	79.51	45.53
8#	5.3	76.64	43.11
9#	5.2	81.00	49.38
10#	5.0	95.22	89.64
11#	5.3	93.78%	88.39%
12#	5.2	96.84%	91.52%

从表5–23可以看出，彩色沥青与不同矿料组合的混合料水稳定性均大于对应的70#基质沥青以及SBS改性沥青，且红色花岗岩与不同沥青组合的混合料水稳定性均大于红色玄武岩。此结果与沥青混合料润湿性分析结果一致，进一步验证了沥青混合料润湿性指标的准确性以及可靠性，为沥青混合料水稳定性能的定量评价方法提供了有效的理论指导。

5.7 本章小结

彩色沥青的黏聚性及其与彩色集料之间的黏附性是影响彩色沥青路面色彩耐久性的重要因素。本章分别通过静态水浸法以及表面自由能法对彩色沥青的黏聚性及其与两种彩色集料（红色玄武岩和红色花岗岩）间的黏附性进行定性和定量的研究，通过增加两种常用沥青（70#基质沥青及SBS改性沥青）和两种常用集料（普通玄武岩以及普通花岗岩）共形成12种混合料组合，并对其黏附性进行对比分析，分别利用插板法和静态吸附法测定沥青－集料的表面自由能参数，对不同组合沥青－集料体系的黏附性进行定量研究。具体结论包括以下几点。

（1）通过静态水浸法分别对彩色沥青与红色玄武岩、红色花岗岩进行黏附性试验，试验结果表明在69.5 ℃的恒定水温下浸泡24 h后，彩色沥青在两种彩色集料表面并未出现明显的剥落痕迹，说明彩色沥青与两种彩色集料间的黏附性良好；经过72 h浸泡后，从两种彩色混合料表面剥落情况来看，相比花岗岩彩色沥青混合料，红色玄武岩彩色沥青混合料的表面存在一定程度的剥落，但是剥落面积并不大；彩色沥青与红色玄武岩和红色花岗岩之间的黏附性均良好，但是在一定程度上，红色花岗岩与彩色沥青的黏附性优于红色玄武岩。

（2）通过对比前进以及后退过程中沥青的黏聚能大小可以看出，在抵抗沥青发生黏聚性断裂方面，SBS改性沥青>70#基质沥青>彩色沥青；在沥青短期愈合方面，彩色沥青>70#基质沥青>SBS改性沥青；在沥青长期愈合方面，70#基质沥青>SBS改性沥青>彩色沥青；从愈合方面考虑时，总的愈合性能的排序为70#基质沥青>SBS改性沥青>彩色沥青。

（3）在彩色沥青混合料黏附性方面，根据沥青优选指标（$\Delta G^{c\text{-wet}}/\Delta G^{c\text{-dry}}$）大小对沥青的性能进行排序，依次为彩色沥青>70#基质沥青>SBS改性沥青，即彩色沥青抵抗水裂缝传播的能力优于70#基质沥青以及SBS改性沥青；

在无水及有水情况下 3 种沥青黏聚性优劣排序相同，即 SBS 改性沥青 >70# 基质沥青 > 彩色沥青。

（4）从沥青 – 集料间的润湿性考虑，结合润湿性指标 *RS* 大小可以看出，3 种沥青对 4 种集料的润湿性能排序与沥青优选指标一致，依次为彩色沥青 >70# 基质沥青 >SBS 改性沥青，对各种组合进行具体排序，润湿性能优劣排序为 6#>4#>5#>9#>3#>12#>10#>11#>1#>7#>2#>8#。

（5）从沥青与集料的黏附性指标 ER_1 大小可以看出，SBS 改性沥青 – 普通花岗岩的黏附性指标最大，SBS 改性沥青 – 普通玄武岩的黏附性指标最小。从润湿性指标 ER_2 大小可以看出，彩色沥青 – 普通花岗岩的润湿性最好，SBS 改性沥青 – 普通玄武岩的润湿指标最差。

（6）比较润湿性指标 ER_2 可以看出，不同混合料组合的润湿性指标 ER_2 与沥青 – 集料的润湿性 *RS* 大小排序相同，即彩色沥青 >70# 基质沥青 >SBS 改性沥青，再结合 3 种沥青的优选指标 $\Delta G^{c\text{-}wet}/\Delta G^{c\text{-}dry}$ 可以发现，彩色沥青与红色花岗岩之间的润湿性指标大于红色玄武岩，说明相比红色玄武岩，彩色沥青与红色花岗岩之间的黏附性以及润湿性更佳。

（7）3 个指标（$\Delta G^{c\text{-}wet}/\Delta G^{c\text{-}dry}$、*RS*、$ER_2$）具有良好的相关性，所示结果呈现良好的一致性，能够对沥青 – 集料间的黏附性能进行有效的评价。

第 6 章　色彩耐久型彩色微表处生产及施工技术研究

6.1　引　言

彩色微表处是典型的功能性彩色沥青路面，如何实现更安全、更耐久、更友好、更节约、更环保的路面铺装技术，是道路设计者最关注的问题之一。彩色沥青路面生产及施工技术的优劣是新技术付诸实践的标准，前期合理的材料设计、结构设计以及后期良好的施工技术都是保证彩色沥青路面质量的关键。只有经得住时间、环境的考验，才能使新技术被人们认可、推广。随着现代化交通对路面性能要求的不断提高，人们对道路的舒适性、环保性以及节约性等提出了更高的要求。彩色微表处作为新型路面铺装技术是实现功能性路面的重要发展。近年来，在彩色微表处施工过程中普遍出现表面不均匀、光板路、接缝不美观、表面有划痕、泛油、脱落掉粒等问题。另外，开放交通后不久，彩色路面就出现黑色轮胎痕迹，影响其色彩功能，按现有工艺掺加颜料的混合料在紫外线的照射下容易褪色且基本上 1 ～ 2 年就会失去色彩效果。因此，增强彩色微表处路面的抗污性，避免或减少机动车轮胎痕迹残留，以及在传统微表处应用技术的基础上，发展色彩耐久型彩色微表处施工工艺，对彩色微表处的推广具有重要的意义。

本书提出的在传统彩色微表处表面喷洒一层丙烯酸树脂乳液形成色彩耐久型彩色微表处的技术和方法在国内属于首例。为保证依托工程的施工质量，需要结合室内试验研究成果对彩色微表处现场施工工艺进行研究。色彩耐久型彩色微表处技术能够在保持原有性能的同时解决传统彩色微表处表面轮胎痕迹残留、不易清洗等问题，是对传统彩色微表处技术研究的重大突破。

色彩耐久型彩色微表处的生产及施工工艺具备以下几个特点。

（1）采用松香类树脂、芳香类抽出油和 SBS 改性剂合成改性浅色沥青，确保其较容易被乳化且具有良好的性能。

（2）采用复合树脂乳液封层，在具有良好抗滑性能的同时，有效地提高了路面的耐污性能。

（3）色彩耐久型彩色微表处路面施工速度快，能够快速开放交通，对环境影响小，同时施工过程无须加热，达到了节能减排的目的。

另外，色彩耐久型彩色微表处的生产及施工主要包括彩色微表处材料的优选、混合料的设计、生产设备的检查和标定、施工的时机以及摊铺设备的准备、施工过程中的质量控制等。每个环节必须严格把关，选择合适的摊铺时机并控制材料生产的质量、施工质量，才能提高路面的行驶质量。

本书为 2014 年湖北省科技支撑计划项目（高新领域），以湖北省武汉市建元建设工程项目管理公司 1000 m^2 停车场为工程项目依托。本依托工程项目方案是在传统彩色微表处表面铺筑一层抗轮胎痕迹乳化树脂封层，进一步改善其抗污性并提高其色彩耐久性。依赖此项技术，以先进的技术和科学的施工管理方法，通过工程实践形成专有的色彩耐久型彩色微表处的施工技术体系。其具体施工流程如图 6-1 所示。

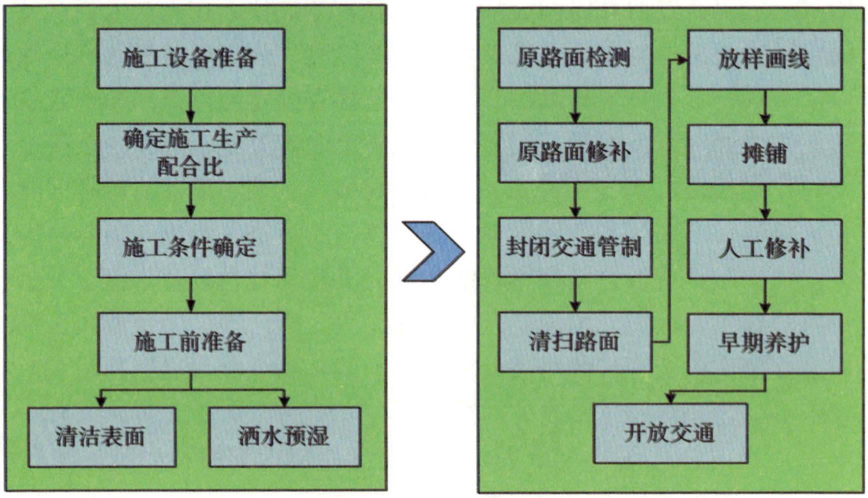

图 6-1　色彩耐久型彩色微表处生产及施工流程

6.2　色彩耐久型彩色微表处生产技术

6.2.1　色彩耐久型彩色微表处相关设备介绍

彩色微表处的生产主要包括浅色树脂类改性沥青、改性乳化沥青的生产以及各档集料与色粉、填料之间的拌和。浅色树脂类改性沥青是一种类似石油沥青的树脂黏结料，由于具有与沥青相近的性能且颜色为浅色，故称为浅色合成沥青，它是由不同树脂、抽出油以及 SBS 改性剂在一定温度下剪切改性而成；浅色改性乳化沥青是将浅色合成沥青通过乳化设备制成；集料与色粉 / 填料的拌和可通过沥青混合料拌和楼或配料仓标定之后进行拌和及出厂。

1. 浅色 SBS 改性沥青生产设备

浅色 SBS 改性沥青的生产是在沥青合成罐中完成的，本次依托工程须生产 20 t 改性乳化沥青，按照改性乳化沥青的成分组成及质量比，浅色 SBS 改性沥青的生产量需在 12 t 左右，因此本项目建造 6 t 的浅色 SBS 改性沥青合成罐以及 20 t 的改性乳化沥青成品罐以满足实际生产的需要，如图 6-2 所示。其中左边为 20 t 改性乳化沥青成品罐，右边为 6 t 浅色 SBS 改性沥青合成罐。根据改性沥青合成罐的大小，5 t 的浅色 SBS 改性沥青合成需要 6 ～ 8 h。

图 6-2　改性沥青合成罐以及改性乳化沥青成品罐

2. 浅色改性乳化沥青生产设备

浅色改性乳化沥青的生产需要一套完整的乳化设备以及皂液合成设备，如图 6–3 及图 6–4 所示。

图 6–3　乳化设备

图 6–4　皂液合成设备

乳化设备的好坏对彩色微表处的生产及施工起着至关重要的作用。在乳化生产工艺中，有连续式和间歇式两种类型，连续式生产速度快、效率高、设备安置紧密；间歇式计量控制准、产品质量稳定。本项目施工面积大，故采用连续式乳化设备进行改性沥青的乳化，总的来说，一套完整的乳化设备可以分为以下 5 个系统。

（1）循环系统：用于皂液以及合成改性沥青在循环过程中流量的标定以及温度的控制，其中沥青的温度约为 170 ℃，皂液的温度约为 50 ℃。

（2）胶体磨：乳化设备的关键组成部分，将改性沥青研磨分散，与皂液混合而制成改性乳化沥青，温度大约在 120 ℃。

（3）降温系统：为防止改性乳化沥青沸腾以及提高其存储稳定性，须将刚生产出的改性乳化沥青通过热交换器进行降温处理。

（4）监控系统：用于全程监察并控制传送管道的压力、流量以及温度。

（5）过滤系统：用于皂液以及改性沥青在循环过程中杂质的过滤。

6.2.2　浅色 SBS 改性沥青的生产

目前，在国内改性乳化沥青生产过程中所选改性剂一般可分为三大类，分别是橡胶类（SBR）、热塑型橡胶类（SBS）以及热塑型树脂类（PE）。相比 SBR 以及 PE 型改性剂，SBS 改性剂能够在很大程度上提高沥青的高温稳定性、低温抗裂性、黏附性以及抗剥落性，使用 SBS 改性沥青进行乳化并混合集料进行铺筑的彩色微表处具有平整度较好、路面强度高、防水性好等优点。由于本项目所选的浅色 SBS 改性沥青中没有沥青质的存在，所以为提高沥青的软化点以及黏度，添加 7% 的 SBS 改性剂用量以保证沥青具备相应的技术指标。

在改性沥青生产过程中，须采用一定的制备工艺，将改性剂均匀、稳定地分散在沥青中并产生交联作用，形成结构稳定的立体网状结构，使沥青获得足够的力学性能。本依托工程项目生产的 SBS 合成改性沥青主要采用高速剪切的方式，在高温下将 SBS 改性剂充分剪切成细小颗粒，增大与沥青的接触面积，从而促进聚合物的溶胀，使其与沥青进一步混融。以一次生产 5 t的浅色SBS改性沥青为例，浅色SBS改性沥青具体生产工艺流程如图 6-5 所示，其配合比如表 6-1 所示。

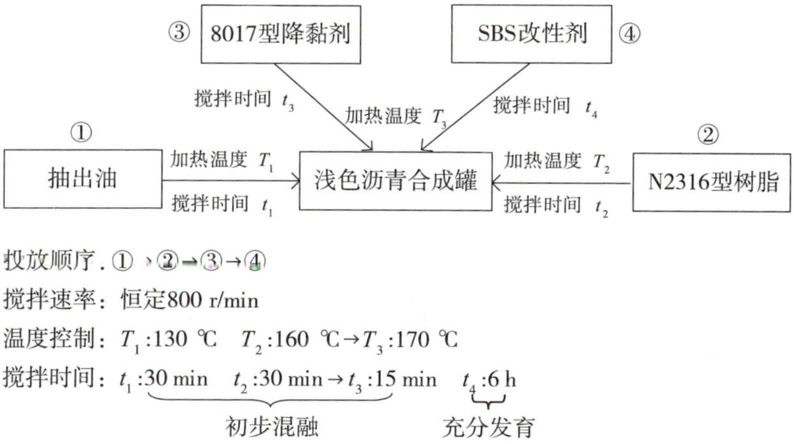

图 6-5　生产工艺流程

表 6-1 浅色合成改性沥青配合比

类型	抽出油	N2316 型树脂	8017 型树脂	SBS 改性剂
含量 /%	60	30.5	2.5	7
质量 /t	3	1.525	0.125	0.35

为保证改性乳化沥青的生产质量，应先对浅色 SBS 改性沥青的成品进行取样并进行相关性能指标试验。本书根据《公路工程沥青及沥青混合料试验规程》对浅色合成改性沥青延度、针入度、软化点三大指标进行试验，其结果满足技术要求，如表 6-2 所示。

表 6-2 浅色 SBS 改性沥青三大指标试验

指标	浅色合成沥青	技术要求
延度（5 ℃）/cm	20	≥ 15
针入度（25 ℃）/mm	64.8	60 ～ 80
软化点 /℃	73.5	≥ 60 ℃

6.2.3 乳化剂水溶液（皂液）的配制

1. 乳化剂选择

在皂液的配制过程中，关键是乳化剂的选择，以保证施工的质量，因此，须考虑周全、谨慎选择。主要考虑的因素有以下几点：

（1）沥青类型、型号及产地。

（2）改性乳化沥青的用途。

（3）改性稀浆封层车及相应施工器械型号、施工温度变化、可能出现的不利条件。

（4）骨料类型及级配的变化。

（5）应结合当地实际情况，先进行室内试验，掌握良好的拌和时间，方可进行现场试铺。

（6）掌握乳化剂的有效物含量、用量以及相应的价格，降低生产成本。

（7）考虑不同乳化剂对设备条件的要求，如 pH、温度等。

（8）根据改性剂的品种考虑在配制皂液过程中乳化剂的品种。

（9）根据用途确定改性乳化沥青类型，不同用途的乳液应对应不同的乳化剂品种和用量。

为能够提前开放交通，本书根据项目依托工程项目，结合当地实际情况和施工器械等因素，采用属于慢裂快凝型的 C500 型阳离子乳化剂。

2. 稳定剂的选择

皂液中稳定剂的选择能够提高乳化沥青的储存稳定性。在众多稳定剂中，有无机类（如 $CaCl_2$、NH_4Cl、NaCl 等）、有机类（如聚乙烯醇、聚丙烯酰胺、纤维素醚等）。生产实践表明，使用复合稳定剂（无机类与有机类复合使用）能够有效提高乳化沥青的储存稳定性。因此，本项目选用 $CaCl_2$ 无机类稳定剂与纤维素醚（HEC）有机类稳定剂作为复合稳定剂，以增加乳化沥青表面电荷以及颗粒间排斥力，提高乳化沥青的储存稳定性。

3. 水以及盐酸

在皂液配制过程中，水作为稀释剂，其用量在皂液中通常占到 95% 以上。而盐酸主要是为了增加乳化沥青的酸值，保证皂液的 pH 为 2.0 ～ 2.5，增强与集料之间的破乳反应。皂液配制过程中质量比及其主要设备说明如表 6−3 及表 6−4 所示。

表 6−3　皂液各成分质量比

单位：%

乳化剂	水	HEC	$CaCl_2$	盐酸
1.8%	96.8	0.03	0.1	1.27

表 6−4　皂液主要配置设备

序号	设备名称	数量	备注
1	皂液成品罐	2	—
2	乳化剂罐	2	—
3	盐酸罐	1	—
4	稳定剂罐	1	—
5	储水池	1	—
6	流量计	4	
7	过滤器	3	
8	压力表及保护装置	4	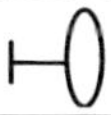
9	加热及调温装置	2	
10	pH 保护器	1	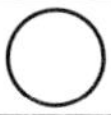

皂液的配制流程如图 6-6 所示。

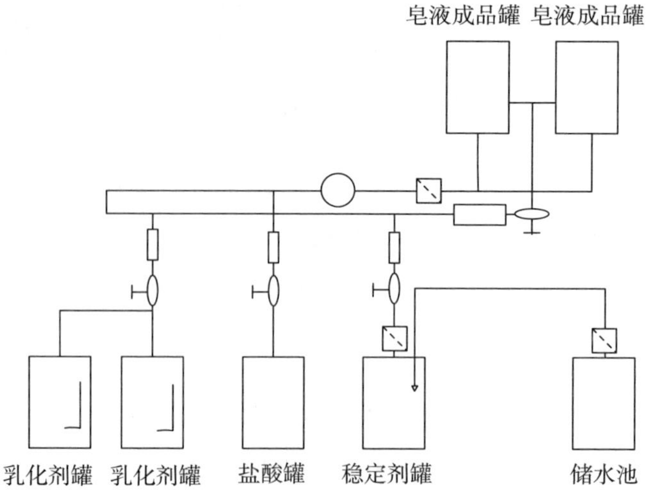

图 6-6 皂液配制流程简图

6.2.4 浅色改性乳化沥青生产工艺

1. 乳化前的准备工作

（1）往浅色合成沥青中掺入 0.6% 的 AP（十二烷基苯磺酸盐），降低浅色改性沥青的表面自由能，提高乳化质量。

（2）各成品罐、合成罐与乳化设备间输送管道的保温工作。

（3）乳化设备中各电机、泵、压力保护装置的试运行以及管道的清洁。

（4）乳化设备控制台的标定，包括压力、流量、温度等。

2. 浅色改性沥青的乳化流程

浅色改性沥青的乳化是将分散相的改性沥青以细小的微粒（3 ～ 6 μm）均匀地分散在分散介质的水溶液中。其乳化设备主要由以下部件组成，如表 6-5 所示。

表 6-5　乳化设备主要部件表

序号	设备名称	数量	备注
1	树脂改性沥青储存罐	1	—
2	乳化剂水溶液（皂液）储存罐	2	—
3	树脂改性乳化沥青成品罐	1	—
4	流量、压力、温度控制仪表	2，4，4	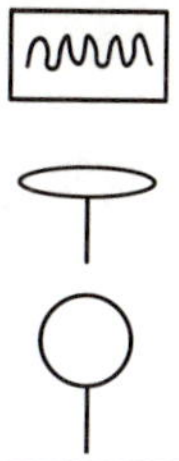
5	胶体磨	1	
6	热交换器	1	
7	流量控制阀	1	
8	过滤器	2	

其生产工艺流程如图 6-7 所示。

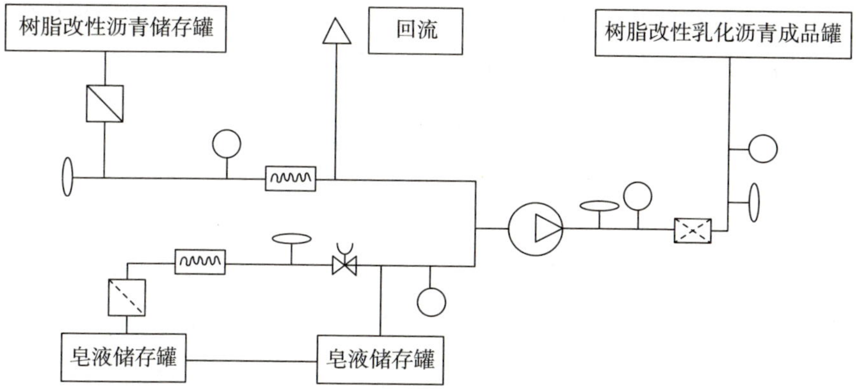

图 6-7　浅色改性乳化沥青生产部分工艺流程简图

胶体磨作为乳化设备的核心部件，对改性乳化沥青的生产质量以及品质起着举足轻重的作用。因此，需要对胶体磨的结构、型号、转速、功率、细度等参数进行严格筛选，达到设计要求的质量以及产量。而在胶体磨中，转子和定子的表面直接影响研磨的效果和乳化效率，两者表面加工精细，由有规则的凹凸面组成，以形成剪切、分散、乳化等作用，如图 6-8 所示。

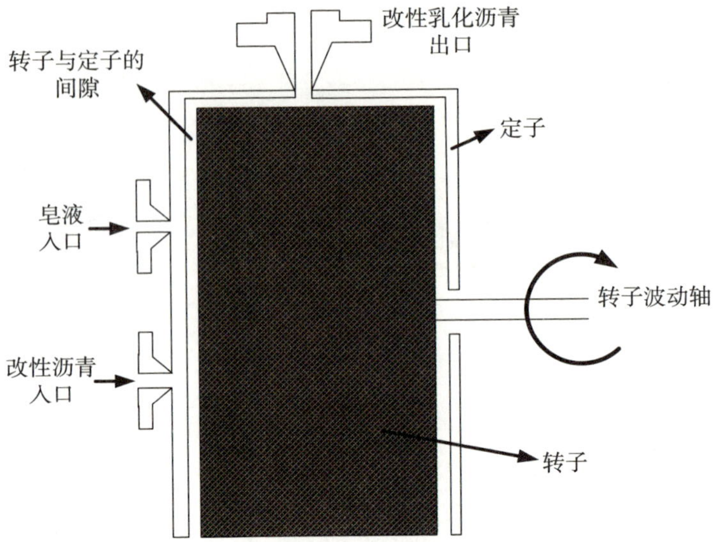

图 6-8　胶体磨工作简图

3. 成品取样及检验

每一批生产出来的改性乳化沥青都应进行取样及质量检验，包括筛上剩余量试验、蒸发残留物含量试验、乳液黏度试验、黏附性试验、拌和稳定性试验等，各项检验的目的、意义如表 6-6 所示。

表 6-6　成品的检验工作

类型	目的	意义
筛上剩余量试验	检验乳液中沥青微粒的均匀程度	确定乳化剂或乳化器械性能好坏及乳液质量
蒸发残留物含量试验	检验乳液中实际沥青的含量	保证良好的施工和易性
黏附性试验	检验阳离子沥青乳液与各种骨料表面的黏附性	保证微表处混合料的配伍性
贮存稳定性试验	检验乳液的存放稳定性	判断乳液的允许存放时间
离子电荷试验	检验乳化沥青微粒的离子类型	判断阴、阳离子乳液
蒸发残留物试验	检验沥青乳化后和原沥青相比其性能改变大小	防止乳化后的沥青使用过程中达不到技术要求

对生产出来的浅色改性乳化沥青进行取样，冷却后进行性能指标试验，如图 6-9 ～图 6-11 所示。值得注意的是，刚生产的改性乳化沥青的温度为 70 ～ 90 ℃，为防止改性乳化沥青过热而造成其自身破乳过快，应待其冷却至室温后再分别进行相应指标的检验。各项结果如表 6-7 所示。

图 6-9　改性乳化沥青取样

图 6-10　拌和时间试验

图 6-11　彩色微表处试块

表 6-7　改性乳化沥青生产质量检验标准

检查项目		试验值	技术要求
筛上剩余量 /%		0.03	≤ 0.1
电荷		阳离子	阳离子
破乳速度试验		慢裂	慢裂
恩格拉黏度（25 ℃）		8.6	3 ～ 30
蒸发残留物含量 /%		63	≥ 60
蒸发残留物性质	针入度（100 g · 25 ℃ · 5 s）（0.1 mm）	67	40 ～ 100
	延度（15 ℃）/cm	30	≥ 20
	软化点 /℃	74	≥ 53
	黏韧性（25 ℃）/（N · m^{-1}）	3.2	≥ 3.0
贮存稳定性（24 h）/%		0.2	≤ 1.0
拌和时间试验 /s		130	>120（慢裂快凝）

在成品检验过程中，根据彩色微表处试模的形态分析改性乳化沥青与各矿料、填料之间的级配组成是否合理。彩色微表处主要依靠改性乳化沥青与集料之间的电荷吸附以及水分的蒸发产生分离破乳形成强度，如图 6-12 所示。

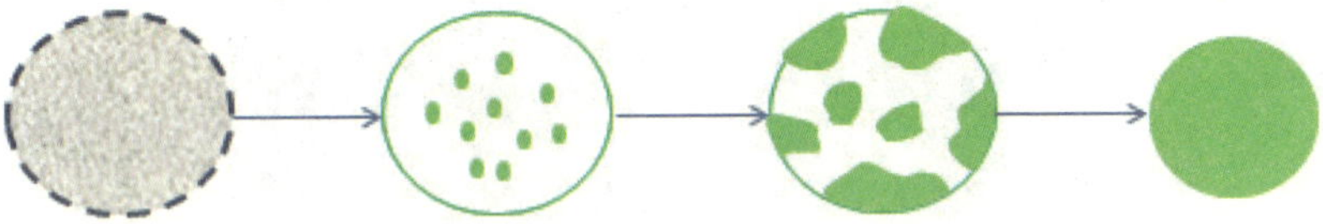

乳液类型：水包油型→浓缩→水分蒸发→分解完成

黏附性：无→无→稍有黏性→有充分黏结力

破乳所需时间：较短时间内产生薄膜→需要较长时间

图 6-12　改性乳化沥青破乳过程及形态分析

最后，根据上述内容，对浅色改性乳化沥青的生产工艺流程进行总结，如图 6-13 所示。

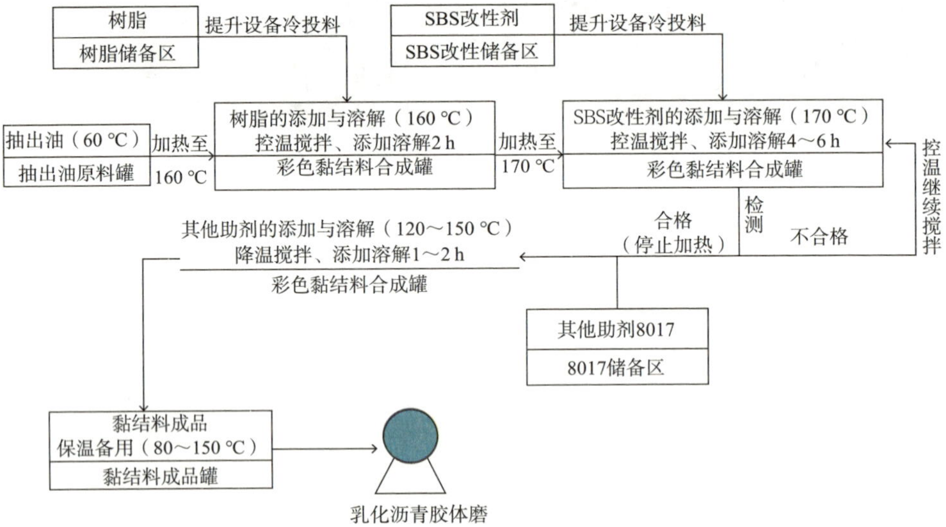

图 6-13　浅色改性乳化沥青合成流程

6.2.5　彩色矿料的拌和

微表处作为路面上面层，直接与外界载荷以及环境相接触，其骨料的耐磨、坚硬等性质非常重要。为保证本次依托工程项目的色彩耐久性和经济性，选择的是表面洁净、无杂物且粒径均匀的红色玄武岩。在彩色微表处施工摊铺前，应保证彩色矿料与色粉的充分拌和，并且在每次拌和之前都要对矿料的砂当量指标以及级配组成进行检验，其中砂当量应大于 65%，级配组成应符合要求。各档矿料与色粉的拌和可在配料仓或拌和楼中进行，如图 6-14 及图 6-15 所示。

图 6-14　配料仓

图 6-15 拌和楼

将矿料与色粉在配料仓中进行拌和时，应先检查筛网尺寸，在其符合要求后将不同档的集料与色粉放入料仓内，严格按照配合比进行配料，控制各仓底传送带的传送速率，最后对混合料进行充分拌和并取样检测。当矿料与色粉在拌和楼中进行拌和时，应先对拌和楼中的冷料仓、热料仓进行标定，关闭热料仓中的加热功能，防止热矿料与乳化沥青接触时发生快速破乳而影响施工质量。另外，为防止粉尘飞扬，可在搅拌缸中加入适量的水，最后对混合料进行充分拌和并取样检测。

对比两种矿料拌和方式，两者各有其优势。配料仓的优点是生产速度快、效率高，缺点是产量小、计量控制精度差；拌和楼的优点是产量大、能连续生产、计量控制精度高，缺点是效率低、生产过程复杂、速度慢。因此，在选择拌和方式时，应结合当地项目的实际情况来选择。本次依托工程项目施工面积大，所以选择产量大、计量控制精确的拌和楼作为矿料的拌和器械。

6.2.6　热固性丙烯酸树脂乳液

依托工程项目使用热固性丙烯酸树脂乳液作为彩色微表处表面抗轮胎痕迹树脂封层，是通过单体、引发剂及蒸馏水一起反应聚合而成，其固体含量为 50%，固化前呈乳白色液体状，固化后呈透明状。在树脂乳液的喷洒过程中，一旦喷洒量过大，乳白色液体容易聚集在微表处表面的纹理内，由于聚积的乳液材料不容易蒸发破乳，会逐渐形成白色固体，同时黏附于彩色微表处表面，进而影响彩色微表处的表观色彩；当喷洒量过小时，树脂乳液无法完全覆盖彩色微表处表面，同时无法达到有效提高路面色彩耐久性的目的。因此，本书拟通过对树脂乳液进行稀释，达到有效控制乳液用量的目的，即增大乳液中水分的含量，对原乳液进行稀释。本依托工程项目中使用的树脂乳液由阿克苏诺贝尔公司提供。

6.2.7 彩色微表处生产过程中原材料质量检测

应严格控制原材料的质量，选用材质、规格相对稳定的料源。施工前必须对原材料进行抽检，由于目前国内尚未建立系统的相关彩色微表处路面施工技术规范，因此可参照《微表处和稀浆封层技术指南》以及《公路沥青路面施工技术规范》相关标准执行。原材料质量检测的主要设备如表 6-8 所示。

表 6-8　质量检测主要设备

仪器名称	型号	数量
沥青针入度仪	SYD-2801F	1
沥青延度仪	SYD-2861F	1
沥青软化点仪	SYD-2806G	1
乳化沥青微离子电荷仪	SYD-0653	1
乳化沥青稳定性试验器	SYD-0655	1
乳化沥青稠度试验器	SYD-0751	1
黏聚力试验仪	SYD-0754	1
恒温水箱	MSA-130F	1
精密称量天平	104-4ABS	1
电热鼓风干燥箱	300	2
摆式仪	DB-III	1
温度计	AD-30KA	1

6.3　色彩耐久型彩色微表处施工技术

6.3.1　施工前的筹划

在彩色微表处施工前，应提前对施工场地做详细的调查，包括场地宽度、面积、施工环境等，并应针对原路面存在的具体问题做好相应的预防措施，为全面施工做好一切准备工作，如图 6–16 所示。

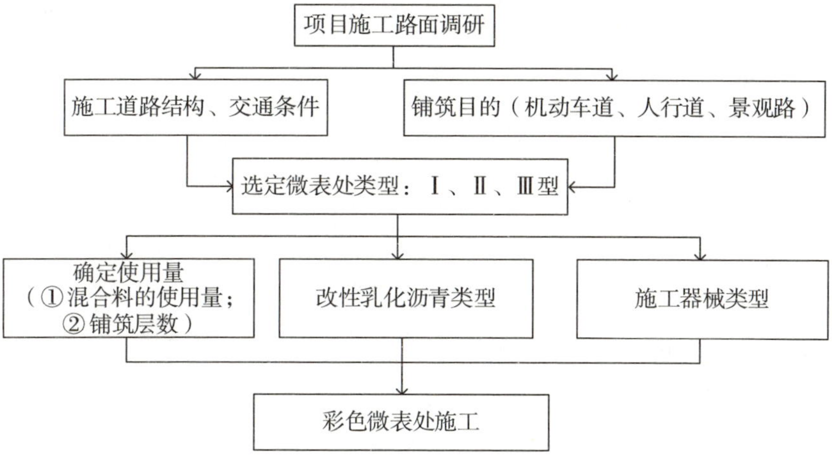

图 6–16　施工前调研与准备工作

施工前应根据图 6–16 所示对项目进行合理的调查和准备之外，还应注意以下几个问题。

（1）专用施工器械准备（购买或者租赁）。不同型号的改性稀浆封层车的施工质量并不相同，目前较常用的改性稀浆封层车为美国博坎稀浆封层车、国产思嘉特稀浆封层车、中交西筑稀浆封层车等，相比国产稀浆封层车，美国博坎稀浆封层车虽然造价较高，但是施工过程计量控制准确、施工质量较好，能够减少表面横向波纹的产生。在摊铺箱的选择方面，选用美国博坎公司设计的摊铺箱，相比国内同类产品，该产品自动化程度高、宽度调整方便，内置 4 根双螺旋空心搅拌叶片，能够对混合料进行充分搅拌。因此，在改性稀浆封层车方面，本次依托工程项目的施工选择美国博坎稀浆封层车以及美国博坎公司的摊铺箱。另外，施工器械还包括吊车、小型 2 t 轮胎压路机以及纵缝、横缝修边器具等，如表 6–9 所示。

表 6-9　主要施工器械

施工机械	用途	数量
装载机	装填改性稀浆封层车的矿料	1
改性乳化沥青泵送机	装填改性稀浆封层车的改性乳化沥青	1
水泵	装填改性稀浆封层车的水	1
洒水车、小型空压机	清洁原路面	1
运料车（20 t）	运送矿料	1
小型胶轮压路机（2 t）	碾压彩色微表处	1
施工安全警示牌	管制交通	依现场情况
改性稀浆封层车	实施摊铺	1

（2）原材料供应充足。原材料包括改性乳化沥青、红色矿料、外加剂等，应保证其数量以及质量均满足生产以及施工要求。

（3）对当地气象资料的掌握。施工阶段的温度、湿度、风力以及阴雨等天气情况会对现场彩色微表处的摊铺质量造成很大的影响，必须及时了解施工时期当地的天气变化情况，结合室内试验来指导施工时矿料、浅色改性乳化沥青用量以及用水量的标定工作。

（4）施工人员的培训。在彩色微表处摊铺过程中，任何一个环节的失误都会导致施工质量的偏差。一旦出现偏差，就要将已摊铺的混合料铲除，重新施工。施工人员特别是稀浆封层车操作手的熟练程度以及现场摊铺时对问题的应对能力都对施工质量起着至关重要的作用。因此，在施工前应对各施工人员进行相应的考察、培训，确保施工时他们能够互相配合默契、分工明确、协调一致。

6.3.2　施工前准备工作

1. 原路面修补

彩色微表处作为一种功能性彩色沥青路面，主要的作用在于其色彩功能。而微表处作为路面的预防性养护技术，主要的功能是增加表面抗滑系数，恢复路面平整度，修补路面非结构性破坏。彩色微表处是厚度仅为 6 ～ 10 mm 的薄铺装层，在铺筑前应对原路面裂缝、坑槽等病害进行及时修补，以防止反射裂缝的出现。

2. 原路面清洁

为保证彩色微表处能够与原路面形成一个整体，需要对原路面进行必要的清洁工作以增强两个界面之间的黏结。对原路面的清洁工作主要包括清理原路面的松散材料、粉尘、泥巴、浮土等杂物。若清理不到位，容易造成微表处的脱皮现象。通常，对原路面的清洁主要依靠专用清洁设备，如空压机风吹或者高压水冲洗等，局部区域内可由人工清扫，进行大面积清洁时可采用路面清洁车。

3. 施样画线

为保证彩色微表处施工时改性稀浆封层车能够按照指定路线或方向摊铺，需要根据摊铺宽度、路幅宽度沿摊铺方向使用白石灰进行画线引导。另外，在景观道路、非机动车道等地点进行摊铺时，可沿着路缘石或者车道线进行摊铺。

4. 交通管制

为保证施工人员以及器械的安全，需要在彩色微表处施工过程中采取交通管制，通过设置限制交通标示、设置安全显示器及锥形施工柱等方式，限制妨碍施工安全、影响施工质量的行为进行。

5. 改性稀浆封层车的清洁、调试以及标定

施工前，首先应保证改性稀浆封层车各输送管道以及骨料传送带、摊铺箱的清洁，以防上一批遗留的材料对本次施工造成影响。随后，应对改性稀浆封层车计量系统、传送管道、行车速度等进行调试。最后，对改性稀浆封

层车进行标定，参考室内试验的各项指标，结合场外预拌和，对改性稀浆封层车进行计量系统的标定，主要包括矿料、浅色改性乳化沥青和水的传送量以及拌和速度、摊铺浆搅拌速度等，如图 6-17 所示。

图 6-17　摊铺前标定工作

6. 临时原料供应基地的设置

由于是市内施工，运料车无法在市内正常行驶，所以为满足连续施工，尽可能在离施工现场不远处设置原材料临时供应基地，保证改性稀浆封层车能连续施工，同时配备一台配料仓，以保证骨料的级配组成符合设计要求。

6.3.3　施工摊铺

1. 摊铺流程

当施工前的工作一切准备就绪后，可按照如图 6-18 所示步骤进行彩色微表处施工摊铺。待改性稀浆封层车就位之后，根据预拌和时的参数值，调整各料门的高度后，开启拌缸中的搅拌桨以及摊铺箱中的螺旋搅拌器。由于矿料出口、填料口、出水口以及改性乳化沥青喷口的位置不同，当同时开动料门开关时，各原材料达到摊铺箱的瞬时顺序依次为改性乳化沥青、水、填料、矿料。这种控制方法容易造成摊铺箱底部的混合料离析，因此为保证施工质量，应在实际摊铺位置前预置一块铁皮，摊铺车从铁皮位置处开始施工，之后移开铁皮以保证摊铺路面接缝处的施工质量。

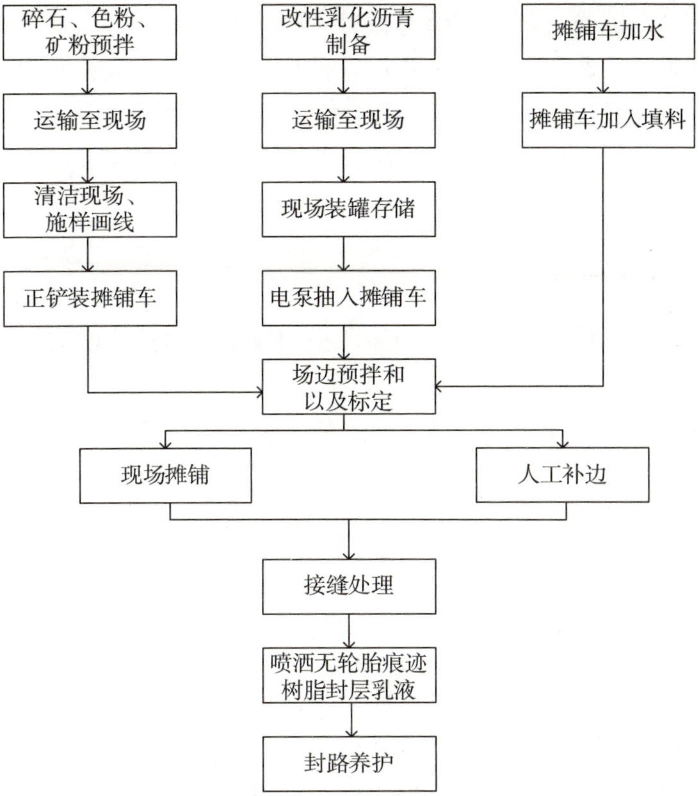

图 6–18　彩色微表处摊铺流程

在实际摊铺过程中，由于受到地热、风力、湿度等因素的影响，彩色微表处材料中改性乳化沥青的破乳和凝固的速度不断变化。所以在摊铺前标定的参数需要结合现场实际情况进一步进行调整，同时，操作人员必须熟练掌握实时变化规律并及时做出合理的应对。

另外，在实际摊铺过程中还应注意以下几个问题。

（1）改性稀浆封层车在摊铺过程中应根据摊铺箱中彩色微表处混合料的破乳状态调整车速，缓慢行驶，正常情况下的前进速度为 30 ～ 45 m/min，并应随时保持摊铺箱中的彩色微表处混合料体积至少在摊铺箱容积的 1/2 左右。

（2）在临近摊铺结束前，应提前关闭水仓出口，之后再同时关闭料仓、改性乳化沥青仓以及填料仓，防止在摊铺结束前混合料离析。

（3）在摊铺结束后，提起摊铺箱，及时开至路旁进行清理，尤其是摊铺箱以及搅拌缸的清洁工作。

彩色微表处摊铺结束后，应对现场摊铺情况进行及时观察，对摊铺起点、终点、横向接缝、纵向接缝等位置进行人工找平，并且尽快对微表处表面存过厚、过薄以及表面有刮痕等位置进行修补。另外，由于彩色微表处不同于普通微表处，其黏结料由树脂以及抽出油等物质合成，所以当改性乳化沥青破乳后，其黏结料自身强度有限，为加强早期强度的形成以及加快开放交通，可用小型胶轮压路机（2 t）在彩色微表处混合料达到初凝（>1.2 N·m）后进行碾压。

2. 横向接缝处理

摊铺过程中，应做好每个摊铺路段横向接缝的对接。横向接缝的处理关键如下：

（1）在前一施工末端 1 ～ 1.5 m 处用金属板进行覆盖，保持金属板大小与微表处四周对齐。

（2）摊铺箱应置于金属板上，同时对齐金属板边缘，之后启动摊铺。

（3）最后，将金属板以及板上的混合料取出，做好找平工作。

3. 纵向接缝处理

在彩色微表处多幅施工时，应注意纵向接缝的处理，通常采用搭接的处理方式。在摊铺过程中，纵向接缝的搭接应在前一幅已经形成强度的基础上进行下一幅的铺筑，其中纵向接缝的搭接可由专门的作业人员站在摊铺箱上用相应的工具将搭接部分进行抹平、抹薄，如图 6-19 所示。另外，关于纵向接缝的搭接，还应注意稀浆封层车在行驶过程中，摊铺箱的位置要紧靠前一幅的边缘处，能够在很大程度上改善彩色沥青路面整体的美观问题。

图 6-19　纵向接缝处理

4. 抗轮胎痕迹树脂乳液的喷洒

抗轮胎痕迹树脂乳液的喷洒可采用人工喷洒的形式进行操作，喷洒量为 0.75 ～ 1.25 kg/m^2。由于树脂乳液的固含量较高，当喷洒量过大时，树脂乳液破乳后，容易因沉淀而形成白色固状物，既遮挡了路面的色彩，又容易造成表面抗滑性能降低。因此，在喷洒前，可先用水对乳液进行稀释，以降低单位乳液中的固含量。之后，通过人工喷洒的方式，能够改善乳液的喷洒状态，使其在凝结过程中不易发生沉淀，并且能够保证喷洒的覆盖面积以及均匀性，如图 6-20 所示。

图 6-20　抗轮胎痕迹树脂乳液的喷洒

另外，在对乳液进行人工喷洒时，还应注意以下几点：

（1）应在彩色微表处形成早期强度后，再对其表面进行人工喷洒。

（2）由于树脂乳液是喷洒在彩色微表处表面的一层薄层，在进行人工喷洒时，为防止对彩色微表处表面的前期色彩功能的破坏，应注意鞋底以及喷洒器械对彩色微表处表面的污染。

（3）在树脂乳液固结前，对喷洒过量的区域可用毛刷进行摊匀；在树脂乳液固结后，检查彩色微表处表面乳液覆盖程度，对未喷洒到的地方及时进行修补。

（4）应提前注意施工环境，避免在雪雨、高温等恶劣天气下进行人工喷洒。

最后，待抗轮胎痕迹树脂乳液完全固化呈透明状后，即可开放交通。

6.3.4 施工过程注意事项

（1）在彩色微表处摊铺之后，当其强度未达到通车标准时，遇到雨雪天气，应及时做好应急措施，并在雨雪停后，对微表处路面进行检查，若发生轻度损坏，则可人工修补；若损坏严重，则需要将微表处全部铲掉，重新铺筑。因此，在施工前应详细掌握天气情况。

（2）对于彩色微表处在原路面上的施工，应注意原有路面的裂缝情况。裂缝较宽时，需要采取灌缝处理，否则会出现发射裂缝，造成彩色微表处开裂。

（3）当彩色微表处摊铺以及横向、纵向接缝处理之后，使用小型胶轮压路机（2 t）在已形成初步强度的彩色微表处表面进行适当的碾压，把尚未蒸发的水分排出，提高其密实度以及强度，能够加快开放交通，并且改善横向、纵向接缝的平整及美观问题。

（4）在进行抗轮胎痕迹树脂乳液喷洒时，应注意喷洒量。为防止喷洒不足造成表面覆盖不彻底或者喷洒过量造成表面乳液聚积变白，可用水将树脂乳液稀释，将稀释后的水溶液进行喷洒，可保证抗轮胎痕迹树脂乳液呈现透明状。

（5）在夏季施工时，应尽量减少在高温下进行彩色微表处的摊铺。夏季路面温度通常超过环境温度 20 ～ 25 ℃，当进行彩色微表处施工时，地面温度过高或者环境温度大于 30 ～ 35 ℃ 时，改性乳化沥青容易受热而发生破乳，从而影响彩色微表处的摊铺质量。因此，建议在夏季进行彩色微表处摊铺时，尽量选择早晨或者傍晚进行施工摊铺。

6.3.5 施工过程常见问题及质量控制

1. 彩色微表处混合料黏稠度控制

彩色微表处混合料黏稠度是决定摊铺质量的关键，彩色混合料在进入摊铺箱后应具有良好的和易性。黏稠度过高，改性乳化沥青更容易与矿料接触发生破乳，破乳过快，容易造成散料、刮痕，影响施工平整度；黏稠度过低，混合料容易发生离析，造成表面细料上浮形成浮浆、周边溢浆、表面气泡多等现象。考虑到在室内试验以及现场标定时已经确定了用水量，但是由于实际摊铺过程中，现场路面的温度、湿度、路面吸水情况等因素都会对混合料黏稠度造成较大影响，所以在施工中应由稀浆封层车操作手根据实际情况及时做出调整，在摊铺时进行必要的检测工作，即在摊铺完的彩色微表处表面用手指划出一道 8 ～ 10 mm 的细痕，若细痕迅速被周围的浆体淹没，说明混合料的黏稠度过低，应及时降低水量；若细痕周边的浆体呈现稀松状，说明混合料黏稠度过高，破乳过快，须及时铲除重铺；若细痕能够保持一段时间之后才被周围浆体覆盖，则混合料的黏稠度较为适宜，以此保证混合料具有合格的黏稠度。

2. 表面刮痕

在彩色微表处摊铺过程中，表面有刮痕会严重影响施工质量。出现表面刮痕的原因主要有以下几点：

（1）集料中拌有超粒径石料。超粒径石料在拌和后进入摊铺箱内，容易卡在摊铺箱后缘位置，在摊铺过程中，超粒径石料会随着摊铺车的前进，在彩色微表处造成刮痕。

（2）细料结团。当细料的含泥量大时，细料容易在摊铺箱内固结成团，在摊铺过程中容易留下纵向划痕，或者经过搅拌桨搅碎后在微表处表面形成较为明显的松散痕迹。

（3）摊铺箱清洁不到位。应在上一次摊铺结束后及时做好摊铺箱清洁工作，避免由于乳化沥青硬化后结块的混合料造成下次摊铺过程中的刮痕现象。

（4）摊铺厚度不够或者车速太快。摊铺厚度过小或者摊铺车速过快都会引起混合料中较粗骨料的滑动，出现表面蜂窝状甚至刮痕状。

3. 表面浮浆

彩色微表处施工过程中若出现表面浮浆，会造成其表面形成一层强度很弱的薄层，在车辆行驶后容易在表面形成松散的痕迹，影响路面美观，还会降低路面抗滑性能。其产生的主要原因是施工过程中混合料含水量过大，造成沥青上浮，破乳后表面沥青含量较大，影响微表处表面构造深度，而底部沥青含量较少，影响沥青与集料间的黏结。

4. 破乳过快

改性乳化沥青破乳过快往往是影响彩色微表处施工质量的重要原因之一。通常在室内拌和时，不会出现改性乳化沥青破乳过快的问题，但在现场施工时，环境因素会造成改性乳化沥青破乳过快，沥青结团、混合料散料等现象。其主要原因有改性乳化沥青自身温度太高、乳化沥青颗粒粒径过细、环境温度太高、路面吸水率大等。主要的应急方法是通过调节水量或者在水中掺入一定量的乳化剂来降低集料表面活性等来改善乳化沥青破乳时间。还应注意的是，在改性乳化沥青生产后，应间隔 2 d 再进行彩色微表处的施工，保证改性乳化沥青有足够的时间降温；在摊铺前，尽可能对原路面进行预洒水，控制洒水量，保持路面湿润，不仅有利于彩色微表处与原路面的黏结，还能改善改性乳化沥青破乳时间。

5. 混合料掉粒

在彩色微表处施工结束并开放交通后，其表面会发生轻微的掉粒情况，实属正常现象。改性乳化沥青用量过小或者质量不达标，会导致其表面出现严重掉粒。另外，在施工过程中，突遇雨雪天气，也容易导致彩色微表处施工结束后，出现散料、掉粒等现象。因此，在实际施工时，应及时把握天气情况，做好相应的应对措施，在施工前，应确定彩色微表处的配合比，并通过场内标定，确定现场摊铺时改性乳化沥青的最佳用量。

6. 彩色微表处摊铺速度

在彩色微表处摊铺过程中，应掌握适宜的摊铺速度，摊铺过快容易造成路面出现横波纹、推移以及离析等现象。在现场施工时，操作手不仅要对摊铺过程各参数进行监控，还应与驾驶员进行沟通，根据现场摊铺情况控制好车速。

6.4 色彩耐久型彩色微表处交工验收质量检测

国外的技术标准侧重于“过程控制”，因此国际稀浆封层协会和日本的微表处技术指南中均没有所谓的交工验收标准。但是微表处技术要在我国推广应用，交工验收是必不可少的。我国微表处交工验收标准的提出需解决交工验收质量要求、交工验收时间两个方面的问题。

6.4.1 色彩耐久型彩色微表处交工验收质量要求

彩色微表处是路面的表面层，其外观质量直接关系到路面的美观与否，而且外观质量的好坏也直接反映了微表处内在质量的好坏。目前，对于彩色微表处尚没有系统的国家或者地方规范，因此本书参照国外相关技术标准，结合国内的工程应用情况，提出色彩耐久型彩色微表处的外观质量应符合表 6–10 所示的质量要求。

表 6–10　色彩耐久型彩色微表处交工验收表观质量要求

项目	检测频率	质量要求	方法
表观效果	全线连续	色彩均匀，表面平整、密实，无松散，无划痕，无花白料	目测
横向接缝	每条	对接，平顺	目测
纵向接缝	全线连续	宽度 <80 mm，不平整处 <6 mm	目测或 3 m 直尺
树脂乳液喷洒	全线连续	表面无乳白色、不透明固体残留	目测

另外，彩色微表处作为路面最表面的一层，直接与行车、行人相接触，因此必须有好的抗滑性能。应对彩色微表处交工时的摩擦因数、宏观构造深度提出要求。考虑到彩色微表处表面一般较粗糙，参考《公路沥青路面设计规范》对高速公路、一级公路沥青路面抗滑性能的要求，进行必要调整后，提出彩色微表处表面抗滑质量要求，如表 6–11 所示。

表 6–11　彩色微表处交工验收抗滑质量要求

公路等级	交工验收要求值		检测频率
	摆值 /BPN	构造深度 /mm	
高速公路、一级公路	≥ 50	≥ 0.60	5 个点 /m
其他道路	≥ 45	≥ 0.55	

由于对路面的防水作用是微表处路面的主要功能之一，因此在交工验收时，应对其进行防水性能检测，另外，通过厚度检测来确保彩色微表处有良好的路用性能，如表 6–12 所示。

表 6–12　彩色微表处交工验收厚度及防水性能检测

项目	检测频率	质量要求
渗水系数 /（$mL \cdot min^{-1}$）	5 个点 /km	≤ 10
厚度 /mm	5 个点 /km	±10%

6.4.2　色彩耐久型彩色微表处交工验收时间

彩色微表处主要起功能性作用，如果在其完工后立即进行交工验收，由于微表处尚未经过充分的行车碾压，此时检测的数据无法反映彩色微表处实际的工作状态，也是不合适的。一般情况下，在彩色微表处开放交通 1 ～ 2 个月后，彩色微表处中集料、沥青在轮胎搓揉作用下重新分布并已经处于稳定状态，彩色微表处表面的沥青油膜、黏结不牢固的粗骨料已经在行车作用下剥落，同时由于通车时间不长，彩色微表处的表面功能还没有大幅度衰减，此时的检测指标能够真正反映彩色微表处的初期服务性能，是最合适的。因此，建议彩色微表处交工验收可根据交通量的大小，在开放交通后 1 ～ 2 个月时进行。

6.4.3　色彩耐久型彩色微表处交工质量检测

由于本工程项目色彩耐久型彩色微表处运用于露天停车场，所以在开放交通 1 个月后，根据下列条件对其进行质量检测。

1. 表面质量

先对色彩耐久型彩色微表处进行表面质量检测，如图 6–21 所示。

图 6–21　色彩耐久型彩色微表处表面质量

从图 6–21 可以看出，色彩耐久型彩色微表处表面色彩均匀、表面平整密实，无脱落、松散，无划痕，无花白料。

2. 抗滑性能

色彩耐久型彩色微表处抗滑性能检测主要包括通过摆式仪测定表面摩擦因数，以及手工铺砂法测定路面构造深度，如图 6–22 及图 6–23 所示，其结果如表 6–13 所示。

图 6–22　构造深度测定

图 6–23　摩擦因数测定

表 6–13　色彩耐久型彩色微表处抗滑性能

类型	摆值 /BPN	构造深度 /mm	检测频率
色彩耐久型彩色微表处	55	0.98	5 个点 /m

3. 厚度及防水性能

色彩耐久型彩色微表处的厚度主要通过直尺测量，防水性能主要通过路面渗水系数进行测定，如图 6–24 所示。其结果如表 6–14 所示。从上述各项检测指标可以看出，色彩耐久型彩色微表处施工质量全都满足规范要求，在保证可操作性的前提下，具有良好的性能指标。

图 6-24　路面渗水系数测定

表 6-14　色彩耐久型彩色微表处厚度及防水性能

项目	检测频率	检测结果	检测方法
渗水系数 /（$mL \cdot min^{-1}$）	5 个点 /km	1.0	T0971
厚度 /mm	5 个点 /km	+2%	量尺法

6.5　色彩耐久型彩色微表处长期性能跟踪评价

6.5.1　通车半年后的跟踪结果

采用色彩耐久型彩色微表处作为试验段停车场路面，在开放交通后的第 6 个月对彩色微表处路面的相关性能进行检测，包括表观质量、抗滑性能以及防水性能等。该停车场共有 30 个停车位，本书主要对车行道进行取点检测。另外，为区分色彩耐久型彩色微表处和传统彩色微表处的性能差别，本书在色彩耐久型彩色微表处施工时，增设了对比路段，即表面不喷洒热固性树脂乳液的普通彩色微表处。

相比普通彩色微表处，包括停车位以及车行道在内的色彩耐久型彩色微表处表观质量良好，主要表现为色彩鲜艳，表面平整、密实，无松散、划痕，无花白料等，如图 6–25 所示。其中左图为普通彩色微表处，右图为色彩耐久型彩色微表处。

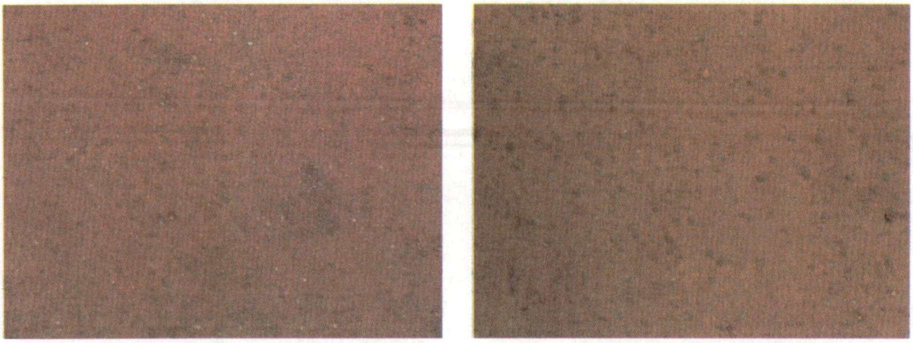

（a）普通彩色微表处　　（b）色彩耐久型彩色微表处

图 6–25　试验段彩色微表处路面外观（第 6 个月）

另外，分别对两种彩色微表处的车行道进行相关性能检测试验，包括利用摆式仪测定彩色微表处路面的摩擦因数、用铺砂法测定彩色微表处的构造深度以及利用路面渗水仪测定彩色微表处的渗水系数。具体试验结果如表 6–15 所示。

表 6–15　第 6 个月彩色微表处试验段性能检测

试验段类型	测点数 / 个	摆值平均值 /BPN	构造深度平均值 /mm	渗水系数 /（mL · min^{-1}）
色彩耐久型彩色微表处	10	53.37	0.913	1.0
普通彩色微表处	10	66.45	1.286	1.3

从表 6–15 可以看出，色彩耐久型彩色微表处试验段在通车后第 6 个月的性能检测结果相比交工验收时的结果发生了一定幅度的下降，在路面抗滑性能方面，摆值以及构造深度两个指标均出现小幅度的降低，而在渗水系数方面保持不变；另外，相比普通彩色微表处，色彩耐久型彩色微表处在表面抗滑性能方面略显不如，但仍远远大于《公路沥青路面设计规范》要求。

6.5.2　通车 1 年后的跟踪结果

在 1 年后，对色彩耐久型彩色微表处开放交通进行了跟踪评价。评价指标分别为目测观察彩色微表处表观质量、摆式仪试验测定路面摩擦因数、铺砂法测定路面构造深度以及路面渗水仪测定路面渗水系数。

在表观质量方面，检测的内容包括色彩均匀性，表面平整度、密实性，有无松散、花白料，有无划痕等方面。对普通彩色微表处以及色彩耐久型彩色微表处在开放交通 12 个月后进行表观取景，如图 6–26 所示。从图 6–26 可以看出，左图所示的普通彩色微表处表面掉色明显，表面有明显的轮胎痕迹残留，表面平整度较差，出现花白料，而右图所示的色彩耐久型彩色微表处表面颜色仍较为鲜艳，且路面表观质量良好。

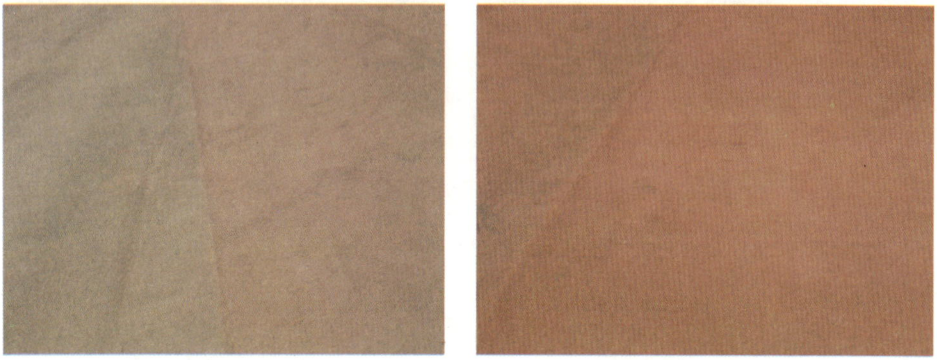

（a）普通彩色微表处　　　　（b）色彩耐久型彩色微表处

图 6–26　试验段彩色微表处路面外观（12 个月后）

在抗滑性能以及防水性能方面，对色彩耐久型彩色微表处和普通彩色微表处进行相关指标检测，具体数据结果如表 6–16 所示。

表 6–16　第 12 个月彩色微表处试验段性能检测

试验段类型	测点数	摆值平均值 /BPN	构造深度平均值 /mm	渗水系数 /（mL·min^{-1}）
色彩耐久型彩色微表处	10	52.11	0.862	1.0
普通彩色微表处	10	64.47	1.022	2.0

表 6–16 数据显示，两种类型彩色微表处第 12 个月的抗滑性能检测结果较第 6 个月的结果出现了小幅度的降低；防水性能方面，色彩耐久型彩色微表处保持不变，而普通彩色微表处出现一定程度的降低。

就色彩耐久型彩色微表处而言，结合第 6 个月以及第 12 个月的性能检测结果可以发现：其表观质量随着时间的推移仍然保持良好的色彩和表面平整度，具有良好的密实性能，且未出现明显的松散和花白料；在抗滑性能方面，随着时间的推移，虽然抗滑性能出现较小幅度的降低，但仍然满足规范要求；在防水性能方面，保持不变，满足《公路沥青路面设计规范》要求。综上所述，依据长期性能跟踪评价结果可以发现，色彩耐久型彩色微表处具有良好的色彩耐久性能以及长期路用性能。

6.6　效益分析

6.6.1　成本分析

本依托工程项目停车场原方案是面层摊铺 3 cm 厚的热拌彩色沥青混凝土，经变更，改为 1 cm 厚的的色彩耐久型彩色微表处摊铺方案。彩色沥青混凝土摊铺 1 cm 厚的的单价为 57.03 元 /m^2，摊铺 3 cm 的单价为 171.09 元 /m^2。当停车场的摊铺工程量为 1000 ～ 10000 m^2 时，色彩耐久型彩色微表处的摊铺单价为 126.18 ～ 132.68 元 /m^2，该单价的计算是将彩色微表处相关生产设备费（租赁费）、原材料费用、摊铺器械租赁费以及人工费等费用相加除以摊铺工程量。摊铺工程量越大，摊铺单价越低。结合本工程的彩色路面摊铺工程量为 1000 m^2 考虑，1 cm 厚的无轮胎痕迹彩色乳化沥青微表处单价为 132.68 元 /m^2。与 3 cm 厚的彩色沥青混凝土方案相比，采用 1 cm 厚的彩色微表处方案每平方米可节约 38.41 元，因此工程量为 1000 m^2 的停车场共可节约生产成本 3.841 万元，约为总造价的 22.6%。

6.6.2　后期经济分析

彩色沥青路面在使用过程中难免会受到使用环境的影响而造成污染，尤其是轮胎痕迹在彩色沥青路面上的残留。然而，为延长彩色沥青路面的使用寿命，本依托工程项目采用色彩耐久型彩色微表处这一新型路面结构形式，不仅能有效减少轮胎痕迹的残留，还能非常便捷地清除残留在彩色沥青路面上的黑色痕迹。这样不仅延长了彩色沥青路面的使用寿命，也在路面彩色效果维护上大幅降低了费用。

彩色沥青路面如果出现色彩功能性的破坏，采用的 1 cm 厚的彩色微表处路面能够以经济、快捷的方法完成原路面的修复而不影响交通，此新型路面结构较原 3 cm 厚的热拌彩色沥青路面结构具有非常大的优势。

6.7 本章小结

本章针对色彩耐久型彩色微表处材料的特点，提出一套系统的色彩耐久型彩色微表处生产及施工技术，并且对其整体效益进行分析，得到以下结论。

（1）在色彩耐久型彩色微表处生产过程中，应对原材料进行严格把关，最重要的是对浅色 SBS 改性乳化沥青进行质量控制。由于其材料本身是通过树脂合成的，在进行乳化前，还需对树脂改性沥青进行指标检测。另外，彩色矿料是否拌和均匀，对彩色微表处的施工质量也造成很大的影响，因此可针对不同的生产及施工环境选择合适的拌和设备，以保证良好的施工质量。

（2）在色彩耐久型彩色微表处施工过程中，应做好充分的施工前准备工作，对天气、环境等因素的把握尤为重要。在摊铺过程中，应着重注意稀浆的黏稠度、车速的控制以及横纵缝的处理工作，待稀浆达到初凝强度后，使用 2 t 的小型胶轮压路进行碾压以形成强度，最后对其表面进行树脂乳液的喷洒。在此过程中，应对施工质量进行严格把关。

（3）对已交工的色彩耐久型彩色微表处试验段进行长期性能跟踪，对不同时期色彩耐久型彩色路面的色彩性能以及路用性能进行试验检测，检测结果发现色彩耐久型彩色微表处路面通车半年以及 1 年之后，路面色彩仍然保持鲜艳，路用性能（如抗滑性能、防水性能）虽出现一定幅度的降低，但仍远大于规范要求，说明色彩耐久型彩色微表处具有良好的长期性能。

（4）采用 1 cm 厚的色彩耐久型彩色微表处方案每平方米可节约 38.41 元，因此工程量为 1000 m^2 的停车场共可节约生产成本 3.841 万元，约为总造价的 22.6%；在后期养护以及功能修复方面，不仅延长了彩色沥青路面的使用寿命，也在路面彩色效果维护上大幅降低了费用。

第 7 章　结论与展望

7.1　主要研究结论

本书主要针对彩色沥青路面进行色彩耐久性研究，包括对汽车轮胎在色彩耐久型彩色微表处及传统彩色微表处路面的痕迹残留进行有限元分析；开展室内轮胎痕迹残留试验及建立痕迹残留率数学公式，对彩色沥青路面轮胎痕迹残留程度进行定量研究，通过长期碾压以及长期老化两种方式对彩色沥青路面色彩耐久性进行研究；基于表面自由能理论，量化抗轮胎痕迹树脂乳液与汽车轮胎胎面橡胶颗粒间的作用；结合静态水浸法以及表面自由能法，对彩色沥青与彩色集料之间的黏附性进行定性以及定量研究，结合实际依托工程，对色彩耐久型彩色微表处的生产及施工技术进行研究。通过相关机理研究及试验分析，主要得出以下研究结论。

7.1.1　彩色沥青路面轮胎痕迹残留有限元分析

（1）通过 ABAQUS 软件对轮胎以及路面建立有限元模型，并根据轮胎磨损子程序的外部编写，利用 UMAT 用户子程序中 Standard 的 UMESHMOTION 接口对轮胎的磨损实现磨损模型算法，实现两种彩色微表处路面轮胎胎面轮廓的计算，从而得到各自轮胎的磨损量。

（2）计算并分析了轮胎在稳态滚动以及制动状态下的胎面磨损轮廓，并以此分析两种不同彩色微表处对应轮胎的磨损量。两种彩色微表处路面对应轮胎的胎面外侧靠近胎侧部位的磨损量明显小于胎面中心位置，在与路面的接触过程中，胎面中心位置与路面的接触压力大于胎面外侧，此结果符合正常情况。另外，相比传统彩色微表处，色彩耐久型彩色微表处对应的轮胎磨损量偏小，而胎面外侧较为明显。

（3）色彩耐久型彩色微表处是在传统彩色微表处的基础上，喷洒一层抗轮胎痕迹树脂乳液。经过有限元模拟，对轮胎在两种彩色微表处路面上的磨损进行分析，得出色彩耐久型彩色微表处相比传统彩色微表处，能够在一定程度上减少轮胎在彩色微表处路面的磨损，同时能够有效预防彩色微表处路面由于胎面橡胶磨损造成的黑色轮胎痕迹的残留。

7.1.2 彩色沥青路面色彩耐久性试验研究

（1）痕迹残留率数学公式能够有效评价彩色沥青路面轮胎痕迹残留程度。通过轮胎痕迹残留试验发现，抗轮胎痕迹树脂乳液能够有效预防或减少彩色沥青路面轮胎痕迹的残留，并在一定程度上减小色彩差异给人们带来负面的视觉影响。

（2）随着碾压次数的增加，色彩耐久型彩色微表处的轮胎痕迹残留率总是低于传统彩色微表处，色彩耐久型热拌彩色沥青路面的轮胎痕迹残留率同样低于传统热拌彩色沥青路面。

（3）经过长期老化之后，在彩色微表处方面，经过一定次数碾压后，色彩耐久型彩色微表处轮胎痕迹残留率相比老化前只下降了 5.6%，而普通彩色微表处下降了 26.2%；经过长期老化后，色彩耐久型热拌彩色沥青路面抵抗轮胎痕迹残留的能力相比彩色微表处提高了 26.6%；相比未经过长期老化试验，前者抵抗轮胎痕迹残留的能力比彩色微表处提高了 44.1%。可以看出，抗轮胎痕迹树脂乳液能够较好地保护彩色沥青路面的色彩功能，并有效提高彩色沥青路面的色彩耐久性。

7.1.3 基于表面自由能理论的色彩耐久型彩色沥青路面技术研究

（1）利用插板法测定 3 种树脂乳液的表面自由能参数，其表面非极性 LW 分量均明显大于极性 AB 分量，且 3 种树脂的表面主要呈现出极性碱的作用；通过躺滴法测定胎面橡胶表面自由能，发现胎面橡胶主要呈非极性 LW 作用，就材料表面极性而言，呈极性酸的作用。

（2）对彩色沥青路面轮胎痕迹残留机理进行研究，发现轮胎痕迹残留难易程度与树脂乳液和胎面橡胶之间的黏附能大小有关，分析计算 3 种树脂乳液与胎面橡胶的黏附能，发现 L4600 型树脂与橡胶颗粒之间的黏附能最小，轮胎痕迹不易在其表面残留。

（3）针对彩色沥青路面轮胎痕迹清洗机理进行研究，发现在使用物理方法进行清洗时，树脂乳液与橡胶颗粒之间的黏附功越小，轮胎痕迹越容易清洗，因此 L4600 型树脂乳液表面痕迹最容易被清洗；当使用化学方法进行清洗时，树脂乳液与橡胶颗粒之间的界面张力越大，表面越容易被清洗，因此在使用化学清洗剂时，L4620 型树脂表面的除痕效果最好。

（4）综合色彩耐久型彩色沥青路面抗轮胎痕迹残留性能分析结果可以发现，采用 L4600 型树脂乳液封层能够更好地改善彩色沥青路面抗轮胎痕迹残留性能，有效提高彩色沥青路面的色彩耐久性。

7.1.4 彩色沥青 – 集料体系黏聚性以及黏附性研究

（1）根据静态水浸法试验结果可以看出，彩色沥青与红色玄武岩以及红色花岗岩之间的黏附性都较好，但是在一定程度上，彩色沥青与红色花岗岩的黏附性优于红色玄武岩。

（2）在抵抗沥青自身黏聚性断裂或者沥青自愈合性能方面，彩色沥青都劣于 SBS 改性沥青以及 70# 基质沥青；而在抵抗水裂缝传播方面，彩色沥青优于其他两种常用沥青。

（3）从对集料的润湿性考虑，彩色沥青对 4 种集料的润湿性能均大于 SBS 改性沥青及 70# 基质沥青；从沥青 – 集料润湿性指标可以看出，彩色沥青与红色花岗岩的润湿性优于红色玄武岩，此结果与静态水浸法的结果一致。

（4）在研究沥青与集料黏附性时，3 个指标（$\Delta G^{c\text{-}wet}/\Delta G^{c\text{-}dry}$、$RS$、$ER_2$）具有良好的相关性，所示结果呈现良好的一致性，能够对沥青 – 集料间的黏附性能进行准确的评价。

7.1.5 色彩耐久型彩色微表处生产及施工技术研究

（1）在彩色微表处生产方面，应对原材料进行特别把关，尤其是浅色改性乳化沥青的生产质量，在施工摊铺前期应注意将彩色矿料与色粉进行充分拌和，做好原材料质量检测工作。

（2）在进行施工摊铺时，应随时观察摊铺箱内彩色微表处材料的黏稠度，并及时调整合适的水量进行控制，在摊铺过程中应保持一定的车速，防止出现不必要的刮痕或者横纹等问题。在喷洒树脂乳液时，可根据周围环境、天气情况适当地对其进行稀释。

（3）根据长期性能跟踪评价结果，相比普通彩色微表处，色彩耐久型彩色微表处具有良好的色彩耐久性以及长期路用性能，并且能够显著降低造价，拥有良好的使用前景和应用价值。

7.2 进一步研究建议

本书采用有限元方法、表面自由能法以及室内试验对彩色沥青路面的色彩耐久性进行机理研究以及定量、定性分析，但是限于研究时间、条件以及专业水平，本书尚有诸多不完善的地方，有待做进一步的深入研究，主要包括以下几个方面的内容。

（1）在彩色沥青路面色彩耐久性方面，轮胎痕迹残留是影响色彩耐久性能的一个因素，来自路面的其他污染（如粉尘、雨水、杂质等）的影响也是重要的因素。如何对这些因素进行试验及评价，是后续研究需要解决的一个重要问题。

（2）彩色沥青路面是一种新型功能性路面，不仅包括彩色微表处、热拌彩色沥青路面，还包括彩色水泥灌浆路面、彩色树脂陶瓷颗粒抗滑薄层等，应丰富各种彩色沥青路面类型色彩耐久性的研究。

（3）在有限元基础上，增加不同轮胎类型以及各种工况下轮胎对彩色路面的磨损轮廓分析、轮胎磨损量方面的分析。

参考文献

[1] 顾惕人，朱玚瑶，李外郎，等 . 表面化学 [M]. 北京：科学出版社，1994.

[2] 云大真，于万明 . 结构分析光测力学 [M]. 大连：大连理工大学出版社，1996.

[3] 张登良 . 沥青路面工程手册 [M]. 北京：人民交通出版社，2003.

[4] 李立寒，张南鹭，孙大权，等 . 道路工程材料 [M]. 5 版 . 北京：人民交通出版社，2010.

[5] 交通部公路科学研究院 . 微表处和稀浆封层技术指南 [M]. 北京：人民交通出版社，2006.

[6] 曹海波，钱振东 . 彩色沥青路面的色彩分析与应用研究 [J]. 石油沥青，2007，21（5）：1–4.

[7] 海德俊 . 彩色沥青路面铺装技术及其发展概述 [J]. 上海公路，2007（3）：12–14.

[8] 叶玺铭 . 彩色沥青路面在市政道路上的应用 [J]. 交通标准化，2011（9）：53–57.

[9] 董瑞琨，孙立军，彭勇，等 . 基于沥青路面功能性能的预防性养护时机指标 [J]. 地下空间与工程学报，2005，1（2）：292–295.

[10] 刘少文，杜素军，牛琪瑛，等 . 彩色微表处应用技术的研究 [J]. 太原理工大学学报，2009，40（5）：513–517.

[11] 王良艳，韩道均，陈仕周 . 彩色路面铺装技术及发展 [J]. 交通科技与经济，2009，11（2）：20–22.

[12] 任少英，刘晓丹 . 彩色沥青混凝土路面的应用及展望 [J]. 内蒙古农业大学学报：自然科学版，2006，27（4）：176–179.

[13] 迟银波，刘伟，袁广学 . 彩色沥青路面的应用 [J]. 交通科技与经济，2007，9（1）：18–19，26.

[14] 陆剑卿 . 彩色沥青路面性能及施工工艺研究 [J]. 交通标准化，2010（11）：170–172.

[15] 金康康，凌天清，熊出华．彩色沥青路面的应用与发展 [J]. 西部交通科技，2008（6）：9−12.

[16] 熊出华，王瑞燕．彩色沥青路面在城市道路中的应用 [J]. 重庆建筑，2008（3）：33−36.

[17] 许英明．彩色沥青混凝土路面的现状概述 [J]. 筑路机械与施工机械化，2004，21（9）：5−7.

[18] 陆新民，周军，沈建荣，等．功能性新型沥青混合料技术特性及其应用 [J]. 石油沥青，2006，20（3）：52−57.

[19] 杨婧．国产彩色沥青的瓶颈之困 [J]. 中国石油石化，2006（20）：46−47.

[20] 陶宗震．新中国“建筑方针”的提出与启示 [J]. 南方建筑，2005（5）：4−8.

[21] 郝培文，袁永长．彩色结合料的开发及技术性能研究 [J]. 新型建筑材料，2000（8）：7−10.

[22] 王立祥．彩色路面的实验与施工 [J]. 华东公路，1999（1）：32−35.

[23] 牟明仁，鲁艳军，魏锋，等．彩色胶结料的研究与应用 [J]. 大连民族学院学报，2005，7（3）：73−76.

[24] 王利泉，谢素琴．彩色沥青胶结料的研究与应用 [J]. 市政技术，2003，21（2）：86−88.

[25] 高明，肖斌，廖克俭，等．彩色沥青老化组成及性能的研究 [J]. 石化技术与应用，2005，23（2）：111−113.

[26] 唐仪兴，邹桂莲，张肖宁．彩色沥青混合料路用性能指标的试验研究 [J]. 城市道桥与防洪，2007（8）：164−167.

[27] 伍朝晖，陈诚，徐敏．彩色沥青混凝土色彩持久性分析 [J]. 市政技术，2014（S1）：162−164.

[28] 彭金生，涂序广．彩色沥青路面的研究进展 [J]. 江西建材，2007（2）：9−11.

[29] 石财彦，钦兰成．彩色改性乳化沥青的研究 [J]. 石油沥青，2006，20（2）：34−36.

[30] 张存信，赵永飞．彩色沥青路面应用及乳化沥青混合料制备 [J]. 新材料产业，2013（12）：40−43.

[31] 刘国杰，杨宝．丙烯酸树脂及涂料研究与开发的一些新进展 [J]. 现代涂料与涂装，2012，15（8）：6−10.

[32] 徐伟良．丙烯酸树脂涂料国内外发展概况 [J]. 天津化工，1987（3）：16−20.

[33] 于海深 . 利用 PS 制备水溶性防腐涂料 [J]. 中国涂料，2005（3）：26–28.

[34] 郭能民，安秋凤，黄良仙，等 . 有机硅改性丙烯酸树脂乳液的制备及应用性能 [J]. 精细石油化工，2012，29（1）：66–70.

[35] 陈永军，候发秋，卿宁 . 丙烯酸酯涂料改性研究进展 [J]. 材料导报，2013，27（S1）：236–240.

[36] 郑晓光，王粲，杨群．运用表面自由能理论分析沥青混合料水稳定性 [J]. 中外公路，2004，24（5）：88–90.

[37] 肖庆一，薛航，徐金枝，等 . 基于表界面理论的沥青路面水损坏模型研究 [J]. 武汉理工大学学报，2007，29（5）：71–73，97.

[38] 刘亚敏，韩森，李波 . 基于表面能理论的沥青与矿料黏附性研究 [J]. 建筑材料学报，2010，13（6）：769–772.

[39] 廖玉春，王元元，朱平 . 表面能理论评价沥青与石料抗水毁性能的研究 [J]. 公路工程，2013，38（3）：222–225.

[40] 王元元，岳定民，史朝辉，等 . 基于表面能评价沥青 – 石料界面粘结性能的研究 [J]. 中外公路，2013，33（3）：247–250.

[41] 张平，杨侣珍 . 基于表面能理论的沥青与集料黏附及剥落机理分析 [J]. 公路工程，2013，38（4）：187–190.

[42] 陈燕娟，高建明，陈华鑫 . 基于表面能理论的沥青 – 集料体系的粘附特性研究 [J]. 东南大学学报（自然科学版），2014，44（1）：183–187.

[43] 周子俊，刘旭升 . 汽车轮胎磨损机理和数学模型的研究 [J]. 东北林业大学学报，1992（2）：55–60.

[44] 方庆红，路金林，赵立群，等 . 轮胎磨损分析中接地能量损失的有限元计算模型研究 [J]. 沈阳化工大学学报，2002，16（3）：228–231.

[45] 李建国，赵亚娟，洪丹，等 . 新型耐久彩色涂层铺装技术研究 [J]. 城市道桥与防洪，2012（1）：17–19.

[46] 王野平 . 论轮胎与路面间的摩擦 [J]. 汽车技术，1999（2）：10–14.

[47] 周树学，武利民，顾广新，等 . 改性纳米 SiO_2 对高固体分丙烯酸酯聚氨酯涂料性能的影响 [J]. 机械工程材料，2004，28（2）：41–43，54.

[48] 杨众，郭忠印，侯芸 . 沥青混凝土防滑磨耗层防滑性能加速试验方法的研究 [J]. 华东公路，2002（2）：50–54.

[49] 王红，王翠红，王子军 . 乳化剂体系对乳化沥青储存稳定性影响研究 [J]. 石

油沥青，2008，22（4）：10–12.

[50] 韩军强 . 浅议高速公路沥青路面层间粘层油施工质量控制 [J]. 石油沥青，2006，20（2）：41–43.

[51] 尤平若 . 微表处填补车辙与薄层罩面技术在宁宿徐高速公路预防性养护中的应用 [J]. 公路工程，2011，36（5）：104–107.

[52] 邢磊 . 彩色路面胶结料制备技术及其路用性能研究 [D]. 西安：长安大学，2012.

[53] 刘涛 . 彩色路面用材料性能及施工工艺研究 [D]. 西安：长安大学，2006.

[54] 陈成芹 . 彩色沥青及其混合料路用性能研究 [D]. 西安：长安大学，2012.

[55] 尹小明 . 浅色沥青的制备及其改性 [D]. 广州：华南理工大学，2004.

[56] 曹海波 . 排水性彩色沥青混合料组成设计及性能研究 [D]. 南京：东南大学，2008.

[57] 公晋芳 . 温拌彩色沥青混合料及铺装技术研究 [D]. 西安：长安大学，2011.

[58] 柯昌银 . 寒区微表处稀浆混合料的制备与抗裂性能研究 [D]. 武汉：武汉理工大学，2010.

[59] 邓蕾蕾 . 彩色路面设计与工程应用研究 [D]. 重庆：重庆交通大学，2009.

[60] 吴跃焕 . 木器涂料用高固含量苯乙烯 – 丙烯酸酯微乳液的合成及其机理研究 [D]. 广州：华南理工大学，2003.

[61] 王晓明 . 水性丙烯酸树脂涂料的研究 [D]. 南京：南京航空航天大学，2012.

[62] 曾文慧 . 丙烯酸酯改性水性聚氨酯乳液的合成研究 [D]. 北京：北京化工大学，2010.

[63] 王春艳 . 环氧改性的水性丙烯酸树脂、水性聚氨酯的合成及性能研究 [D]. 武汉：华中师范大学，2006.

[64] 刘杨 . 聚乙烯木塑复合材料的等离子体表面处理及其表面特性研究 [D]. 哈尔滨：东北林业大学，2011.

[65] 杨浩邈 . 玻璃纤维 – 树脂接触角及润湿特性研究 [D]. 重庆：重庆大学，2012.

[66] 王勇 . 基于表面能理论的沥青与集料粘附性研究 [D]. 长沙：湖南大学，2010.

[67] 魏建明. 沥青、集料的表面自由能及水分在沥青中的扩散研究 [D]. 青岛：中国石油大学（华东），2008.

[68] 窦晖 . 基于表面能理论的温拌沥青混合料水稳定性研究 [D]. 兰州：兰州交通

大学，2012.
[69] 王元元 . 表面能在评价沥青与集料粘附性中的应用研究 [D]. 重庆：重庆交通大学，2012.
[70] 曹平 . 表面形貌与污染物对沥青路面抗滑性能影响的研究 [D]. 武汉：武汉理工大学，2009.
[71] 贺兵红 . 建筑物外墙粘污机理与保洁实验研究 [D]. 长沙：中南大学，2007.
[72] 王泽君 . 全钢丝无内胎载重子午线轮胎 315/80R22.5 HP59 18PR 的设计及室内试验 [D]. 北京：北京化工大学，2005.
[73] 李健 . 车辆轮胎痕迹特征分析与鉴定技术的研究 [D]. 西安：长安大学，2013.
[74] 雷超旭 . 路面表面功能加速加载系统研究 [D]. 广州：华南理工大学，2010.
[75] 董昭 . 加速磨耗试验与沥青路面材料抗滑性能衰变规律研究 [D]. 西安：长安大学，2011.
[76] 陈有雄 .OGFC 在仙岳路高架改造工程中的应用研究 [D]. 上海：同济大学，2007.
[77] 吕海波 . 烧结钢组织及耐磨性的研究 [D]. 南京：南京理工大学，2002.
[78] 刘洪辉 . 水泥混凝土路面抗滑性能评价指标与方法研究 [D]. 西安：长安大学，2009.
[79] 刘美丽 . 轮胎路面交互作用数值模拟分析 [D]. 哈尔滨：哈尔滨工业大学，2013.
[80] 徐文冰 . 基于有限元方法的轮胎磨损特性研究 [D]. 广州：华南理工大学，2014.
[81] 刘大海 . 小半径弯道沥青路面材料与结构研究 [D]. 重庆：重庆交通大学，2012.
[82] 霍明 . 水泥混凝土路面抗滑功能衰减规律及评价方法研究 [D]. 西安：长安大学，2009.
[83] 李明 . 固体微颗粒粘附与清除的机理及表面保洁技术的研究 [D]. 长沙：中南大学，2010.
[84] 叶丹滢 . 丙烯酸酯核壳乳液成膜机理及涂膜性能的研究 [D]. 北京：北京化工大学，2009.
[85] 李艳强 . 微颗粒在表面的粘附力学及其可视化应用研究 [D]. 长沙：中南大学，2007.

[86] 任玉娜．聚合物改性沥青粘聚性与粘附性研究 [D]. 北京：中国石油大学，2011.

[87] 丹尼斯．沥青混合料水稳定性评价方法研究 [D]. 西安：长安大学，2007.

[88] 李喆．微表处技术在高速公路沥青路面养护施工中的应用 [D]. 济南：山东大学，2013.

[89] 中华人民共和国交通运输部．公路工程沥青及沥青混合料试验规程：JTG E20—2011[S]. 北京：人民交通出版社，2011.

[90] 中华人民共和国交通部．公路沥青路面施工技术规范：JTG F40—2004[S]. 北京：人民交通出版社，2004.

[91] 中华人民共和国交通部．公路工程集料试验规程：JTG E42—2005[S]. 北京：人民交通出版社，2005.

[92] 中华人民共和国交通运输部．公路路基路面现场测试规程：JTG 3450—2019 [S]. 北京：人民交通出版社，2008.

[93] 中华人民共和国交通运输部．公路沥青路面养护技术规范：JTG 5142—2019 [S]. 北京：人民交通出版社，2001.

[94] MSCART E E N. Theorie mecanique de la chaleur [M]. Paris：Gauthier-Villars，2013.

[95] ADAMSON A W，GAST A P. Physical chemistry of surfaces [M]. New York：John Wiley and Sons，1997.

[96] GOOD R J，VAN OSS C J. The Modern theory of contact angles and the hydrogen bond component of surface energies [M]. New York：Springer US，1992.

[97] PARK T S. Evaluation of color coating method for color maintenance of color asphalt pavement [J]. Journal of the Korean Society of Civil Engineers，2011，13（4）：93-101.

[98] LIN D F，LUO H L. Fading and color changes in colored asphalt quantified by the image analysis method [J]. Construction and building materials，2004，18（4）：255-261.

[99] OKAMOTO Y，HASEGAWA Y，YOSHINO F. Urethane/acrylic composite polymer emulsions [J]. Progress in organic coatings，1996，29（1-4）：175-182.

[100] SEBENIK U，KRAJNC M. Seeded semibatch emulsion copolymerization of

methyl methacrylate and butyl acrylate using polyurethane dispersion: Effect of soft segment length on kinetics [J]. Colloids and surfaces A: physicochemical and engineering aspects, 2004, 233 (1–3): 51–62.

[101] CHENG X L, CHEN Z X, SHI T S, et al. Synthesis and characterization of core-shell LIPN-fluorine-containing polyacrylate latex [J]. Applied & environmental microbiology, 2007, 303 (3): 173–178.

[102] LANGER E, KUCZYNSKA H, TARNAWSKA K E, et al. Self-stratifying coatings containing barrier and active anticorrosive pigments [J]. Progress in organic coatings, 2011, 71 (2): 162–166.

[103] LEWIS O D, CRITCHLOW G W, WILCOX G D, et al. A study of the corrosion resistance of a waterborne acrylic coating modified with nano-sized titanium dioxide [J]. Progress in organic coatings, 2012, 73 (1): 88–94.

[104] VAN OSS C J, CHAUDHURY M K, GOOD R J. Interfacial Lifshitz-van der Waals and polar interactions in macroscopic systems [J]. Chemical reviews, 1988, 88 (6): 927–941.

[105] ARABANI M, ROSHANI H, HAMEDI GH H. Estimating moisture sensitivity of warm mix asphalt modified with zycosoil as an antistrip agent using surface free energy method [J]. Journal of materials in civil engineering, 2012, 24 (7): 889–897.

[106] MAREK C R, HERRIN M. Tensile behavior and failure characteristics of asphalt cements in thin films [J]. Association of asphalt paving technologists, 1968 (33): 386–421.

[107] LEE H, KIM Y. Laboratory evaluation of color polymer concrete pavement with synthetic resin binder for exclusive bus lanes [J]. Transportation research record, 2007 (1991): 124–132.

[108] HUNTER W W, HARKEY D L, STEWART J R, et al. Evaluation of blue bike-lane treatment in Portland, Oregon [J]. Transportation research record, 2000 (1705): 107–115.

[109] LIANG C, WANG H, LU J, et al. The investigation of colored normal-temperature asphalt concrete [J]. Advanced materials research, 2013 (723): 686–693.

[110] ZHOU K. Introduction about colour restoration materials of water-based color pavement [J]. Petroleum asphalt，2012，26（3）：58–59.

[111] CHI Y，LIU W，YUAN G. Application of color asphalt pavement [J]. Technology and economy in areas of communications，2007，9（1）：18–20.

[112] RYOSUKE A，TOMOYUKI I，YASUHIRO M. Does colored pavement make non-signalized intersections safer? A case study in Japan [J]. Procedia-social and behavioral sciences，2011，20（6）：741–751.

[113] SYNNEFA A，KARLESSI T，GAITANI N，et al. Experimental testing of cool colored thin layer asphalt and estimation of its potential to improve the urban microclimate [J]. Building and environment，2011，46（1）：38–44.

[114] LEE R W，KIM J W，KIM D W. Development of color pavement in Korea [J]. Journal of transportation engineering，2014，111（3）：292–302.

[115] WANG L，HAN D，CHEN S. Overview of colorful road pavement technology and its development [J]. Petroleum asphalt，2009，23（1）：68–71.

[116] GAO M，XIAO B，LIAO K，et al. Aging behavior of colored paving asphalt [J]. Petroleum science and technology，2006，24（6）：689–698.

[117] XIN Z. Research application of colored asphalt mixture pavement [J]. Advanced materials research，2014（900）：459–462.

[118] GROSCH K A，SOUTHERN E，SCHALLAMACH A，et al. Natural rubber in winter tires and industrial tires [J]. Natural rubber，1970（9）：1–12.

[119] HEINZ M，GROSCH K A. A laboratory method to comprehensively evaluate abrasion，traction and rolling resistance of tire tread compounds [J]. Rubber chemistry & technology，2007，80（4）：580–607.

[120] NAYEK S，BHOWMICK A K，PAL S K，et al. Wear behavior of silica filled tire tread compounds by various rock surfaces [J]. Rubber chemistry & technology，2005，78（4）：705–723.

[121] ZHENG N，NIU S，XU X. Temperature axle load and axle load frequency model of rutting prediction of heavy duty asphalt pavement [J]. China journal of highway and transport，2009，22（3）：7–13.

[122] MARTIN T C，SHARP K G. Performance of maintenance treatments under accelerated loading facility testing [J]. Transportation research e-circular，2009

(139): 32–48

[123] TOMINAGA S, NISHIOKA D, HORIUCHI T. An integrated spectral imaging system for producing color images of static and moving objects [J]. Color research & application, 2014, 40 (4): 329–340.

[124] CHENG M, WANG C, LI J. Single-image super-resolution in rgb space via group sparse representation [J]. IE image processing, 2015, 9 (6): 461–467.

[125] LI P, WANG J, JING J. Application of improved back propagation algorithm in color difference detection of fabric [J]. Color research & application, 2015, 40(3): 311–317.

[126] CHANG Y, HUANG P, WU B, et al. A study on the color change benefits of sustainable green building materials [J]. Construction & building materials, 2015, 83 (1): 1–6.

[127] LUO H, LIN D. Evaluation of color changes in sewage sludge ash brick by using image analysis method [J]. Practice periodical of hazardous toxic & radioactive waste management, 2014, 7 (4): 214–223.

[128] XIANG Z, GREGORY J. Color image quantization by agglomerative clustering [J]. IEEE computer graphics & applications, 1994, 14 (3): 44–48.

[129] ANDROUTSOS D, PLATANIOTIS K, VENETSANOPOULOS A. A novel vector-based approach to color image retrieval using a vector angular-based distance measure [J]. Computer vision and image understanding, 1999, 75 (1): 46–58.

[130] VAN OSS C J, CHAUDHURY M K, GOOD R J. Interfacial lifshitz–van der Waals and polar interactions in macroscopic systems[J]. Chemical Reviews, 1988, 88 (6): 927–941.

[131] VAN OSS C J, GIESE R F. Surface modification of clays and related materials [J]. Journal of dispersion science and technology, 2003, 24 (3–4): 363–376.

[132] ARABANI M, HAMEDI G H. Using the surface free energy method to evaluate the effects of polymeric aggregate treatment on moisture damage in hot-mix asphalt [J]. Journal of materials in civil engineering, 2011, 23 (6): 802–811.

[133] GIESE R F, WU W, VAN OSS C J. Surface and electrokinetic properties ofclays and other mineral particles, untreated with organic or inorganic cations [J].

Journal of dispersion science and technology, 1996, 17（17）: 527–547.

[134] GIRIFALCO L A, GOOD R J. A theory for the estimation of surface and interfacial energies. i. derivation and application to interfacial tension [J]. Journal of physical chemistry, 1983, 61（7）: 904–909.

[135] GOOD R J. Surface free energy of solids and liquids: Thermodynamics, molecular forces, and structure [J]. Journal of colloid & interface science, 1977, 59（3）: 398–419.

[136] GOOD R J, GIRIFALCO L A. A theory for estimation of surface and interfacial energies. iii. estimation of surface energies of solids from contact angle data [J]. Journal of physical chemistry, 2002, 64（5）: 561–565.

[137] VAN OSS C J, GIESE R F, WU W. On the predominant electron donicity of polar solid surfaces [J]. Journal of adhesion science and technology, 1997（63）: 71–88.

[138] FOWKES F M. Attractive forces at interfaces [J]. Industrial engineering & chemistry, 1964, 56（12）: 40–52.

[139] VAN OSS C J. Use of the combined Lifshitz-van der Waals and Lewis acid-base approaches in determining the apolar and polar contributions to surface and interfacial tensions and free energies [J]. Journal of adhesion science and technology, 2002, 16（6）: 669–677.

[140] BIKERMAN J J. Surface energy of solids [J]. Chemical society reviews, 2006, 10（1）: 3–26.

[141] KOC M, BULUT R. Assessment of a sessile drop device and a new testing approach measuring contact angles on aggregates and asphalt binders [J]. Journal of materials in civil engineering, 2014, 26（3）: 391–398.

[142] ABRAMOFF M D, MAGELHAES P J, RAM S J. Image processing with ImageJ [J]. Biophotonics international, 2003, 11（5–6）: 36–42.

[143] SUSANA L, CAMPACI F, SANTOMASO A C. Wettability of mineral and metallic powders: Applicability and limitations of sessile drop method and Washburn's technique [J]. Powder technology, 2012, 226（226）: 68–77.

[144] GIESE R F, VAN OSS C J. Colloid and surface properties of clays and related minerals [J]. Reaction kinetics & catalysis letters, 2002, 77（2）: 393–394.

[145] HUBBE M A. Theory of detachment of colloidal particles from flat surfaces exposed to flow [J]. Colloids & surfaces, 1984, 12（84）: 151−178.

[146] O' NEILL M E. A sphere in contact with a plane wall in a slow linear shear flow [J]. Chemical engineering science, 1968, 23（11）: 1293−1298.

[147] KANITPONG K, BAHIA H U. Role of adhesion and thin film tackiness of asphalt binders in moisture damage of HMA [J]. Journal of the association of asphalt paving technologists, 2003（72）: 502−528.

[148] CARO S, MASAD E, BHASIN D N, Little A. Moisture susceptibility of asphalt mixtures, Part 1 : mechanisms [J]. International journal of pavement engineering, 2008, 9（2）: 81−98.

[149] SI Z, LITTLE D N, LYTTON R L. Characterization of microdamage and healing of asphalt concrete mixtures [J]. Journal of materials in civil engineering, 2014, 14（6）: 461−470.

[150] SHEN S H, CHIU H M, HUANG H. Characterization of fatigue and healing in asphalt binders [J]. Journal of materials in civil engineering, 2014, 22（9）: 846−852.

[151] ELPHINGSTONE G M. Adhesion and cohesion in asphalt-aggregate systems [D], Texas A&M University, College Station, 1997.

[152] LI W. Evaluation of the surface energy of aggregate using the cahn balance [D]. Unpublished Manuscript, Chemical Engineering Department, Texas A&M University, College Station, 1997.

[153] CHENG D X. Surface free energy of asphalt-aggregate systems and performance analysis of asphalt concrete based on surface free energy [D]. Texas A&M University, College Station, 2002.

[154] BHASIN A. Development of methods to quantify bitumen-aggregate adhesion and loss of adhesion due to water [D]. Texas A&M University, College Station, 2006.

[155] CHAUDHURY M K. Short range and long range forces in colloid and macroscopic systems [D]. New York : State Univ. of New York, Buffalo, 1984.

[156] HONG L. Chemical and particulate contamination removal from patterned and nonpatterned semiconduetor surfaces using oscillating flow [D]. New York :

Clarkson University，2001.

[157] CHENG D. Surface free energy of asphalt-aggregate system and performance analysis of asphalt concrete based on surface free energy [D]. Texas A&M University，College Station，Texas，2006.

[158] HOWSON J，MASAD E A，BHASIN A，et al. System for the evaluation of moisture damage using fundamental material properties [R]. Binders，Performed in cooperation with the Texas department of Transportation and the Federal Highway Administration，2007.

[159] BHASIN A，MASAD E，LYTTON R，et al. Development of a Database for Surface Energy of Aggregates and Asphalt Binders [R]. Texas Transportation Institute，Texas A & M University System，2009.

[160] LYTTON R L，MASAD E A，ZOLLINGER C，et al. Measurements of Surface Energy and Its Relationship to Moisture Damage [R]. Performed in cooperation with the Texas department of Transportation and the Federal Highway Administration，2005.

[161] LYTTON R L. Adhesive fracture in asphalt concrete mixtures [R]. [S.1]：In J. Youtcheff（Ed），2004.